SAMMLUNG TUSCULUM

XENOPHON

KLEINE HISTORISCHE UND ÖKONOMISCHE SCHRIFTEN

Griechisch-deutsch

Herausgegeben und übersetzt
von Wolfgang Will

DE GRUYTER

ISBN 978-3-11-046995-0
e-ISBN (PDF) 978-3-11-047033-8

Library of Congress Control Number: 2020943777

Bibliografische Information der Deutschen Nationalbibliothek
Die Deutsche Nationalbibliothek verzeichnet diese Publikation in der Deutschen Nationalbibliografie; detaillierte bibliografische Daten sind im Internet über http://dnb.dnb.de abrufbar.

Für Einbandgestaltung verwendete Abbildungen:
Cologny (Genève), Fondation Martin Bodmer, Cod. Bodmer 5: 3v/4r
(www.e-codices.unifr.ch)

Satz im Verlag
Druck und Bindung: Hubert & Co. GmbH & Co. KG, Göttingen

♾ Gedruckt auf säurefreiem Papier
Printed in Germany

MIX
Papier aus verantwortungsvollen Quellen
FSC® C016439
www.fsc.org

www.degruyter.com

INHALT

EINFÜHRUNG

Der vorliegende Band versammelt vier der kleineren Schriften Xenophons mit wirtschaftlichem und – im weitesten Sinn – historischem Inhalt. Sie alle stammen wohl aus der letzten Lebensdekade Xenophons, mit Sicherheit der »Agesilaos« und »Poroi oder Über Einkünfte«, mit hoher Wahrscheinlichkeit »Die Verfassung der Lakedaimonier« und »Hieron oder Über die Tyrannis«. Abgesehen von der jeweiligen Thematik (s. dazu die einzelnen Einleitungen) sagen sie auch viel über Xenophon selbst aus, der wie kein anderer die verworrene Situation Griechenlands während des großen Peloponnesischen Krieges (431–362 v. Chr.) repräsentierte und das Schicksal des Exils mit den anderen großen griechischen Historikern, mit Herodot, Thukydides und Polybios, teilte.

Xenophon wurde als Sohn des Gryllos zu Beginn des Peloponnesischen Krieges in Athen im Demos Erchia geboren (Diogenes Laertios II 48). Das genaue Geburtsjahr ist unbekannt. Aus seiner autobiographischen Schrift – der *Anabasis* – lässt sich schließen, dass Xenophon im Jahre 401 etwa 25 bis 30 Jahre alt war, also wohl zwischen 431 und 426 geboren wurde (Anab. 3.1.15–25), zu einer Zeit mithin, in der sowohl Herodot wie Thukydides an ihren Geschichtswerken arbeiteten, Aristophanes seine ersten Komödien verfasste und Euripides auf dem Gebiet der Tragödie brillierte. Xenophon war Sohn begüterter Eltern und fand daher – das gilt auch für seine beiden Söhne – Aufnahme in der athenischen Reiterei. Entsprechende Kenntnisse schlugen sich in seinen hippologischen (pferdekundlichen) Schriften nieder.

Das Epochenjahr im Leben Xenophons ist 401. Er brach damals in zunächst ziviler Mission nach Kleinasien auf. Im Jahre 404 hatte die Regierung in Persien gewechselt. Nach 20-jähriger Regentschaft war Dareios II. gestorben und Artaxerxes II. wurde sein

Nachfolger. Thronkonkurrent war dessen jüngerer Bruder Kyros, der verschiedene Satrapien in Kleinasien verwaltete. Er schloss ein Geheimbündnis mit Sparta und rüstete eine Söldnerarmee aus, vorgeblich zu einem Feldzug gegen das aufständische Volk der Pisider (Anab. 3.1.10), tatsächlich um seinen Bruder zu entmachten.

In Athen war ungefähr zur gleichen Zeit der Krieg mit Sparta zu einem vorläufigen Ende gelangt, die Flotte war vernichtet und die Demokratie gestürzt worden. Sparta hatte geholfen, das oligarchische Regime der 30 Tyrannen zu installieren. Es blieb eine Episode, schon 403 kehrte die Demokratie zurück. Als Angehöriger der Reiterei war Xenophon sicherlich in die Machenschaften der sogenannten Dreißig verwickelt, aber wohl zu jung, um eine größere Rolle gespielt zu haben. Vermutlich hatte er wenig zu befürchten, doch schien ihm als junger Mann, der aristokratischen Idealen anhing, eine Zukunft in der neu geformten Demokratie nicht vielversprechend zu sein und er beschloss, Athen zu verlassen. Er zählte zur damaligen Zeit wie andere Söhne reicher Athener zum Kreis der Schüler um Sokrates. Wieweit ihn diese ermutigten, wissen wir nicht. Sokrates selbst riet ihm, das Orakel in Delphi zu befragen. Da Xenophon eine Einladung zum geplanten Feldzug von seinem boiotischen Gastfreund Proxenos erhalten hatte, der mit einer eigenen Söldnertruppe von Kyros angeheuert worden war, wollte er in jedem Fall das asiatische Abenteuer eingehen und fragte den Apollon von Delphi nur, welchen Göttern er opfern müsse, um heil zurückzukehren (Anab. 3.1.4–9). Vermutlich aber trieb ihn noch ein anderes Motiv. Er plante – denn er beginnt offensichtlich von Anfang an mit Aufzeichnungen – einen Bericht über seine Reise zu schreiben. Vielleicht hoffte er auf eine ähnlich große Thematik, wie sie auch Herodot und Thukydides zu Geschichtsschreibern werden ließ.

Die Jahre zwischen 401 und 399 sind mithin die am besten dokumentierten in Xenophons Leben. Es ist der Aufstieg eines jungen Zivilisten vom bloßen Berichterstatter zu einem der Führer der zehntausend Söldner, die im März 401 von Sardes aufgebrochen

waren und im Herbst des Jahres beim Ort Kunaxa etwas oberhalb von Babylon auf die Truppen des Großkönigs stießen. Die Schlacht verlief erfolgreich, doch als Kyros fiel, hatte die Mission ihren Sinn verloren. Die griechischen Söldnerführer gerieten durch Verrat in persische Hände, und zu den nun neu zu wählenden Anführern zählte dann auch Xenophon, der anstelle seines ermordeten Freundes Proxenos zum Strategen avancierte. In seiner *Anabasis* schilderte er – wie Caesar im »Gallischen Krieg« in der dritten Person – zunächst den Marsch nach Kunaxa und dann den strapaziösen Rückweg ans Schwarze Meer nach Trapezunt, von wo die sogenannten Kyreer im Oktober 400 nach Byzanz gelangten. Der spartanische Feldherr Thibron übernahm im März 399 die Reste des Heeres, in die sich auch Xenophon einreihte. Er blieb in Kleinasien (Hell. 3.2.6 f.) und traf dort im Jahre 396 auf den Spartanerkönig Agesilaos, an dessen Feldzügen er nun teilnahm. Verschiedene seiner Berichte verraten den Augenzeugen. Einmal erwähnt Xenophon sich auch selbst, ohne allerdings seinen Namen zu nennen (Hell. 3.2.7). An der Seite von Agesilaos, mit dem ihn bald eine Art Freundschaft verband, kehrte er auch 394 nach Griechenland zurück. Die Schlacht bei Koroneia zwischen den Lakedaimoniern und einer Koalition aus Athenern und Boiotern sah ihn unter den damaligen Feinden Athens. Die offizielle Verbannung aus seiner Heimatstadt war die Folge. Xenophon blieb auch die nächsten Jahre bei Agesilaos und erlebte dessen Kämpfe, die er in den *Hellenika* als Augenzeuge schildert, aus nächster Nähe. Anfang der achtziger Jahre schenkten ihm die Lakedaimonier ein Landgut in Skillus, etwa vier Kilometer südlich von Olympia auf der Nordwestpeloponnes. Als Gutsbesitzer und Schriftsteller verbrachte er dort mit seiner Frau Philesia knapp zwei Jahrzehnte, seine beiden Söhne Gryllos und Diodoros wurden in Skillus geboren (Anab. 5.3.4–12).

Im Gefolge der Schlacht von Leuktra im Jahre 371 verloren die Spartaner, und mit ihnen Xenophon, auch Skillus. Er ging mit sei-

ner Familie nach Korinth (Diogenes Laertios II 53). Der kurze Aufstieg Thebens erzwang die Annäherung der einstigen Feinde Athen und Sparta. Etwa um 368/67 wurde Xenophons Verbannung aufgehoben, seine Söhne dienten nun in der athenischen Reiterei, Gryllos fiel 362 in der Schlacht von Mantineia. Xenophon lebte inzwischen vielleicht wieder in Athen, seine Schriften aus dieser Dekade, darunter die hier übersetzten, sind für das dortige Publikum geschrieben. Im Jahre 355/54 war Xenophon noch am Leben. Danach gibt es keine Zeugnisse mehr über ihn.

Xenophons Anfänge als Autor sind unbekannt. Mit Aufzeichnungen begann er, wie gesagt, während des Feldzuges des Kyros. Wahrscheinlich entstanden die ersten beiden Bücher der *Hellenika*, die das Werk des Thukydides fortführen und Athen in den Mittelpunkt stellen, relativ früh. Es ist meistenteils selbst erlebte Geschichte. Das letzte Buch der *Hellenika* kann aber erst nach 362 geschrieben worden sein, da es bis zur Schlacht von Mantineia führt.

Als frühestes in sich abgeschlossenes Werk gilt die *Anabasis*, die wohl Mitte der achtziger Jahre – das Landgut in Skillus wird erwähnt (5.3.7) – vollendet wurde. Xenophon kümmerte sich dort umsichtig um die landwirtschaftlichen Arbeiten, mit der Zeit trat aber immer stärker das schriftstellerische Schaffen in den Vordergrund. Er schrieb vermutlich zunächst an den sogenannten sokrateischen Schriften, den »Erinnerungen an Sokrates« (*Memorabilien*), der »Verteidigung des Sokrates« (*Apologie*) und dem »Gastmahl« (*Symposion*). Im *Oikonomikos*, einem »Gespräch über Haushaltsführung«, das die Leitung eines landwirtschaftlichen Betriebes zum Thema hat, verarbeitete er die Erfahrungen auf seinem Landgut. Von den beiden hippologischen Schriften ist diejenige über die Reitkunst wohl ebenfalls noch dort entstanden. Der »Reiteroberst« (*Hipparchikos*) richtet sich dagegen mit seinen Ratschlägen speziell an athenische Adressaten, vielleicht an die eigenen Söhne, und dürfte daher erst nach Aufhebung der Verbannung geschrieben worden sein.

Die umfangreichste Schrift aus der Gruppe der staatstheoretischen Werke ist die »Kyropädie«, die Erziehung des (älteren) Kyros, des Gründers des persischen Reiches. Sie zeigt – als erster abendländischer Erziehungs- oder Bildungsroman – einen Idealherrscher, dessen Handlungsweisen in der Ausübung einer gerechten Herrschaft auch als Vorbild für griechische Staatsmänner zu verstehen sind. Dasselbe Ziel hat auch der inhaltlich verwandte »Hieron«, doch galt ein großer Teil der Herrschertugenden wohl auch den Bürgern als Beispiel. In Korinth oder bereits wieder in Athen lebend suchte Xenophon Einfluss auf die politische Diskussion in Athen zu nehmen. Wie die »Verfassung der Lakedaimonier« und das Enkomion auf Agesilaos zeigen, besaß er noch immer aristokratische Ideale, doch hatte er, den Niedergang Spartas vor Augen, wohl die Demokratie in Athen akzeptiert. Seine letzte erhaltene Schrift, der wirtschaftspolitische Traktat »Poroi oder Über Einkünfte« sollte jedenfalls der Stadt neue Wege weisen.

DIE VERFASSUNG DER LAKEDAIMONIER

EINLEITUNG

Der in den Handschriften sowie bei einzelnen antiken Autoren wie Diogenes Laertios (II 57) überlieferte Titel der Schrift lautet Λακεδαιμονίων Πολιτεία (Politeia der Lakedaimonier). Politeia ist ein umfassender Begriff. Er bezeichnet die Zugehörigkeit des einzelnen Bürgers (Polites) zu seiner Stadt (Polis) und lässt sich entsprechend mit »Bürgersein«, »Bürgerrecht«, »Teilnahme an der Staatsverwaltung« oder allgemein »Verfassung« übersetzen. Letzteres scheint hier – anders als im Fall der *Ἀθηναίων Πολιτεία* des (Ps.-)Aristoteles, deren Titel üblicherweise mit »Staat der Athener« ins Deutsche übertragen wird – als angemessen.

Mit dem Ethnikon »Lakedaimonioi« unterzeichneten die Spartaner die Verträge mit anderen Städten oder Staaten. Es umfasste sowohl die kleine Schicht der Vollbürger als auch die sogenannten Perioiken (Umwohner), welche die Orte im Umkreis Spartas bewohnten, eine gewisse innere Autonomie besaßen, zum Heeresdienst verpflichtet waren, aber keinen Zugang zur Apella, der Volks- oder Heeresversammlung, hatten und auch keine Ämter bekleiden konnten. Für eine Übersetzung dieses Ethnikons in »Spartaner« spräche, dass dieser Name heute meist in einer Bedeutung verwendet wird, die, wie der Begriff »Lakedaimonier«, auch die Perioiken einschließt, aber dennoch den Status eines Vollbürgers (gr. Spartiates = lat. Spartanus) betont, von dessen Rechten und Pflichten bei Xenophon allein die Rede ist. Aus Gründen der Konformität wird hier »Lakedaimonier« beibehalten.

Der Titel verrät bereits, dass die Abhandlung Teil einer breit geführten Diskussion um die beste Staatsform ist, wie sie spätestens seit Beginn des Peloponnesischen Krieges in Griechenland, namentlich in Athen, geführt wurde. Die oben genannte, in den zwanziger Jahren des 5. Jahrhunderts publizierte Flugschrift eines

anonymen Oligarchen, die vermutlich wegen des Titels »Staat der Athener« fälschlich in das Œuvre Xenophons eingereiht wurde, gehört ebenso zu dieser Diskussion wie der Epitaphios des Thukydideischen Perikles oder auch verschiedene Dialoge aus den »Hiketiden« des Euripides. Kritias, das spätere Haupt der sogenannten 30 Tyrannen, schrieb vor seiner Verbannung aus Athen im Jahre 411 u. a. eine *Politeia Lakedaimonion*, die Xenophon offenkundig benutzte. Auch wenn er sich später von Kritias (und seinen Verbrechen) distanzierte, waren sie sich doch in ihrer Bewunderung für Sparta einig, die sie mit den allermeisten athenischen Aristokraten teilten. Philolakonismus hatte unter ihnen Tradition. Bekannt waren die sogenannten Lakonistai, die ihre Vorliebe für das Spartanertum zeigten, indem sie sich riesenhafte Bärte und lange Haare wachsen ließen, Knotenstöcke und einfachstes Schuhwerk trugen und sich in kurze Mäntel oder fransenbehangene Kittel kleideten.

Der Ausgang des (Thukydideischen) Peloponnesischen Krieges, d. h. die Niederlage der 410 wieder restituierten athenischen Demokratie, bestätigte die Oligarchen in ihrer Auffassung von der Überlegenheit der spartanischen Verfassung, die sich in der Stabilität der politischen Ordnung, die selbst Thukydides (1.18.1) lobte, der Abwesenheit innerer Unruhen und insbesondere in der militärischen Effizienz niederschlug. Ob allerdings Xenophon schon 404/03, wie vermutet, mit einem dann nicht veröffentlichen Entwurf seiner spartanischen Verfassung begann, darf bezweifelt werden. Der zunächst enthusiastisch begrüßte Erfolg Spartas erwies sich für die athenischen Aristokraten bald als Pyrrhus-Sieg. Die mithilfe der Spartaner installierte blutige Herrschaft der sogenannten Dreißig brach bald zusammen, die in sie involvierten Oligarchen waren auf Jahrzehnte diskreditiert und spielten in der neuen Demokratie des 4. Jahrhunderts keine Rolle mehr.

So erlitt der Glaube an die Überlegenheit des spartanischen Systems bald Risse. Sie vergrößerten sich mit dem erst langsamen,

dann mit Ende der achtziger Jahre sich beschleunigenden Abstieg der Stadt. Mit dem gegenwärtigen Sparta war – im Wortsinn – wenig Staat zu machen. So gingen die Demokratie-Skeptiker, wie sie namentlich unter den Sokrates-Schülern zu suchen waren, in die Vergangenheit Spartas zurück, um dort ihr Ideal zu suchen. Xenophon wurde beim legendären Gesetzgeber Lykurg fündig. Seine Schrift handelt ausschließlich von diesem und den Gesetzen, die er gab. Ob sich die Spartaner an diese hielten – sie taten es kaum noch –, spielte keine Rolle. Es geht Xenophon um ein Ideal, das er den übrigen Griechen, vielleicht aber auch, allerdings weniger wahrscheinlich, den Spartanern selbst vorstellen will. Die Vergangenheit wird beschworen, und gleichzeitig ist der »Staat der Lakedaimonier« eine Utopie, eine Utopie freilich, die in der Vergangenheit wurzelt. Es waren die Institutionen des Reformers Lykurg, welche die Spartaner aus den übrigen Griechen hervorhoben, deren Nomoi, behauptet Xenophon, meist in direktem Gegensatz zu denen Lykurgs standen.

Für Lykurg als Person interessiert sich Xenophon nicht. Er verschwindet gänzlich hinter den Institutionen (ἐπιτηδεύματα), die er formte. Es gilt für seine Person, und nur für die, was Plutarch eingangs seiner Biographie formulierte: »Über den Gesetzgeber Lykurg kann man überhaupt nichts sagen, was nicht umstritten ist.« (Mittlerweile gibt es aber auch ansprechende Versuche, ihn wieder zum historischen Leben zu erwecken.)

Xenophon beginnt – hier folgt er der Idealstaatsliteratur der Zeit – mit der Kindererzeugung (Teknopoiía), für die Lykurgs Gesetze nach seiner Vorstellung die bestmöglichen Voraussetzungen schufen, um gesunde und starke Kinder zur Welt zu bringen. Der logische Anschluss (II 1–V 1) ist die Paideia, die Erziehung, gestaffelt in die der παῖδες, der Knaben (II 1–11), der μειράκια, der Jünglinge (III 1–5), und der ἡβῶντες, der angehenden Männer (IV 1–7). Kapitel V und VI widmen sich der spartanischen Lebensführung, dem zuträglichen Essen und Trinken. Das Stichwort der gemeinsa-

men Mahlzeiten gibt Gelegenheit, weitere Gemeinsamkeiten zu erwähnen, so beim Drill oder der Nutzung von Sklaven, Jagdhunden und Pferden. Im Mittelpunkt steht nach einem Kapitel (VII) über Gelderwerb der (unbedingte) Gehorsam gegenüber Behörden und Gesetzen (VIII), bevor die ἀρετή, die Tapferkeit bzw. die Tugend der Spartaner, abgehandelt wird (IX und X). Schließlich kommt Xenophon zu dem, was ihm aufgrund eigener Erfahrung besonders am Herzen lag, dem Heerwesen und der Kriegführung: Bekleidung und Bewaffnung, Truppenaufstellung und Kommandostruktur, taktische Manöver und Lagerleben (XI–XII). Zwei Kapitel (XIII und XV) gelten den Königen, ihren Aufgaben und ihrer Stellung. Eingeschoben ist ein Abschnitt (XIV), der dies alles zu konterkarieren scheint, nämlich eine Kritik des aktuellen Sparta, das sich offenbar weit von dem gerade geschilderten Ideal entfernt hat.

Dieses Kapitel führt zur Datierung, und diese wiederum ist mit der Frage nach dem Adressaten der Schrift verknüpft. Die eigentümliche Stellung im Werk und die ungewöhnliche Ausbreitung spartanischer Missstände ließen zunächst die Vermutung aufkommen, bei Kapitel XIV handele es sich um eine späte Interpolation. Für diese Annahme besteht freilich kein Grund. Auch wenn die herkömmliche Ordnung des Werkes immer wieder verteidigt wurde, so ist doch XIV ganz offenkundig das Schlusskapitel, die es einrahmenden Kapitel XIII und XV, die sich beide mit dem spartanischen Doppelkönigtum beschäftigen, gehören unstreitig zusammen. Der Schluss des Werkes ist somit – zumindest auf den zweiten Blick – nicht überraschend. Kein Zeitgenosse hätte, jedenfalls seit der spartanischen Niederlage bei Knidos (394), dem widersprochen. Dass es zudem durchaus sinnvoll sein konnte, ein Werk mit einer Antithese zu beenden, zeigt Xenophon selbst. In der »Kyropädie« folgt der Idealisierung der Perser im Schlusswort die radikale Ernüchterung: »Ich glaube bewiesen zu haben, dass die Perser … heutzutage weniger Ehrfurcht vor den Göttern empfinden, weniger Rücksicht auf ihre Verwandten nehmen, weniger

Gerechtigkeit gegenüber anderen üben und weniger Tapferkeit im Krieg zeigen als in früheren Zeiten.« (8.8.27)

Die modernen Datierungen der Schrift liegen weit auseinander und umfassen das gesamte schriftstellerische Leben Xenophons. Sie reichen von den frühen neunziger Jahren bis in die Zeit nach 360. Wer die Schrift vor das Jahr 378, als Athen seinen Zweiten Seebund gründete, setzen will, muss freilich das Kapitel XIV als späteren Zusatz ausschließen. Es enthält aber die einzigen Hinweise auf eine chronologische Einordnung. Sie beziehen sich auf die inneren wie die äußeren Verhältnisse Spartas. Während in früheren Zeiten, kritisiert Xenophon, längere Aufenthalte außerhalb Spartas verpönt waren, da Korrumpierung durch »leichtsinniges Leben« drohte, so bemühten sich heute diejenigen, »die als die Ersten gelten, ihr Harmostenamt in der Fremde niemals enden zu lassen«.

Die Harmosten waren Befehlshaber spartanischer Garnisonen, erhielten ihre Ämter in der letzten Phase des (Thukydideischen) Peloponnesischen Krieges und erlangten insbesondere nach dem Sieg über den Attischen Seebund Bedeutung. Sie verlor sich mit der schwindenden Macht Spartas, doch erst nach der Niederlage von Leuktra verpflichtete sich Sparta, »die Harmosten aus den Städten abzuziehen« (Hell. 6.3.18). Die Kritik an den Harmosten mag schon in den siebziger Jahren geschrieben worden sein, doch passt sie noch besser in die Zeit nach Leuktra (371). Verschiedene Harmosten hatten sich nämlich dem Rückkehrbefehl verweigert, wenn er denn tatsächlich gegeben worden war und nicht nur Papier blieb, und wurden erst, wie Pausanias 8.52.4 und 9.6.4 bezeugt, durch Epameinondas in den sechziger Jahren vertrieben.

Insgesamt ist keine Aussage Xenophons so spezifisch, dass sie sich genau in ein zeitliches Raster einordnen ließe. Auch diejenige, dass die Griechen, die früher Sparta baten, »sie gegen die zu führen, die Unrecht tun«, jetzt aber alles daransetzten (XIV 6), dass die Lakedaimonier nie wieder zu Herrschaft gelangten, könnte bereits in eine Zeit gehören, in der die Athener mit der Gründung ihres

Zweiten Seebundes neue Stärke bewiesen und sich von der spartanischen Herrschaft emanzipierten. Freilich spricht auch hier mehr für den Zeitpunkt als *terminus post quem* derjenige, an dem Sparta seine Herrschaft verlor, und das ist wieder 371 und die Schlacht von Leuktra. Wenn das zutrifft, so ist zumindest das Kapitel XIV in den sechziger Jahren oder später geschrieben. Über die Entstehungszeit der übrigen Kapitel besagt das zwar nichts, doch das ist nebensächlich. Da die Schrift offenkundig eine Einheit ist, könnte sie somit nicht vor 371 publiziert worden sein, und das wiederum ist entscheidend, um den Adressaten und die Absicht, wenn nicht zu bestimmen, so dann doch einzugrenzen.

Die uneingeschränkte Konzentration Xenophons auf Belange Spartas führte zunächst zur Vermutung, den Adressaten auch dort zu suchen. Xenophon könnte mit seiner Schrift einen Beitrag zur dortigen Reformdiskussion geleistet haben, möglicherweise unterstützte er den König Agesilaos gegen seine Rivalen oder er wollte Sparta als schwächelndem Hegemon den Weg zurück zu alter Stärke weisen. Die ersten beiden Ziele hätte Xenophon in den neunziger Jahren verfolgen können, für die Rückbesinnung Spartas auf eine »Neugeburt« im Sinne Lykurgischer Ideale war es nach 371 zu spät.

Es bleiben als Adressaten die Athener und das Dritte Griechenland. Auch in diesem Fall irritiert das Kapitel XIV, denn es ist für den Philolakon Xenophon ja nichts anderes als das Eingeständnis des spartanischen Versagens. Dies aber scheint nicht nur den Niedergang der Stadt, wie er sich 371 darstellte, vorauszusetzen. Es ist kaum vorstellbar, dass Xenophon öffentlich von einem Versagen der Elite sprach, solange der von ihm verehrte König Agesilaos, obwohl dessen Politik für das Scheitern Spartas mitverantwortlich war, lebte. Werner Jäger datiert daher konsequent den Abschluss der Schrift in die Zeit nach dessen Tod im Jahre 360/59. Freilich muss von »Abschluss« gesprochen werden, denn das Lob der Lykurgischen Institutionen kann durchaus schon früher entstanden sein. Nach 360 veröffentlicht, besitzt die Schrift, wie schon auf

andere Weise die *Anabasis*, einen apologetischen Charakter. Xenophons Hoffnungen in den spartanischen Staat, die ihn nach der Niederlage von 404, besser gesagt, nach der Entmachtung der sogenannten 30 Tyrannen, mit Athen brechen ließen, wurden enttäuscht. So macht er aus seiner Schrift statt einer Zustandsbeschreibung eine Utopie: Menschen können an ihrer Unzulänglichkeit scheitern, doch schmälert dies die Überlegenheit der Lykurgischen Institutionen nicht. Sie bleiben das Ideal, das er, Xenophon, stets in ihnen sah.

Literatur: Rebenich 1–47, 87–143 (besonders 15 f., 22, 87), Schmitz 2017, 420–463, Schmitz 2018, 107–141, Jäger III 237, Lipka 3–61, Breitenbach 1746–1753, Nickel 1979, 90 f., ders. 2016, 100–103, Gray 39–48, Collins, in: McBrayer 126–147.

Λακεδαιμονίων Πολιτεία

I 1. Ἀλλ' ἐγὼ ἐννοήσας ποτὲ ὡς ἡ Σπάρτη τῶν ὀλιγανθρωποτάτων πόλεων οὖσα δυνατωτάτη τε καὶ ὀνομαστοτάτη ἐν τῇ Ἑλλάδι ἐφάνη, ἐθαύμασα ὅτῳ ποτὲ τρόπῳ τοῦτ' ἐγένετο· ἐπεὶ μέντοι κατενόησα τὰ ἐπιτηδεύματα τῶν Σπαρτιατῶν, οὐκέτι ἐθαύμαζον. 2. Λυκοῦργον μέντοι τὸν θέντα αὐτοῖς τοὺς νόμους, οἷς πειθόμενοι ηὐδαιμόνησαν, τοῦτον καὶ θαυμάζω καὶ εἰς τὰ ἔσχατα μάλα σοφὸν ἡγοῦμαι. ἐκεῖνος γὰρ οὐ μιμησάμενος τὰς ἄλλας πόλεις, ἀλλὰ καὶ ἐναντία γνοὺς ταῖς πλείσταις, προέχουσαν εὐδαιμονίᾳ τὴν πατρίδα ἐπέδειξεν.

3. αὐτίκα γὰρ περὶ τεκνοποιίας, ἵνα ἐξ ἀρχῆς ἄρξωμαι, οἱ μὲν ἄλλοι τὰς μελλούσας τίκτειν καὶ καλῶς δοκούσας κόρας παιδεύεσθαι καὶ σίτῳ ᾗ ἀνυστὸν μετριωτάτῳ τρέφουσι καὶ ὄψῳ ᾗ δυνατὸν μικροτάτῳ· οἴνου γε μὴν ἢ πάμπαν ἀπεχομένας ἢ ὑδαρεῖ χρωμένας διάγουσιν. ὥσπερ δὲ οἱ πολλοὶ τῶν τὰς τέχνας ἐχόντων ἑδραῖοί εἰσιν, οὕτω καὶ τὰς κόρας οἱ ἄλλοι Ἕλληνες ἠρεμιζούσας ἐριουργεῖν ἀξιοῦσι. τὰς μὲν οὖν οὕτω τρεφομένας πῶς χρὴ προσδοκῆσαι μεγαλεῖον ἄν τι γεννῆσαι; 4. ὁ δὲ Λυκοῦργος ἐσθῆτας μὲν καὶ δούλας παρέχειν ἱκανὰς ἡγήσατο εἶναι, ταῖς δ' ἐλευθέραις μέγιστον νομίσας εἶναι τὴν τεκνοποιίαν πρῶτον μὲν σωμασκεῖν ἔταξεν οὐδὲν ἧττον τὸ θῆλυ τοῦ ἄρρενος φύλου· ἔπειτα δὲ δρόμου καὶ ἰσχύος, ὥσπερ καὶ τοῖς ἀνδράσιν, οὕτω καὶ ταῖς θηλείαις ἀγῶνας πρὸς ἀλλήλας ἐποίησε, νομίζων ἐξ ἀμφοτέρων ἰσχυρῶν καὶ τὰ ἔκγονα ἐρρωμενέστερα γίγνεσθαι.

Die Verfassung der Lakedaimonier

I 1. Als ich eines Tages darüber nachsann, dass Sparta, obgleich es doch zu den Städten mit der geringsten Anzahl an Bürgern gehört, dennoch die mächtigste und namhafteste Stadt in Griechenland geworden ist, da wunderte ich mich, wie es wohl dazu kommen konnte. Sobald ich freilich die Einrichtungen der Spartaner näher kennenlernte, wunderte ich mich nicht länger. 2. Für Lykurg aber, der ihnen die Gesetze gab, durch deren gehorsame Beachtung sie glücklich wurden, hege ich Bewunderung und halte ihn für höchst weise. Er führte nämlich nicht, indem er die anderen Städte nachahmte, sondern, indem er Anordnungen traf, die denen der meisten anderen entgegengesetzt waren, seine Vaterstadt zu außerordentlichem Wohlstand.

3. Denn schon, um ganz am Anfang zu beginnen, was das Erzeugen von Kindern betrifft, so geben die anderen (Griechen) den Mädchen, die Kinder gebären sollen und nach herkömmlicher Auffassung gut erzogen werden, so sparsam als möglich Brot und möglichst wenig Zukost. Sie lassen sie gänzlich ohne Wein aufwachsen oder erlauben ihn nur mit Wasser vermischt zu trinken. Wie die meisten, die ein Handwerk betreiben, dies im Sitzen ausüben, so verlangen auch die anderen Griechen, dass die Mädchen in stiller Zurückgezogenheit Wolle bearbeiten. Wie lässt sich nun erwarten, dass Mädchen, die so erzogen werden, etwas Ansehnliches zur Welt bringen? 4. Lykurg aber war der Meinung, dass auch Sklavinnen in der Lage seien, Kleider herzustellen; für frei geborene Frauen aber, so glaubte er, sei das Gebären von Kindern die wichtigste Aufgabe und er bestimmte als erstes, dass das weibliche Geschlecht nicht weniger als das männliche den Körper übe. Dann führte er für Männer wie auch für Frauen Wettkämpfe ein, in denen sie sich (jeweils) im Laufen wie in der Körperkraft untereinander maßen, da er glaubte, dass, sofern beide Eltern kräftig seien, auch deren Nachkommen stärker würden.

5. ἐπεί γε μὴν γυνὴ πρὸς ἄνδρα ἔλθοι, ὁρῶν τοὺς ἄλλους τὸν πρῶτον τοῦ χρόνου ἀμέτρως ταῖς γυναιξὶ συνόντας, καὶ τούτου τἀναντία ἔγνω· ἔθηκε γὰρ αἰδεῖσθαι μὲν εἰσιόντα ὀφθῆναι, αἰδεῖσθαι δ' ἐξιόντα. οὕτω δὲ συνόντων ποθεινοτέρως μὲν ἀνάγκη σφῶν αὐτῶν ἔχειν, ἐρρωμενέστερα δὲ γίγνεσθαι, εἴ τι βλάστοι οὕτω, μᾶλλον ἢ εἰ διάκοροι ἀλλήλων εἶεν. 6. πρὸς δὲ τούτοις καὶ ἀποπαύσας τοῦ ὁπότε βούλοιντο ἕκαστοι γυναῖκα ἄγεσθαι, ἔταξεν ἐν ἀκμαῖς τῶν σωμάτων τοὺς γάμους ποιεῖσθαι, καὶ τοῦτο συμφέρον τῇ εὐγονίᾳ νομίζων.

7. εἴ γε μέντοι συμβαίη γεραιῷ νέαν ἔχειν, ὁρῶν τοὺς τηλικούτους φυλάττοντας μάλιστα τὰς γυναῖκας, τἀναντία καὶ τούτου ἐνόμισε· τῷ γὰρ πρεσβύτῃ ἐποίησεν, ὁποίου ἀνδρὸς σῶμά τε καὶ ψυχὴν ἀγασθείη, τοῦτον ἐπαγαγομένῳ τεκνοποιήσασθαι. 8. εἰ δέ τις αὖ γυναικὶ μὲν συνοικεῖν μὴ βούλοιτο, τέκνων δὲ ἀξιολόγων ἐπιθυμοίη, καὶ τοῦτο νόμιμον ἐποίησεν, ἥντινα ἂν εὔτεκνον καὶ γενναίαν ὁρῴη, πείσαντα τὸν ἔχοντα ἐκ ταύτης τεκνοποιεῖσθαι. 9. καὶ πολλὰ μὲν τοιαῦτα συνεχώρει. αἵ τε γὰρ γυναῖκες διττοὺς οἴκους βούλονται κατέχειν, οἵ τε ἄνδρες ἀδελφοὺς τοῖς παισὶ προσλαμβάνειν, οἳ τοῦ μὲν γένους καὶ τῆς δυνάμεως κοινωνοῦσι, τῶν δὲ χρημάτων οὐκ ἀντιποιοῦνται. 10. περὶ μὲν δὴ τεκνοποιίας οὕτω τἀναντία γνοὺς τοῖς ἄλλοις εἴ τι διαφέροντας καὶ κατὰ μέγεθος καὶ κατ' ἰσχὺν ἄνδρας τῇ Σπάρτῃ ἀπετέλεσεν, ὁ βουλόμενος ἐπισκοπείτω.

5. Als er aber bemerkte, dass anderswo die Männer in der Zeit unmittelbar, nachdem sie verheiratet waren, in maßloser Weise mit ihren Frauen zusammenkamen, verfügte er auch hierin das Gegenteil (solchen Verhaltens). Er setzte nämlich fest, dass der Ehemann, der zu (einer Frau) geht, sich scheuen solle, gesehen zu werden, und ebenso der, welcher von ihr kommt. Wenn Mann und Frau auf diese Weise miteinander verkehren, steigert dies unausbleiblich die Sehnsucht nacheinander und die so gezeugten Kinder werden kräftiger, als wenn (die Eltern) einander überdrüssig wären. 6. Zudem gebot er (der Sitte) Einhalt, dass jeder heirate, wann er wolle, und schrieb vor, in der Blüte körperlicher Entwicklung zu heiraten, da er glaubte, dies sei für eine Zeugung gesunder Nachkommen von Nutzen.

7. Geschehe es freilich, dass ein bejahrter Mann eine junge Frau besitze, so setzte (Lykurg) auch hierfür das Gegenteil von dem (bei den anderen Griechen Übliche) gesetzlich fest, weil er sah, dass Männer solchen Alters ihre Frauen ganz besonders hüten. Er schrieb nämlich vor, dass der Greis einen Mann, dessen äußere Erscheinung und Wesen ihm gefalle, zu sich hole, um Kinder zu zeugen.

8. Wenn aber wiederum einer nicht mit einer Frau zusammenwohnen wollte, aber tüchtige Kinder begehrte, traf er dafür die gesetzliche Regelung, dass er, wenn er eine Frau sähe, die kinderreich und von vornehmer Abstammung sei, mit ihr Kinder zeuge, sofern (deren Mann) einwillige. 9. Noch vieles dieser Art gestand er zu. Die Frauen wollen nämlich zwei Haushalte in Besitz haben, die Männer aber zu ihren Söhnen noch Brüder erhalten, die zwar zur Familie gehören und deren Einfluss teilen, aber keinen Anspruch auf Besitz haben.

10. Ob Lykurg, indem er im Falle der Kindererzeugung eine Meinung vertrat, die derjenigen der übrigen (Griechen) entgegengesetzt war, auf solche Weise in Sparta Männer hervorbrachte, die sich an Größe und Kraft unterschieden, mag, wer will, (genauer) erwägen.

II 1. Ἐγὼ μέντοι, ἐπεὶ καὶ περὶ γενέσεως ἐξήγημαι, βούλομαι καὶ τὴν παιδείαν ἑκατέρων σαφηνίσαι.

τῶν μὲν τοίνυν ἄλλων Ἑλλήνων οἱ φάσκοντες κάλλιστα τοὺς υἱεῖς παιδεύειν, ἐπειδὰν τάχιστα αὐτοῖς οἱ παῖδες τὰ λεγόμενα ξυνιῶσιν, εὐθὺς μὲν ἐπ' αὐτοῖς παιδαγωγοὺς θεράποντας ἐφιστᾶσιν, εὐθὺς δὲ πέμπουσιν εἰς διδασκάλων μαθησομένους καὶ γράμματα καὶ μουσικὴν καὶ τὰ ἐν παλαίστρᾳ. πρὸς δὲ τούτοις τῶν παίδων πόδας μὲν ὑποδήμασιν ἁπαλύνουσι, σώματα δὲ ἱματίων μεταβολαῖς διαθρύπτουσι· σίτου γε μὴν αὐτοῖς γαστέρα μέτρον νομίζουσιν.

2. ὁ δὲ Λυκοῦργος, ἀντὶ μὲν τοῦ ἰδίᾳ ἕκαστον παιδαγωγοὺς δούλους ἐφιστάναι, ἄνδρα ἐπέστησε κρατεῖν αὐτῶν ἐξ ὧνπερ αἱ μέγισται ἀρχαὶ καθίστανται, ὃς δὴ καὶ παιδονόμος καλεῖται, τοῦτον δὲ κύριον ἐποίησε καὶ ἀθροίζειν τοὺς παῖδας καὶ ἐπισκοποῦντα, εἴ τις ῥᾳδιουργοίη, ἰσχυρῶς κολάζειν. ἔδωκε δ' αὐτῷ καὶ τῶν ἡβώντων μαστιγοφόρους, ὅπως τιμωροῖεν ὁπότε δέοι, ὥστε πολλὴν μὲν αἰδῶ, πολλὴν δὲ πειθὼ ἐκεῖ συμπαρεῖναι. 3. ἀντί γε μὴν τοῦ ἁπαλύνειν τοὺς πόδας ὑποδήμασιν ἔταξεν ἀνυποδησίᾳ κρατύνειν, νομίζων, εἰ τοῦτ' ἀσκήσειαν, πολὺ μὲν ῥᾷον ἂν ὀρθιάδε ἐκβαίνειν, ἀσφαλέστερον δὲ πρανῆ καταβαίνειν, καὶ πηδῆσαι δὲ καὶ ἀναθορεῖν καὶ δραμεῖν θᾶττον ἀνυπόδητον, εἰ ἠσκηκὼς εἴη τοὺς πόδας, ἢ ὑποδεδεμένον. 4. καὶ ἀντί γε τοῦ ἱματίοις διαθρύπτεσθαι ἐνόμιζεν ἑνὶ ἱματίῳ δι' ἔτους προσεθίζεσθαι, νομίζων οὕτως καὶ πρὸς ψύχη καὶ πρὸς θάλπη ἄμεινον ἂν παρεσκευάσθαι. 5. σῖτόν γε μὴν ἔταξε τοσοῦτον συμβολεύειν τὸν εἴρενα ὡς ὑπὸ πλησμονῆς μὲν μήποτε βαρύνε-

II 1. Nachdem ich von der Zeugung berichtet habe, will ich nun auch die Erziehung bei beiden (den Spartanern wie den übrigen Griechen) erläutern.

Bei den anderen Griechen nun setzen die, die für sich in Anspruch nehmen, ihre Söhne besonders gut zu erziehen, sobald die Kinder verstehen, was ihnen gesagt wird, sogleich Diener als Aufsichtspersonen über sie ein und schicken sie sogleich zu Lehrern, damit sie die Elementarkenntnisse (Lesen und Schreiben), die Musik und die Fertigkeiten auf dem Ringplatz erlernen. Dazu verweichlichen sie die Füße der Kinder durch (das Tragen) von Schuhen und verhätscheln den Körper durch den Wechsel von Kleidung. Den Magen aber halten sie für das Maß ihrer Speise.

2. Lykurg aber übertrug die Aufsicht über die Kinder, anstatt dass jeder für sich Sklaven als Aufsichtspersonen (*paidagogoi*) einsetzte, einem Mann aus dem Kreis derer, welche die höchsten Ämter innehaben. Dieser wird auch als Knabenaufseher (*paidonomos)* bezeichnet. Ihm gab Lykurg die Vollmacht, die Knaben zu versammeln, zu beobachten und hart zu strafen, wenn einer leichtsinnig war. Von den angehenden Männern (*hebontes*) gab er ihm auch welche zur Seite, die Peitschen führten, um zu strafen, wo es nottat. Daher herrschen (in Sparta) großer Respekt und unbedingter Gehorsam. 3. Statt die Füße durch (das Tragen) von Schuhen zu verweichlichen, verfügte Lykurg, diese durch Barfüßigkeit zu stärken. Er war nämlich der Meinung, dass sie, falls sie sich darin übten, viel leichter bergan und viel sicherer bergab gehen könnten, auch, dass jemand, wenn er nur seine Füße trainiert habe, ohne Schuhe weiter und höher springe sowie schneller laufe als jemand, der Schuhe trage. 4. Statt sich durch Gewänder zu verweichlichen, ordnete er an, dass sie sich an (das Tragen) eines einzigen Gewandes das Jahr hindurch gewöhnten, weil er der Meinung war, dass sie so besser gegen Kälte und Hitze gerüstet seien. 5. Was die Nahrung anbetraf, setzte Lykurg fest, dass der junge Mann (*eiren*) so viel zu den gemeinsamen Mahlzeiten bei-

σθαι, τοῦ δὲ ἐνδεεστέρως διάγειν μὴ ἀπείρως ἔχειν, νομίζων τοὺς οὕτω παιδευομένους μᾶλλον μὲν ἂν δύνασθαι, εἰ δεήσειεν, ἀσιτήσαντας ἐπιπονῆσαι, μᾶλλον δ' ἄν, εἰ παραγγελθείη, ἀπὸ τοῦ αὐτοῦ σίτου πλείω χρόνον ἐπιταθῆναι, ἧττον δ' ἂν ὄψου δεῖσθαι, εὐχερέστερον δὲ πρὸς πᾶν ἔχειν βρῶμα, καὶ ὑγιεινοτέρως δ' ἂν διάγειν· καὶ εἰς μῆκος ἂν τὴν αὐξάνεσθαι ῥαδινὰ τὰ σώματα ποιοῦσαν τροφὴν μᾶλλον συλλαμβάνειν ἡγήσατο ἢ τὴν διαπλατύνουσαν τῷ σίτῳ.

6. ὡς δὲ μὴ ὑπὸ λιμοῦ ἄγαν αὖ πιέζοιντο, ἀπραγμόνως μὲν αὐτοῖς οὐκ ἔδωκε λαμβάνειν ὧν ἂν προσδέωνται, κλέπτειν δ' ἐφῆκεν ἔστιν ἃ τῷ λιμῷ ἐπικουροῦντας. 7. καὶ ὡς μὲν οὐκ ἀπορῶν ὅ τι δοίη ἐφῆκεν αὐτοῖς γε μηχανᾶσθαι τὴν τροφήν, οὐδένα οἶμαι τοῦτο ἀγνοεῖν· δῆλον δ' ὅτι τὸν μέλλοντα κλωπεύειν καὶ νυκτὸς ἀγρυπνεῖν δεῖ καὶ μεθ' ἡμέραν ἀπατᾶν καὶ ἐνεδρεύειν, καὶ κατασκόπους δὲ ἑτοιμάζειν τὸν μέλλοντά τι λήψεσθαι. ταῦτα οὖν δὴ πάντα δῆλον ὅτι μηχανικωτέρους τῶν ἐπιτηδείων βουλόμενος τοὺς παῖδας ποιεῖν καὶ πολεμικωτέρους οὕτως ἐπαίδευσεν.

8. εἴποι δ' ἂν οὖν τις, τί δῆτα, εἴπερ τὸ κλέπτειν ἀγαθὸν ἐνόμιζε, πολλὰς πληγὰς ἐπέβαλλε τῷ ἁλισκομένῳ; ὅτι, φημὶ ἐγώ, καὶ τἆλλα, ὅσα ἄνθρωποι διδάσκουσι, κολάζουσι τὸν μὴ καλῶς ὑπηρετοῦντα. κἀκεῖνοι οὖν τοὺς ἁλισκομένους ὡς κακῶς κλέπτοντας τιμωροῦνται. 9. καὶ ὡς πλείστους δὴ ἁρπάσαι τυροὺς παρ' Ὀρθίας καλὸν θείς, μαστιγοῦν τούτους ἄλλοις ἐπέταξε, τοῦτο δηλῶσαι καὶ ἐν τούτῳ βουλόμενος ὅτι ἔστιν

steuere, dass sie auf der einen Seite niemals durch Übersättigung belastet würden, auf der anderen aber die Erfahrung sammelten, Mangel zu ertragen. Er war nämlich des Glaubens, dass sie, falls sie so erzogen würden, erforderlichenfalls eher ohne Nahrung Mühen ertragen konnten, dass sie, wenn es befohlen werden würde, mit der gleichen Nahrungsmenge längere Zeit aushielten, dass sie weniger einer Zukost bedurften, dass sie mit größerer Bereitschaft jede Speise annähmen und auf gesündere Weise lebten. Auch glaubte er, dass eine Ernährung, die den Körper schlank mache, mehr zu einem hohen Wuchs beitrage als eine, die durch die Speise dick mache.

6. Damit sie aber nicht zu sehr von Hunger gequält würden, gestattete er ihnen zwar nicht, sich das ohne Mühen nehmen, wessen sie noch bedurften, erlaubte aber, manches zu stehlen, um den Hunger zu stillen. 7. Dass er nicht aus Unfähigkeit, (das Erforderliche) zuzuteilen, ihnen erlaubte, sich die Nahrung durch List zu verschaffen, ist meiner Meinung nach jedem wohlbekannt. Offenkundig aber ist es, dass der, der stehlen will, die Nacht schlaflos verbringen sowie den Tag über täuschen und sich in einen Hinterhalt legen muss; auch muss der, der etwas erbeuten will, Späher bereitstellen. All dies zeigt offenkundig, dass er sie auf diese Weise erzog, weil er die Knaben sowohl erfindungsreicher bei der Beschaffung des Lebensnotwendigen als auch kriegstauglicher machen wollte.

8. Vielleicht mag nun jemand fragen, warum er, sofern er der Meinung war, dass das Stehlen von Vorteil ist, demjenigen, der dabei gefasst wird, (zur Strafe) viele Schläge auferlegte? Weil, behaupte ich, auch bei den übrigen Angelegenheiten, welche Menschen lehren, sie denjenigen strafen, der seine Sache falsch macht. Auch jene strafen also die, welche erwischt werden, weil sie unbeholfen stehlen. 9. Und obgleich er es für ehrenhaft hielt, so viel Käse wie möglich vom Altar der (Artemis) Orthia zu stehlen, trug er anderen auf, diese (Diebe) zu geißeln, weil er dadurch klarma-

ὀλίγον χρόνον ἀλγήσαντα πολὺν χρόνον εὐδοκιμοῦντα εὐφραίνεσθαι. δηλοῦται δὲ ἐν τούτῳ ὅτι καὶ ὅπου τάχους δεῖ ὁ βλακεύων ἐλάχιστα μὲν ὠφελεῖται, πλεῖστα δὲ πράγματα λαμβάνει.

10. ὅπως δὲ μηδ' εἰ ὁ παιδονόμος ἀπέλθοι, ἔρημοί ποτε οἱ παῖδες εἶεν ἄρχοντος, ἐποίησε τὸν ἀεὶ παρόντα τῶν πολιτῶν κύριον εἶναι καὶ ἐπιτάττειν τοῖς παισὶν ὅ τι ἂν ἀγαθὸν δοκοίη εἶναι, καὶ κολάζειν, εἴ τι ἁμαρτάνοιεν. τοῦτο δὲ ποιήσας διέπραξε καὶ αἰδημονεστέρους εἶναι τοὺς παῖδας· οὐδὲν γὰρ οὕτως αἰδοῦνται οὔτε παῖδες οὔτε ἄνδρες ὡς τοὺς ἄρχοντας. 11. ὡς δὲ καὶ εἴ ποτε μηδεὶς τύχοι ἀνὴρ παρών, μηδ' ὣς ἔρημοι οἱ παῖδες ἄρχοντος εἶεν, ἔθηκε τῆς ἴλης ἑκάστης τὸν τορώτατον τῶν εἰρένων ἄρχειν· ὥστε οὐδέποτε ἐκεῖ οἱ παῖδες ἔρημοι ἄρχοντός εἰσι.

12. λεκτέον δέ μοι δοκεῖ εἶναι καὶ περὶ τῶν παιδικῶν ἐρώτων· ἔστι γάρ τι καὶ τοῦτο πρὸς παιδείαν. οἱ μὲν τοίνυν ἄλλοι Ἕλληνες ἢ ὥσπερ Βοιωτοὶ ἀνὴρ καὶ παῖς συζυγέντες ὁμιλοῦσιν, ἢ ὥσπερ Ἠλεῖοι διὰ χαρίτων τῇ ὥρᾳ χρῶνται· εἰσὶ δὲ καὶ οἳ παντάπασι τοῦ διαλέγεσθαι τοὺς ἐραστὰς εἴργουσιν ἀπὸ τῶν παίδων. 13. ὁ δὲ Λυκοῦργος ἐναντία καὶ τούτοις πᾶσι γνούς, εἰ μέν τις αὐτὸς ὢν οἷον δεῖ ἀγασθεὶς ψυχὴν παιδὸς πειρῷτο ἄμεμπτον φίλον ἀποτελέσασθαι καὶ συνεῖναι, ἐπῄνει καὶ καλλίστην παιδείαν ταύτην ἐνόμιζεν· εἰ δέ τις παιδὸς σώματος ὀρεγόμενος φανείη, αἴσχιστον τοῦτο θεὶς ἐποίησεν ἐν Λακεδαίμονι μηδὲν ἧττον ἐραστὰς παιδικῶν ἀπέχεσθαι ἢ γονεῖς παίδων

chen wollte, es sei möglich, dass sich jemand, der kurze Zeit Schmerz erdulde, lange Zeit des Ruhms erfreuen könne. Dabei zeigt sich auch, dass, wo Geschwindigkeit erforderlich ist, der Saumselige den geringsten Nutzen und die größten Schwierigkeiten hat.

10. Damit aber, wenn der Knabenaufseher (*paidonomos*) abwesend war, die Knaben nicht ohne Aufsichtsperson seien, legte Lykurg fest, dass stets der Bürger, der gerade anwesend war, befugt sei, den Knaben zu befehlen, was ihm richtig erscheine, und sie zu strafen, wenn sie einen Fehler begingen. Dadurch bewirkte er, dass die Knaben ehrerbietiger wurden. Sowohl Knaben wie Männer haben nämlich vor nichts so viel Respekt wie vor der Obrigkeit. 11. Damit aber auch, wenn zufällig kein Mann zugegen war, die Knaben nicht ohne Aufsicht blieben, verfügte er, dass der Verständigste von den jungen Männern (*eirenes*) die Aufsicht über jede Riege (*ile*) habe. Daher bleiben (in Sparta) die Knaben nie ohne Aufsicht.

12. Ich muss auch über die Knabenliebe sprechen. Sie hat nämlich ebenso Einfluss auf die Erziehung. Die anderen Griechen nun haben entweder wie die Boioter als Mann und Knabe Umgang miteinander, als seien sie ehelich verbunden, oder sie genießen wie die Eleier die Dienste junger Männer, indem sie Gefälligkeiten erweisen. Es gibt aber auch (Griechen), die die Liebhaber sogar vom Gespräch mit den Knaben ganz fernhalten. 13. Lykurg hat aber auch hier das Gegenteil von dem allen verfügt: Wenn ein rechtschaffener Mann, der seine Freude am Wesen eines Knaben hat, ihn zu einem untadeligen Freund machen will und seine Gesellschaft sucht, hieß (Lykurg) das gut und glaubte, es sei die beste Art der Erziehung. Wenn aber einer den Körper eines Knaben zu begehren schien, erachtete er dies für eine überaus große Schande und setzte durch, dass in Sparta sich Liebhaber nicht weniger von den geliebten Knaben fernhalten, als sich Eltern von der körperlichen Liebe mit ihren Kindern fernhalten oder Ge-

ἢ καὶ ἀδελφοὶ ἀδελφῶν εἰς ἀφροδίσια ἀπέχονται. 14. τὸ μέντοι ταῦτα ἀπιστεῖσθαι ὑπό τινων οὐ θαυμάζω· ἐν πολλαῖς γὰρ τῶν πόλεων οἱ νόμοι οὐκ ἐναντιοῦνται ταῖς πρὸς τοὺς παῖδας ἐπιθυμίαις.

ἡ μὲν δὴ παιδεία εἴρηται ἥ τε Λακωνικὴ καὶ ἡ τῶν ἄλλων Ἑλλήνων· ἐξ ὁποτέρας δ' αὐτῶν καὶ εὐπειθέστεροι καὶ αἰδημονέστεροι καὶ ὧν δεῖ ἐγκρατέστεροι ἄνδρες ἀποτελοῦνται, ὁ βουλόμενος καὶ ταῦτα ἐπισκοπείσθω.

III 1. Ὅταν γε μὴν ἐκ παίδων εἰς τὸ μειρακιοῦσθαι ἐκβαίνωσι, τηνικαῦτα οἱ μὲν ἄλλοι παύουσι μὲν ἀπὸ παιδαγωγῶν, παύουσι δὲ ἀπὸ διδασκάλων, ἄρχουσι δὲ οὐδένες ἔτι αὐτῶν, ἀλλ' αὐτονόμους ἀφιᾶσιν· ὁ δὲ Λυκοῦργος καὶ τούτων τἀναντία ἔγνω. 2. καταμαθὼν γὰρ τοῖς τηλικούτοις μέγιστον μὲν φρόνημα ἐμφυόμενον, μάλιστα δὲ ὕβριν ἐπιπολάζουσαν, ἰσχυροτάτας δὲ ἐπιθυμίας τῶν ἡδονῶν παρισταμένας, τηνικαῦτα πλείστους μὲν πόνους αὐτοῖς ἐπέβαλε, πλείστην δὲ ἀσχολίαν ἐμηχανήσατο. 3. ἐπιθεὶς δὲ καὶ εἴ τις ταῦτα φύγοι, μηδενὸς ἔτι τῶν καλῶν τυγχάνειν, ἐποίησε μὴ μόνον τοὺς ἐκ δημοσίου ἀλλὰ καὶ τοὺς κηδομένους ἑκάστων ἐπιμελεῖσθαι, ὡς μὴ ἀποδειλιάσαντες ἀδόκιμοι παντάπασιν ἐν τῇ πόλει γένοιντο.

4. πρὸς δὲ τούτοις τὸ αἰδεῖσθαι ἰσχυρῶς ἐμφῦσαι βουλόμενος αὐτοῖς καὶ ἐν ταῖς ὁδοῖς ἐπέταξεν ἐντὸς μὲν τοῦ ἱματίου τὼ χεῖρε ἔχειν, σιγῇ δὲ πορεύεσθαι, περιβλέπειν δὲ μηδαμοῖ, ἀλλ' αὐτὰ τὰ πρὸ τῶν ποδῶν ὁρᾶν. ἔνθα δὴ καὶ δῆλον γεγένηται ὅτι τὸ ἄρρεν φῦλον καὶ εἰς τὸ σωφρονεῖν ἰσχυρότερόν ἐστι τῶν τῆς θηλείας φύσεως. 5. ἐκείνων γοῦν ἧττον μὲν ἂν φωνὴν ἀκούσαις ἢ τῶν λιθίνων, ἧττον δ' ἂν ὄμματα μεταστρέψαις ἢ τῶν

schwister untereinander. 14. Dass dies bei manchen nicht auf Glauben stößt, verwundert mich aber nicht. In vielen Städten stehen die Gesetze nämlich dem Wunsch nach (körperlicher Liebe mit) Knaben nicht im Weg.

Dies sei über das spartanische Erziehungswesen und das bei den übrigen Griechen berichtet. Aus welchem von ihnen aber willigere und ehrerbietigere Männer mit größerer Selbstbeherrschung hervorgehen, auch dies mag, wer will, einer Prüfung unterziehen.

III 1. Wenn sie aber aus dem Knabenalter kommen und Jünglinge werden, so nehmen die übrigen Griechen sie aus der Obhut der Knabenaufseher (*paidagogoi*) und lassen sie nicht mehr von Lehrern unterrichten. Niemand beaufsichtigt sie mehr, sondern sie entlassen sie in die Selbstständigkeit. Auch hiervon hat Lykurg das Gegenteil angeordnet. 2. Da er nämlich die Beobachtung gemacht hatte, dass jungen Leuten dieses Alters sehr großer Stolz eigen ist, Mutwillen besonders zu Tage tritt und sich sehr starke sinnliche Begierden einstellen, bürdete er ihnen für diese Zeit die meisten Mühen auf und ersann ein Höchstmaß an Beschäftigung. 3. Ebenso legte er fest, dass, wer sich dieser entziehe, (künftig) keine Ehren mehr erlangen könne, und bewirkte damit, dass nicht nur die, die ein öffentliches Amt innehatten, sondern auch die, die für die Einzelnen besondere Fürsorge trugen, darauf merkten, dass sie nicht, indem sie sich (ihren Pflichten) feige entzogen, in der Stadt alles Ansehen verlören.

4. Weiterhin verfügte er mit dem Ziel, ihnen respektvolles Auftreten fest einzuprägen, dass sie auf der Straße beide Hände unter dem Gewand halten, schweigend gehen und nicht umherblicken, sondern auf das vor ihren Füßen Liegende sehen. Offenkundig wurde dadurch auch, dass das männliche Geschlecht über mehr Besonnenheit verfügt als die weibliche Natur. 5. Von jenen (jungen Leuten) zumindest lässt sich weniger ein Laut vernehmen als von steinernen Statuen, ihre Augen lassen sich weniger ablenken

χαλκῶν, αἰδημονεστέρους δ᾽ ἂν αὐτοὺς ἡγήσαιο καὶ αὐτῶν τῶν ἐν τοῖς ὀφθαλμοῖς παρθένων. καὶ ἐπειδὰν εἰς τὸ φιλίτιόν γε ἀφίκωνται, ἀγαπητὸν αὐτῶν καὶ τὸ ἐρωτηθὲν ἀκοῦσαι. καὶ τῶν μὲν αὖ παιδίσκων οὕτως ἐπεμελήθη.

IV 1. Περί γε μὴν τῶν ἡβώντων πολὺ μάλιστα ἐσπούδασε, νομίζων τούτους, εἰ γένοιντο οἵους δεῖ, πλεῖστον ῥέπειν ἐπὶ τὸ ἀγαθὸν τῇ πόλει. 2. ὁρῶν οὖν, οἷς ἂν μάλιστα φιλονικία ἐγγένηται, τούτων καὶ χοροὺς ἀξιακροατοτάτους γιγνομένους καὶ γυμνικοὺς ἀγῶνας ἀξιοθεατοτάτους, ἐνόμιζεν, εἰ καὶ τοὺς ἡβῶντας συμβάλλοι εἰς ἔριν περὶ ἀρετῆς, οὕτως ἂν καὶ τούτους ἐπὶ πλεῖστον ἀφικνεῖσθαι ἀνδραγαθίας. ὡς οὖν τούτους αὖ συνέβαλεν, ἐξηγήσομαι.

3. αἱροῦνται τοίνυν αὐτῶν οἱ ἔφοροι ἐκ τῶν ἀκμαζόντων τρεῖς ἄνδρας· οὗτοι δὲ ἱππαγρέται καλοῦνται. τούτων δ᾽ ἕκαστος ἄνδρας ἑκατὸν καταλέγει, διασαφηνίζων ὅτου ἕνεκα τοὺς μὲν προτιμᾷ, τοὺς δὲ ἀποδοκιμάζει. 4. οἱ οὖν μὴ τυγχάνοντες τῶν καλῶν πολεμοῦσι τοῖς τε ἀποστείλασιν αὐτοὺς καὶ τοῖς αἱρεθεῖσιν ἀνθ᾽ αὐτῶν καὶ παραφυλάττουσιν ἀλλήλους, ἐάν τι παρὰ τὰ καλὰ νομιζόμενα ῥᾳδιουργῶσι. 5. καὶ αὕτη δὴ γίγνεται ἡ θεοφιλεστάτη τε καὶ πολιτικωτάτη ἔρις, ἐν ᾗ ἀποδέδεικται μὲν ἃ δεῖ ποιεῖν τὸν ἀγαθόν, χωρὶς δ᾽ ἑκάτεροι ἀσκοῦσιν ὅπως ἀεὶ κράτιστοι ἔσονται, ἐὰν δέ τι δέῃ, καθ᾽ ἕνα ἀρήξουσι τῇ πόλει παντὶ σθένει ἄν. 6. ἀνάγκη δ᾽ αὐτοῖς καὶ εὐεξίας ἐπιμελεῖσθαι. καὶ γὰρ πυκτεύουσι διὰ τὴν ἔριν ὅπου ἂν συμβάλωσι·

als die von bronzenen Figuren und man darf sie für schamhafter halten als selbst die Jungfrauen im Schlafgemach. Und wenn sie zum gemeinsamen Mahl kommen, muss man zufrieden sein, wenn sie auf eine Frage antworten. So wiederum kümmerte er sich um die Jünglinge (*paidiskoi*).

IV 1. Die meiste Aufmerksamkeit richtete (Lykurg) aber auf die heranwachsenden Männer (*hebontes*), da er der Ansicht war, dass diese, sofern sie zu denen würden, die sie sein sollten, für das Wohl der Stadt ausschlaggebend seien. 2. Weil er nun bemerkte, dass für die, die den größten Ehrgeiz besaßen, die Chorgesänge besonders hörens- und die sportlichen Wettkämpfe besonders sehenswert sind, glaubte er, dass er, wenn er die heranwachsenden Männer zu einem Wettstreit um die Tüchtigkeit zusammenbringe, diese auf solche Weise ein Höchstmaß an Wagemut erlangten. Wie er nun den Wettstreit unter ihnen organisierte, das will ich ausführen.

3. Es wählen also die Ephoren von denen, die in der Blüte der Jahre stehen, drei Männer aus. Diese heißen Hippagreten. Von ihnen aber sucht ein jeder 100 Männer aus und gibt seine Gründe an, weswegen er die einen vorzieht, die andern aber zurückweist. 4. Diejenigen, denen diese Ehre nicht zuteilwurde, liegen im Streit mit denen, die sie weggeschickt haben, und mit denen, die an ihrer Stelle ausgesucht wurden, und beobachten einander genau, ob sie etwa leichtfertig dem, was als ehrenhaft erkannt wurde, zuwiderhandeln. 5. Und dies ist sicherlich die Art von Wettkampf, den die Götter am meisten schätzen und der von besonderem Vorteil für die Stadt ist. Er zeigt, was der gute (Bürger) tun sollte, abgesehen davon, dass sich beide Seiten darin üben, dass sie immer die besten sind und, wenn es erforderlich ist, der Stadt mit all ihrer individuellen Kraft helfen. 6. Erforderlich aber ist es für sie auch, sich um ihre körperliche Tüchtigkeit zu kümmern. Aufgrund ihres Wettstreits kämpfen sie nämlich immer mit den

διαλύειν μέντοι τοὺς μαχομένους πᾶς ὁ παραγενόμενος κύριος. ἢν δέ τις ἀπειθῇ τῷ διαλύοντι, ἄγει αὐτὸν ὁ παιδονόμος ἐπὶ τοὺς ἐφόρους· οἱ δὲ ζημιοῦσι μεγαλείως, καθιστάναι βουλόμενοι εἰς τὸ μήποτε ὀργὴν τοῦ μὴ πείθεσθαι τοῖς νόμοις κρατῆσαι.

7. τοῖς γε μὴν τὴν ἡβητικὴν ἡλικίαν πεπερακόσιν, ἐξ ὧν ἤδη καὶ αἱ μέγισται ἀρχαὶ καθίστανται, οἱ μὲν ἄλλοι Ἕλληνες ἀφελόντες αὐτῶν τὸ ἰσχύος ἔτι ἐπιμελεῖσθαι στρατεύεσθαι ὅμως αὐτοῖς ἐπιτάττουσιν, ὁ δὲ Λυκοῦργος τοῖς τηλικούτοις νόμιμον ἐποίησε κάλλιστον εἶναι τὸ θηρᾶν, εἰ μή τι δημόσιον κωλύοι, ὅπως δύναιντο καὶ οὗτοι μηδὲν ἧττον τῶν ἡβώντων στρατιωτικοὺς πόνους ὑποφέρειν.

V 1. Ἃ μὲν οὖν ἑκάστῃ ἡλικίᾳ ἐνομοθέτησεν ὁ Λυκοῦργος ἐπιτηδεύματα σχεδὸν εἴρηται· οἵαν δὲ καὶ πᾶσι δίαιταν κατεσκεύασε, νῦν πειράσομαι διηγεῖσθαι.

2. Λυκοῦργος τοίνυν παραλαβὼν τοὺς Σπαρτιάτας ὥσπερ τοὺς ἄλλους Ἕλληνας οἴκοι σκηνοῦντας, γνοὺς ἐν τούτοις πλεῖστα ῥᾳδιουργεῖσθαι, εἰς τὸ φανερὸν ἐξήγαγε τὰ συσκήνια, οὕτως ἡγούμενος ἥκιστ' ἂν παραβαίνεσθαι τὰ προσταττόμενα. 3. καὶ σῖτόν γε ἔταξεν αὐτοῖς ὡς μήτε ὑπερπληροῦσθαι μήτε ἐνδεεῖς γίγνεσθαι. πολλὰ δὲ καὶ παράλογα γίγνεται ἀπὸ τῶν ἀγρευομένων· οἱ δὲ πλούσιοι ἔστιν ὅτε καὶ ἄρτον ἀντιπαραβάλλουσιν· ὥστε οὔτε ἔρημός ποτε ἡ τράπεζα βρωτῶν γίγνεται, ἔστ' ἂν διασκηνῶσιν, οὔτε πολυδάπανος. 4. καὶ μὴν τοῦ πότου ἀποπαύσας τὰς οὐκ ἀναγκαίας πόσεις, αἳ σφάλλουσι μὲν

Fäusten, wenn sie aufeinandertreffen. Jedoch ist jeder Zuschauer ermächtigt, die Kämpfenden zu trennen. Wenn aber einer demjenigen, der sie trennen will, nicht folgt, führt der Knabenaufseher (*paidonomos*) ihn zu den Ephoren. Sie aber strafen ihn hart, weil sie erreichen wollen, dass niemals der Zorn die Oberhand über Gesetzestreue gewinnt.

7. Diejenigen aber, die das Alter heranwachsender Männer (*hebontes*) hinter sich gebracht haben, aus deren Reihen nun auch die höchsten Ämter besetzt werden, stellen die übrigen Griechen von der Verpflichtung, sich noch um ihre körperliche Verfassung zu kümmern, frei, befehlen ihnen aber dennoch, ins Feld zu ziehen. Lykurg aber legte fest, das Ehrenvollste für Männer dieses Alters sei die Jagd, wenn nicht eine öffentliche Angelegenheit sie daran hindere, damit auch sie nicht weniger als die heranwachsenden Männer (*hebontes*) militärische Anstrengungen auf sich nehmen könnten.

V 1. Welche Erziehungsmaßnahmen Lykurg für jedes Lebensalter gesetzlich bestimmt hat, das ist nun in etwa umrissen. Welche Lebensweise er auch für alle eingeführt hat, will ich jetzt auszuführen versuchen.

2. Bis in Lykurgs Zeit speisten die Spartaner genauso wie die anderen Griechen zu Hause. Da er aber erkannt hatte, dass sie unter diesen Bedingungen äußerst sorglos wurden, verlegte er in der Meinung, dass so (seine) Anordnungen am wenigsten übertreten würden, das gemeinsame Speisen in die Öffentlichkeit. 3. Auch verordnete er für sie (ein solches Maß an) Nahrung, dass sie weder übersättigt waren noch Mangel litten. Vieles über die üblichen Speisen hinaus kommt von der Jagd. Manchmal steuern die Reichen aber auch Weizenbrot dazu bei. Daher ist der Tisch niemals leer von Speisen, bis sie vom Mahl aufstehen, noch wird viel Aufwand betrieben. 4. Auch machte er dem unnötigen Trinken ein Ende, das den Körper schädigt und den Geist trübt, und gestattete

σώματα, σφάλλουσι δὲ γνώμας, ἐφῆκεν ὁπότε διψῴη ἕκαστος πίνειν, οὕτω νομίζων ἀβλαβέστατόν τε καὶ ἥδιστον ποτὸν γίγνεσθαι. οὕτω γε μὴν συσκηνούντων πῶς ἄν τις ἢ ὑπὸ λιχνείας ἢ οἰνοφλυγίας ἢ αὑτὸν ἢ οἶκον διαφθείρειεν;

5. καὶ γὰρ δὴ ἐν μὲν ταῖς ἄλλαις πόλεσιν ὡς τὸ πολὺ οἱ ἥλικες ἀλλήλοις σύνεισι, μεθ' ὧνπερ καὶ ἐλαχίστη αἰδὼς παραγίγνεται· ὁ δὲ Λυκοῦργος ἐν τῇ Σπάρτῃ ἀνέμειξε ... παιδεύεσθαι τὰ πολλὰ τοὺς νεωτέρους ὑπὸ τῆς τῶν γεραιτέρων ἐμπειρίας. 6. καὶ γὰρ δὴ ἐπιχώριον ἐν τοῖς φιλιτίοις λέγεσθαι ὅ τι ἂν καλῶς τις ἐν τῇ πόλει ποιήσῃ· ὥστ' ἐκεῖ ἥκιστα μὲν ὕβριν, ἥκιστα δὲ παροινίαν, ἥκιστα δὲ αἰσχρουργίαν καὶ αἰσχρολογίαν ἐγγίγνεσθαι. 7. ἀγαθά γε μὴν ἀπεργάζεται καὶ τάδε ἡ ἔξω σίτησις· περιπατεῖν τε γὰρ ἀναγκάζονται ἐν τῇ οἴκαδε ἀφόδῳ, καὶ μὴν τοῦ ὑπὸ οἴνου μὴ σφάλλεσθαι ἐπιμελεῖσθαι, εἰδότες ὅτι οὐκ ἔνθαπερ ἐδείπνουν καταμενοῦσι καὶ τῇ ὄρφνῃ ὅσα ἡμέρᾳ χρηστέον· οὐδὲ γὰρ ὑπὸ φανοῦ τὸν ἔτι ἔμφρουρον ἔξεστι πορεύεσθαι.

8. καταμαθών γε μὴν ὁ Λυκοῦργος καὶ ὅτι ἀπὸ τῶν σίτων οἱ μὲν διαπονούμενοι εὔχροί τε καὶ εὔσαρκοι καὶ εὔρωστοί εἰσιν, οἱ δ' ἄπονοι πεφυσημένοι τε καὶ αἰσχροὶ καὶ ἀσθενεῖς ἀναφαίνονται, οὐδὲ τούτου ἠμέλησεν, ἀλλ' ἐννοῶν ὅτι καὶ ὅταν αὐτός τις τῇ ἑαυτοῦ γνώμῃ φιλοπονῇ, ἀρκούντως τὸ σῶμα ἔχων ἀναφαίνεται, ἐπέταξε τὸν ἀεὶ πρεσβύτατον ἐν τῷ γυμνασίῳ ἑκάστῳ ἐπιμελεῖσθαι ὡς μὴ πόνους αὐτοῖς ἐλάττους τῶν σιτίων γίγνεσθαι. 9. καὶ ἐμοὶ μὲν οὐδ' ἐν τούτῳ σφαλῆναι δοκεῖ. οὐκ ἂν οὖν ῥᾳδίως γέ τις εὕροι Σπαρτιατῶν οὔτε ὑγιεινοτέρους οὔτε

jedem nur zu trinken, wenn er durstig war, da er meinte, dass so das Trinken am unschädlichsten und am belebendsten war. Wenn sie auf diese Weise zusammen speisten, wie sollte da einer durch Schwelgerei oder Trunksucht sich selbst oder seinen Hausstand zugrunde richten?

5. In den anderen Städten verkehren nämlich die Altersgenossen untereinander, unter denen auch der geringste Respekt herrscht. Lykurg aber mischte in Sparta (die Altersklassen), ... damit die Jüngeren in sehr vielen Dingen aus der Erfahrung der Älteren lernen können. 6. Es ist nämlich üblich, dass bei den gemeinsamen Mahlzeiten erzählt wird, was einer in der Stadt an großen Taten vollbrachte. Daher findet sich dort kaum Mutwille, kaum trunkener Übermut, kaum schamloses Betragen und Reden. 7. Außerdem bietet das Speisen außer Haus noch folgende Vorteile. Sie müssen sich nämlich zu Fuß auf den Heimweg machen und sind daher gezwungen darauf zu achten, nicht wegen des Weines ins Stolpern zu geraten, da sie ja wissen, dass sie nicht dort, wo sie speisen, bleiben können, und daher mit der Dunkelheit so vertraut sein müssen wie mit dem Tageslicht. Wer nämlich noch zum Kriegsdienst verpflichtet ist, darf auf seinem Weg keine Fackel benutzen.

8. Da Lykurg auch erkannte hatte, dass diejenigen, die nach dem Essen große Anstrengungen auf sich nehmen, ein gesundes Aussehen besitzen, in guter körperlicher Verfassung und wohl bei Kräften sind, diejenigen aber, die sich nicht anstrengen, aufgedunsen, elend und schwächlich erscheinen, überging er auch dies nicht, sondern er bestimmte in der Erkenntnis, dass einer, der sich aus eigener Entscheidung Mühe gibt, offenbar in hinreichend guter Verfassung ist, dass stets der Älteste auf jedem Übungsplatz dafür zu sorgen habe, dass die Übungen nie geringer ausfallen als die Nahrung, die sie zu sich nahmen. 9. Mir scheint er sich auch in diesem Punkt nicht getäuscht zu haben. Nicht leicht lassen sich also gesündere und körperlich tüchtigere Männer als die Spartaner

τοῖς σώμασι χρησιμωτέρους· ὁμοίως γὰρ ἀπό τε τῶν σκελῶν καὶ ἀπὸ χειρῶν καὶ ἀπὸ τραχήλου γυμνάζονται.

VI 1. Ἐναντία γε μὴν ἔγνω καὶ τάδε τοῖς πλείστοις. ἐν μὲν γὰρ ταῖς ἄλλαις πόλεσι τῶν ἑαυτοῦ ἕκαστος καὶ παίδων καὶ οἰκετῶν καὶ χρημάτων ἄρχουσιν· ὁ δὲ Λυκοῦργος, κατασκευάσαι βουλόμενος ὡς ἂν μηδὲν βλάπτοντες ἀπολαύοιέν τι οἱ πολῖται ἀλλήλων ἀγαθόν, ἐποίησε παίδων ἕκαστον ὁμοίως τῶν ἑαυτοῦ καὶ τῶν ἀλλοτρίων ἄρχειν. 2. ὅταν δέ τις εἰδῇ ὅτι οὗτοι πατέρες εἰσὶ τῶν παίδων, ὧν αὐτὸς ἄρχει ἀνάγκη οὕτως ἄρχειν ὥσπερ ἂν καὶ τῶν ἑαυτοῦ ἄρχεσθαι βούλοιτο. ἣν δέ τις παῖς ποτε πληγὰς λαβὼν ὑπ' ἄλλου κατείπῃ πρὸς τὸν πατέρα, αἰσχρόν ἐστι μὴ οὐκ ἄλλας πληγὰς ἐμβάλλειν τῷ υἱεῖ. οὕτω πιστεύουσιν ἀλλήλοις μηδὲν αἰσχρὸν προστάττειν τοῖς παισίν.

3. ἐποίησε δὲ καὶ οἰκέταις, εἴ τις δεηθείη, χρῆσθαι καὶ τοῖς ἀλλοτρίοις. καὶ κυνῶν δὲ θηρευτικῶν συνῆψε κοινωνίαν· ὥστε οἱ μὲν δεόμενοι παρακαλοῦσιν ἐπὶ θήραν, ὁ δὲ μὴ αὐτὸς σχολάζων ἡδέως ἐκπέμπει. καὶ ἵπποις δὲ ὡσαύτως χρῶνται· ὁ γὰρ ἀσθενήσας ἢ δεηθεὶς ὀχήματος ἤ ταχύ ποι βουληθεὶς ἀφικέσθαι, ἤν που ἴδῃ ἵππον ὄντα, λαβὼν καὶ χρησάμενος καλῶς ἀποκαθίστησιν.

4. οὐ μὴν οὐδ' ἐκεῖνό γε παρὰ τοῖς ἄλλοις εἰθισμένον ἐποίησεν ἐπιτηδεύεσθαι. ὅπου γὰρ ἂν ὑπὸ θήρας ὀψισθέντες δεηθῶσι τῶν ἐπιτηδείων, ἢν μὴ συνεσκευασμένοι τύχωσι, καὶ ἐνταῦθα ἔθηκε τοὺς μὲν πεπαμένους καταλείπειν τὰ πεποιημένα, τοὺς δὲ δεομένους ἀνοίξαντας τὰ σήμαντρα, λαβόντας

finden. Sie üben nämlich in gleicher Weise Beine, Hände und Nacken.

VI 1. Im Gegensatz zu den meisten (Griechen) hat er auch Folgendes festgesetzt. In den anderen Städten gebietet jeder über seine Kinder, seine Sklaven und seine Besitztümer. Weil Lykurg aber es dahin bringen wollte, dass die Bürger ohne (einander) zu schaden, Vorteil voneinander hatten, ordnete er an, dass jeder gleichermaßen über die eigenen wie auch über fremde Kinder gebiete. 2. Wenn aber einer weiß, dass diese (anderen Bürger) die Väter derjenigen Kinder sind, die er unter seiner Aufsicht hat, so muss er sie so beaufsichtigen, wie er wünscht, dass auch seine Kinder beaufsichtigt werden. Sofern aber einmal ein Knabe von jemand anders Schläge bezieht und dies seinem (leiblichen) Vater weitersagt, ist es eine Schande, dem Sohn nicht noch mehr Schläge zu versetzen. So groß ist das Vertrauen zueinander, dass niemand den Knaben unpassende Anweisungen erteilt.

3. (Lykurg) gestattete auch, von fremden Sklaven Gebrauch zu machen, sofern es erforderlich sei. Auch die Jagdhunde machte Lykurg zum gemeinschaftlichen Besitz. Daher laden die, die ihrer bedürfen, (den Besitzer der Jagdhunde) zur Jagd ein, der aber schickt (die Hunde) gern hinaus, wenn er selbst über keine Zeit verfügt. Pferde benutzen sie ebenfalls auf diese Weise. Derjenige, der nämlich krank ist, ein Fahrzeug braucht oder schnell wohin kommen möchte, nimmt sich, falls er irgendwo ein Pferd erblickt, dieses und bringt es, nachdem er von ihm Gebrauch gemacht hat, wieder unversehrt zurück.

4. Zudem hat (Lykurg) auch folgende Gewohnheit eingeführt, die bei anderen (Griechen) nicht gebräuchlich ist. Für den Fall nämlich, dass sie sich bei der Jagd verspätet haben und Lebensmittel brauchen, weil sie gerade keine mitgenommen haben, legte er fest, dass die, die über Essen verfügen, das Zubereitete zurücklassen, die aber, die seiner bedürfen, die Siegel erbrechen, nehmen,

ὅσων ἂν δέωνται σημηναμένους καταλιπεῖν. 5. τοιγαροῦν οὕτως μεταδιδόντες ἀλλήλοις καὶ οἱ τὰ μικρὰ ἔχοντες μετέχουσι πάντων τῶν ἐν τῇ χώρᾳ, ὁπόταν τινὸς δεηθῶσιν.

VII 1. Ἐναντία γε μὴν καὶ τάδε τοῖς ἄλλοις Ἕλλησι κατέστησεν ὁ Λυκοῦργος ἐν τῇ Σπάρτῃ νόμιμα. ἐν μὲν γὰρ δήπου ταῖς ἄλλαις πόλεσι πάντες χρηματίζονται ὅσον δύνανται· ὁ μὲν γὰρ γεωργεῖ, ὁ δὲ ναυκληρεῖ, ὁ δ' ἐμπορεύεται, οἱ δὲ καὶ ἀπὸ τεχνῶν τρέφονται· 2. ἐν δὲ τῇ Σπάρτῃ ὁ Λυκοῦργος τοῖς μὲν ἐλευθέροις τῶν μὲν ἀμφὶ χρηματισμὸν ἀπεῖπε μηδενὸς ἅπτεσθαι, ὅσα δὲ ἐλευθερίαν ταῖς πόλεσι παρασκευάζει, ταῦτα ἔταξε μόνα ἔργα αὐτῶν νομίζειν. 3. καὶ γὰρ δὴ τί πλοῦτος ἐκεῖ γε σπουδαστέος, ἔνθα ἴσα μὲν φέρειν εἰς τὰ ἐπιτήδεια, ὁμοίως δὲ διαιτᾶσθαι τάξας ἐποίησε μὴ ἡδυπαθείας ἕνεκα χρημάτων ὀρέγεσθαι; ἀλλὰ μὴν οὐδ' ἱματίων γε ἕνεκα χρηματιστέον· οὐ γὰρ ἐσθῆτος πολυτελείᾳ ἀλλὰ σώματος εὐεξίᾳ κοσμοῦνται. 4. οὐδὲ μὴν τοῦ γε εἰς τοὺς συσκήνους ἕνεκα ἔχειν δαπανᾶν χρήματα ἀθροιστέον, ἐπεὶ τὸ τῷ σώματι πονοῦντα ὠφελεῖν τοὺς συνόντας εὐδοξότερον ἐποίησεν ἢ τὸ δαπανῶντα, ἐπιδείξας τὸ μὲν ψυχῆς, τὸ δὲ πλούτου ἔργον.

5. τό γε μὴν ἐξ ἀδίκων χρηματίζεσθαι καὶ ἐν τοῖς τοιούτοις διεκώλυσε. πρῶτον μὲν γὰρ νόμισμα τοιοῦτον κατεστήσατο, ὃ δεκάμνων μόνον ἂν εἰς οἰκίαν εἰσελθὸν οὔποτε δεσπότας οὐδὲ οἰκέτας λάθοι· καὶ γὰρ χώρας μεγάλης καὶ ἁμάξης ἀγωγῆς δέοιτ' ἄν. 6. χρυσίον γε μὴν καὶ ἀργύριον ἐρευνᾶται, καὶ ἄν τί που φανῇ, ὁ ἔχων ζημιοῦται. τί οὖν ἂν ἐκεῖ χρηματισμὸς

soviel sie brauchen, es (wieder) versiegeln und (was übrig ist) zurücklassen 5. Indem sie auf diese Weise einander Anteil gewähren, haben folglich auch diejenigen, die wenig besitzen, teil an allem, was es im Land gibt, wenn sie einer Sache bedürfen.

VII 1. Im Gegensatz zu den übrigen Griechen traf Lykurg in Sparta auch folgende gesetzliche Anordnungen: In den anderen Städten treiben bekanntlich alle ihre Geschäfte zum größtmöglichen eigenen Vorteil. Der eine bestellt das Land, der andere ist Schiffseigner, der dritte treibt Handel, wieder andere leben von einem Gewerbe 2. In Sparta aber verbot Lykurg den Freien, sich mit jeder Art von Gelderwerb zu befassen, doch gebot er ihnen, allein das als ihre Tätigkeit zu erachten, was den Städten Freiheit brachte. 3. Warum sollte denn auch dort Reichtum erstrebenswert sein, wo (Lykurg) angeordnet hatte, das Gleiche zum Lebensunterhalt beizutragen und die gleiche Lebensweise zu pflegen und so das Streben nach Geld um des Wohllebens willen verhinderte? Aber auch um der Kleidung willen muss niemand auf Gelderwerb aus sein, denn nicht mit prächtiger Kleidung, sondern mit körperlicher Tüchtigkeit schmücken sie sich. 4. Auch muss man kein Geld zusammentragen, um es für die Tischgenossen verwenden zu können, denn Lykurg erachtete es für rühmlicher, die Gefährten durch persönliche Anstrengung zu unterstützen als durch Aufwand an Geld, wobei er darlegte, das eine sei Sache der Gesinnung, das andere aber des Reichtums.

5. Die Möglichkeit, sich auf ungerechte Weise zu bereichern, verhinderte er auch durch folgende Maßnahmen: Zuerst führte er nämlich eine Münze von der Art ein, dass, wenn auch nur eine Summe von zehn Minen ins Haus gebracht wurde, es weder vor den Herren noch den Dienern verborgen bleiben konnte, denn es hätte einen großen Raum und einen Lastwagen für den Transport erfordert. 6. Vollends wird Gold und Silber nachgespürt, und wenn irgendwo etwas gefunden wird, wird der Besitzer bestraft. Warum

σπουδάζοιτο, ἔνθα ἡ κτῆσις πλείους λύπας ἢ ἡ χρῆσις εὐφροσύνας παρέχει;

VIII 1. Ἀλλὰ γὰρ ὅτι μὲν ἐν Σπάρτῃ μάλιστα πείθονται ταῖς ἀρχαῖς τε καὶ τοῖς νόμοις, ἴσμεν ἅπαντες. ἐγὼ μέντοι οὐδ' ἐγχειρῆσαι οἶμαι πρότερον τὸν Λυκοῦργον ταύτην τὴν εὐταξίαν καθιστάναι πρὶν ὁμογνώμονας ἐποιήσατο τοὺς κρατίστους τῶν ἐν τῇ πόλει. 2. τεκμαίρομαι δὲ ταῦτα, ὅτι ἐν μὲν ταῖς ἄλλαις πόλεσιν οἱ δυνατώτεροι οὐδὲ βούλονται δοκεῖν τὰς ἀρχὰς φοβεῖσθαι, ἀλλὰ νομίζουσι τοῦτο ἀνελεύθερον εἶναι· ἐν δὲ τῇ Σπάρτῃ οἱ κράτιστοι καὶ ὑπέρχονται μάλιστα τὰς ἀρχὰς καὶ τῷ ταπεινοὶ εἶναι μεγαλύνονται καὶ τῷ ὅταν καλῶνται τρέχοντες ἀλλὰ μὴ βαδίζοντες ὑπακούειν, νομίζοντες, ἢν αὐτοὶ κατάρχωσι τοῦ σφόδρα πείθεσθαι, ἕψεσθαι καὶ τοὺς ἄλλους· ὅπερ καὶ γεγένηται.

3. εἰκὸς δὲ καὶ τὴν τῆς ἐφορείας δύναμιν τοὺς αὐτοὺς τούτους συγκατασκευάσαι, ἐπείπερ ἔγνωσαν τὸ πείθεσθαι μέγιστον ἀγαθὸν εἶναι καὶ ἐν πόλει καὶ ἐν στρατιᾷ καὶ ἐν οἴκῳ· ὅσῳ γὰρ μείζω δύναμιν ἔχει ἡ ἀρχή, τοσούτῳ μᾶλλον ἂν ἡγήσαντο αὐτὴν καὶ καταπλήξειν τοὺς πολίτας. 4. ἔφοροι οὖν ἱκανοὶ μέν εἰσι ζημιοῦν ὃν ἂν βούλωνται, κύριοι δ' ἐκπράττειν παραχρῆμα, κύριοι δὲ καὶ ἄρχοντας μεταξὺ καὶ καταπαῦσαι καὶ εἷρξαί γε καὶ περὶ τῆς ψυχῆς εἰς ἀγῶνα καταστῆσαι. τοσαύτην δὲ ἔχοντες δύναμιν οὐχ ὥσπερ αἱ ἄλλαι πόλεις ἐῶσι τοὺς αἱρεθέντας ἀεὶ ἄρχειν τὸ ἔτος ὅπως ἂν βούλωνται, ἀλλ' ὥσπερ οἱ τύραννοι καὶ οἱ ἐν τοῖς γυμνικοῖς ἀγῶσιν ἐπιστάται, ἤν τινα αἰσθάνωνται παρανομοῦντά τι, εὐθὺς παραχρῆμα κολάζουσι.

also sollte man dort nach Gelderwerb streben, wo der Besitz mehr Ärger einträgt als der Gebrauch Genuss?

VIII 1. Dass in Sparta also den Behörden und den Gesetzen in ganz besonderer Weise Folge geleistet wird, wissen wir alle. Ich freilich bin der Meinung, dass Lykurg nicht eher versuchte, diese wohlbegründete Ordnung einzurichten, bevor er die Mächtigsten in der Stadt bewogen hatte, mit ihm übereinzustimmen. 2. Ich schließe dies aber daraus, dass in den anderen Städten die Mächtigeren nicht den leisesten Eindruck erwecken wollen, sie fürchteten die Behörden, sondern des Glaubens sind, eine solche Furcht sei eines Freien unwürdig. In Sparta aber unterwerfen sich auch die Mächtigsten in hohem Maß den Behörden, rühmen sich ihrer Unterwürfigkeit und, dass sie, wenn sie gerufen werden, nicht im Schritt, sondern im Lauf Folge leisten, weil sie der Ansicht sind, dass, wenn sie darin vorangehen, bedingungslos zu gehorchen, auch die anderen folgen werden. So ist es auch geschehen.

3. Wahrscheinlich ist es auch, dass eben diese Leute die Macht des Ephorats begründen halfen, weil sie erkannten, dass Gehorsam ein sehr hohes Gut ist, und zwar sowohl im Staat wie im Heer als auch im Haus. Je mehr Macht nämlich das Amt besitze, desto mehr, werde es, wie sie glaubten, den Bürgern Angst machen, um (willig) zu gehorchen. 4. Die Ephoren also sind befähigt zu bestrafen, wen sie wollen, und sie haben die Befugnis, die Strafe auf der Stelle vorzunehmen. Weiterhin besitzen sie die Befugnis, Beamte mitten in ihrer Amtszeit ihres Amtes zu entheben, ins Gefängnis zu werfen und auf Leben und Tod anzuklagen. Weil sie eine so große Macht besitzen, lassen sie nicht zu, wie es in den anderen Städten der Fall ist, dass die jeweils Gewählten das ganze Jahr über ihr Amt nach Belieben ausüben, sondern wie die Alleinherrscher und die Aufseher in den sportlichen Wettkämpfen strafen sie sofort auf der Stelle, wenn sie bemerken, dass jemand auf irgendeine Weise die Gesetze übertritt.

5. πολλῶν δὲ καὶ ἄλλων ὄντων μηχανημάτων καλῶν τῷ Λυκούργῳ εἰς τὸ πείθεσθαι τοῖς νόμοις ἐθέλειν τοὺς πολίτας, ἐν τοῖς καλλίστοις καὶ τοῦτό μοι δοκεῖ εἶναι, ὅτι οὐ πρότερον ἀπέδωκε τῷ πλήθει τοὺς νόμους πρὶν ἐλθὼν σὺν τοῖς κρατίστοις εἰς Δελφοὺς ἐπήρετο τὸν θεὸν εἰ λῷον καὶ ἄμεινον εἴη τῇ Σπάρτῃ πειθομένῃ οἷς αὐτὸς ἔθηκε νόμοις. ἐπεὶ δὲ ἀνεῖλε τῷ παντὶ ἄμεινον εἶναι, τότε ἀπέδωκεν, οὐ μόνον ἄνομον ἀλλὰ καὶ ἀνόσιον θεὶς τὸ πυθοχρήστοις νόμοις μὴ πείθεσθαι.

IX 1. Ἄξιον δὲ τοῦ Λυκούργου καὶ τόδε ἀγασθῆναι, τὸ κατεργάσασθαι ἐν τῇ πόλει αἱρετώτερον εἶναι τὸν καλὸν θάνατον ἀντὶ τοῦ αἰσχροῦ βίου· καὶ γὰρ δὴ ἐπισκοπῶν τις ἂν εὕροι μείους ἀποθνῄσκοντας τούτων ἢ τῶν ἐκ τοῦ φοβεροῦ ἀποχωρεῖν αἱρουμένων. 2. ὡς τἀληθὲς εἰπεῖν καὶ ἕπεται τῇ ἀρετῇ τὸ σῴζεσθαι εἰς τὸν πλείω χρόνον μᾶλλον ἢ τῇ κακίᾳ· καὶ γὰρ ῥᾴων καὶ ἡδίων καὶ εὐπορωτέρα καὶ ἰσχυροτέρα. δῆλον δὲ ὅτι καὶ εὔκλεια μάλιστα ἕπεται τῇ ἀρετῇ· καὶ γὰρ συμμαχεῖν πως πάντες τοῖς ἀγαθοῖς βούλονται.

3. ᾗ μέντοι ὥστε ταῦτα γίγνεσθαι ἐμηχανήσατο, καὶ τοῦτο καλὸν μὴ παραλιπεῖν. ἐκεῖνος τοίνυν σαφῶς παρεσκεύασε τοῖς μὲν ἀγαθοῖς εὐδαιμονίαν, τοῖς δὲ κακοῖς κακοδαιμονίαν. 4. ἐν μὲν γὰρ ταῖς ἄλλαις πόλεσιν, ὁπόταν τις κακὸς γένηται, ἐπίκλησιν μόνον ἔχει κακὸς εἶναι, ἀγοράζει δὲ ἐν τῷ αὐτῷ ὁ κακὸς τἀγαθῷ καὶ κάθηται καὶ γυμνάζεται, ἐὰν βούληται· ἐν δὲ τῇ Λακεδαίμονι πᾶς μὲν ἄν τις αἰσχυνθείη τὸν κακὸν σύσκηνον παραλαβεῖν, πᾶς δ' ἂν ἐν παλαίσματι συγγυμναστήν. 5. πολλά-

5. Unter den vielen anderen klugen Maßnahmen, die Lykurg traf, damit die Bürger willens waren, den Gesetzen zu gehorchen, scheint mir diese zu den vortrefflichsten zu gehören, dass er dem Volk nicht früher Gesetze gab, bevor er zusammen mit den mächtigsten Bürgern nach Delphi gereist war und den Gott befragt hatte, ob es für Sparta erstrebenswerter und vorteilhafter sei, den Gesetzen zu gehorchen, die er gegeben hatte. Und als der Gott weissagte, es sei in jeder Beziehung besser, da übergab Lykurg die Gesetze. So legte er fest, dass es nicht nur gegen die Gesetze verstoße, sondern auch gegen göttliches Gebot, den vom pythischen Orakel gebilligten Gesetzen nicht zu gehorchen.

IX 1. Bewundernswert ist auch folgende (Maßnahme) Lykurgs, durch die er es zuwege brachte, dass in der Stadt ein ehrenvoller Tod wünschenswerter ist als ein schändliches Leben. Wenn jemand dies genauer untersucht, wird er nämlich finden, dass von denen (die einen ehrenhaften Tod vorziehen) weniger fallen als von denen, die es vorziehen, vor einer Gefahr davonzulaufen. 2. Um bei der Wahrheit zu bleiben: Auf längere Sicht führt Tapferkeit eher zur Rettung als Feigheit. Jene ist nämlich müheloser und angenehmer, von größerem Vorteil und größerer Stärke. Offensichtlich zieht Tapferkeit auch in besonderem Maße Ruhm nach sich, denn alle wollen irgendwie mit denen kämpfen, die tapfer sind.

3. Auf welche Weise er freilich bewerkstelligte, dass dies geschehe, dies zu übergehen, wäre nicht recht. Er machte also deutlich, dass den Tapferen ein gutes, den Feigen ein schmähliches Leben winke. 4. In den anderen Städten wird jemandem, wenn er sich als Feigling erweist, nur nachgeredet, feige zu sein, er verkehrt aber mit dem Tapferen auf demselben Markt, sitzt neben ihm und übt sich mit ihm, sooft er will. In Sparta aber würde sich ein jeder schämen, den Feigen zum Tischgenossen zu nehmen oder zum Mitkämpfer in der Ringarena. 5. Oft wird ein solcher Mann über-

κις δ' ὁ τοιοῦτος καὶ διαιρουμένων τοὺς ἀντισφαιριοῦντας ἀχώριστος περιγίγνεται, καὶ ἐν χοροῖς δ' εἰς τὰς ἐπονειδίστους χώρας ἀπελαύνεται, καὶ μὴν ἐν ὁδοῖς παραχωρητέον αὐτῷ καὶ ἐν θάκοις καὶ ἐν τοῖς νεωτέροις ὑπαναστατέον, καὶ τὰς μὲν προσηκούσας κόρας οἴκοι θρεπτέον, καὶ ταύταις τῆς ἀνανδρίας αἰτίαν ὑφεκτέον, γυναικὸς δὲ κενὴν ἑστίαν οὐ περιοπτέον καὶ ἅμα τούτου ζημίαν ἀποτειστέον, λιπαρὸν δὲ οὐ πλανητέον οὐδὲ μιμητέον τοὺς ἀνεγκλήτους, ἢ πληγὰς ὑπὸ τῶν ἀμεινόνων ληπτέον. 6. ἐγὼ μὲν δὴ τοιαύτης τοῖς κακοῖς ἀτιμίας ἐπικειμένης οὐδὲν θαυμάζω τὸ προαιρεῖσθαι ἐκεῖ θάνατον ἀντὶ τοῦ οὕτως ἀτίμου τε καὶ ἐπονειδίστου βίου.

X 1. Καλῶς δέ μοι δοκεῖ ὁ Λυκοῦργος νομοθετῆσαι καὶ ᾗ μέχρι γήρως ἀσκοῖτ' ἂν ἀρετή. ἐπὶ γὰρ τῷ τέρματι τοῦ βίου τὴν κρίσιν τῆς γεροντίας προσθεὶς ἐποίησε μηδὲ ἐν τῷ γήρᾳ ἀμελεῖσθαι τὴν καλοκἀγαθίαν. 2. ἀξιάγαστον δ' αὐτοῦ καὶ τὸ ἐπικουρῆσαι τῷ τῶν ἀγαθῶν γήρᾳ· θεὶς γὰρ τοὺς γέροντας κυρίους τοῦ περὶ τῆς ψυχῆς ἀγῶνος διέπραξεν ἐντιμότερον εἶναι τὸ γῆρας τῆς τῶν ἀκμαζόντων ῥώμης. 3. εἰκότως δέ τοι καὶ σπουδάζεται οὗτος ὁ ἀγὼν μάλιστα τῶν ἀνθρωπίνων. καλοὶ μὲν γὰρ καὶ οἱ γυμνικοί· ἀλλ' οὗτοι μὲν σωμάτων εἰσίν· ὁ δὲ περὶ τῆς γεροντίας ἀγὼν ψυχῶν ἀγαθῶν κρίσιν παρέχει. ὅσῳ οὖν κρείττων ψυχὴ σώματος, τοσούτῳ καὶ οἱ ἀγῶνες οἱ τῶν ψυχῶν ἢ οἱ τῶν σωμάτων ἀξιοσπουδαστότεροι.

4. τόδε γε μὴν τοῦ Λυκούργου πῶς οὐ μεγάλως ἄξιον ἀγασθῆναι; ὃς ἐπειδὴ κατέμαθεν ὅτι ἰδίᾳ οἱ βουλόμενοι

gangen, wenn gegnerische Mannschaften zum Ballspiel ausgewählt werden. Auch wird er bei den Choraufführungen auf die schmachvollsten Plätze verbannt, auf der Straße muss er anderen ausweichen und selbst vor Jüngeren von seinem Sitz aufstehen. Er muss die mit ihm verwandten Mädchen zu Hause erziehen und ihnen Rechenschaft über ihre Ehelosigkeit geben; er muss hinnehmen, dass sein Herd ohne Frau ist und zugleich muss er Strafe dafür zahlen; er darf nicht mit Öl gesalbt umhergehen und sich wie die unbescholtenen Bürger benehmen oder er muss (dafür) Prügel von den Besseren einstecken. 6. Da eine solche Schande den Feiglingen widerfährt, wundere ich mich nicht, dass (in Sparta) der Tod einem solch ehrlosen und schmachvollem Leben vorgezogen wird.

X 1. Ausgezeichnet scheint mir aber auch das Gesetz, mit dem Lykurg bestimmte, wie sich gute Eigenschaften bis ins Greisenalter üben lassen. Da er nämlich die Wahl in den Ältestenrat (*gerontia*) an das Ende des Lebens setzte, bewirkte er, dass auch im hohen Alter sittliche Werte nicht vernachlässigt wurden. 2. Zu bewundern ist ebenfalls, dass er guten Männern in hohem Alter Schutz bot. Indem er nämlich den Männern des Ältestenrates die Gewalt über Leben und Tod bei Gerichtsverfahren verlieh, bewirkte er, dass das Greisenalter höher geschätzt wurde als die Kraft derjenigen, die im vollen Mannesalter stehen. 3. Mit Recht auch wird dieser Wettstreit (um die Wahl in den Ältestenrat) von den Menschen mit besonderem Eifer betrieben. Auch die sportlichen Wettkämpfe sind nämlich ehrenvoll, aber sie sind Sache des Körpers. Der Wettstreit um die Aufnahme in den Ältestenrat aber trifft ein Urteil über geistige Vorzüge. Je mehr nun der Geist dem Körper überlegen ist, desto mehr ist auch der Wettstreit des Geistes der Anstrengung wert als der körperliche Wettkampf.

4. Wie sollte nun wiederum die folgende (Maßnahme) Lykurgs nicht große Bewunderung verdienen? Als er erkannt hatte, dass diejenigen, die sich (nur) aus eigenem Antrieb um Tüchtigkeit be-

ἐπιμελοῦνται τῆς ἀρετῆς οὐχ ἱκανοί εἰσι τὰς πατρίδας αὔξειν, ἐκεῖνος ἐν τῇ Σπάρτῃ ἠνάγκασε δημοσίᾳ πάντας πάσας ἀσκεῖν τὰς ἀρετάς. ὥσπερ οὖν οἱ ἰδιῶται τῶν ἰδιωτῶν διαφέρουσιν ἀρετῇ οἱ ἀσκοῦντες τῶν ἀμελούντων, οὕτω καὶ ἡ Σπάρτη εἰκότως πασῶν τῶν πόλεων ἀρετῇ διαφέρει, μόνη δημοσίᾳ ἐπιτηδεύουσα τὴν καλοκἀγαθίαν. 5. οὐ γὰρ κἀκεῖνο καλόν, τὸ τῶν ἄλλων πόλεων κολαζουσῶν ἤν τίς τι ἕτερος ἕτερον ἀδικῇ, ἐκεῖνον ζημίας μὴ ἐλάττους ἐπιθεῖναι εἴ τις φανερὸς εἴη ἀμελῶν τοῦ ὡς βέλτιστος εἶναι; 6. ἐνόμιζε γάρ, ὡς ἔοικεν, ὑπὸ μὲν τῶν ἀνδραποδιζομένων τινὰς ἢ ἀποστερούντων τι ἢ κλεπτόντων τοὺς βλαπτομένους μόνον ἀδικεῖσθαι, ὑπὸ δὲ τῶν κακῶν καὶ ἀνάνδρων ὅλας τὰς πόλεις προδίδοσθαι. ὥστε εἰκότως ἔμοιγε δοκεῖ τούτοις μεγίστας ζημίας ἐπιθεῖναι.

7. ἐπέθηκε δὲ καὶ τὴν ἀνυπόστατον ἀνάγκην ἀσκεῖν ἅπασαν πολιτικὴν ἀρετήν. τοῖς μὲν γὰρ τὰ νόμιμα ἐκτελοῦσιν ὁμοίως ἅπασι τὴν πόλιν οἰκείαν ἐποίησε, καὶ οὐδὲν ὑπελογίσατο οὔτε σωμάτων οὔτε χρημάτων ἀσθένειαν· εἰ δέ τις ἀποδειλιάσειε τοῦ τὰ νόμιμα διαπονεῖσθαι, τοῦτον ἐκεῖνος ἀπέδειξε μηδὲ νομίζεσθαι ἔτι τῶν ὁμοίων εἶναι.

8. ἀλλὰ γὰρ ὅτι μὲν παλαιότατοι οὗτοι οἱ νόμοι εἰσί, σαφές· ὁ γὰρ Λυκοῦργος κατὰ τοὺς Ἡρακλείδας λέγεται γενέσθαι· οὕτω δὲ παλαιοὶ ὄντες ἔτι καὶ νῦν τοῖς ἄλλοις καινότατοί εἰσι· καὶ γὰρ τὸ πάντων θαυμαστότατον ἐπαινοῦσι μὲν πάντες τὰ τοιαῦτα ἐπιτηδεύματα, μιμεῖσθαι δὲ αὐτὰ οὐδεμία πόλις ἐθέλει.

XI 1. Καὶ ταῦτα μὲν δὴ κοινὰ ἀγαθὰ καὶ ἐν εἰρήνῃ καὶ ἐν πολέμῳ· εἰ δέ τις βούλεται καταμαθεῖν ὅ τι καὶ εἰς τὰς στρατεί-

mühen, nicht in der Lage sind, die Vaterstadt emporzubringen, zwang er in Sparta alle, jede Art von Tüchtigkeit öffentlich zu üben. Wie sich also die, die sich in ihrem Privatleben in der Tüchtigkeit üben, von denen unterscheiden, die sie in ihrem Privatleben vernachlässigen, so unterscheidet sich auch Sparta mit Recht in der Frage der Tüchtigkeit von allen anderen Städten, da es allein sich von Staats wegen um sittliches Verhalten (*kalokagathia*) bemüht. 5. Denn ist nicht auch das zu begrüßen, dass Lykurg, während die anderen Städte strafen, wenn einer einem anderen ein Unrecht antut, keine geringere Strafe verfügte, wenn einer sich offenkundig nicht darum sorgte, möglichst gut zu sein? 6. Wie es scheint, glaubte er nämlich, dass von denen, die andere versklaven oder etwas rauben oder stehlen allein den Geschädigten Unrecht widerfährt, von den Übeltätern und Feiglingen aber die ganze Stadt verraten werde. Mit gutem Grund scheint er mir daher diesen die härtesten Strafen auferlegt zu haben.

7. Zudem machte es ihnen Lykurg zur obligatorischen Pflicht, alle bürgerlichen Tugenden zu üben. Denn all denen, die den gesetzlichen Anordnungen nachkamen, vertraute er gleichermaßen die Stadt an und stellte weder körperliche Schwäche noch Geldmangel in Rechnung. Wenn es aber einer aus lauter Angst unterließ, sich um seine gesetzlichen Verpflichtungen zu bemühen, sollte dieser nach seiner Anordnung nicht mehr als einer der »Gleichen« (*homoioi*) betrachtet werden.

8. Dass aber diese Gesetze sehr alt sind, liegt auf der Hand, denn Lykurg soll zur Zeit der Herakliden gelebt haben. Obwohl sie ein solches Alter haben, sind sie auch heute noch den anderen (Griechen) gänzlich unbekannt. Und so ist es allerdings höchst überraschend, dass zwar alle diese Einrichtungen loben, aber keine Stadt sie nachahmen möchte.

XI 1. Dies sind nun die Vorzüge (der spartanischen Verfassung), die im Frieden wie im Krieg gelten. Wenn aber einer in Erfahrung

ας βέλτιον τῶν ἄλλων ἐμηχανήσατο, ἔξεστι καὶ τούτων ἀκούειν. 2. πρῶτον μὲν τοίνυν οἱ ἔφοροι προκηρύττουσι τὰ ἔτη εἰς ἃ δεῖ στρατεύεσθαι καὶ ἱππεῦσι καὶ ὁπλίταις, ἔπειτα δὲ καὶ τοῖς χειροτέχναις· ὥστε ὅσοισπερ ἐπὶ πόλεως χρῶνται ἄνθρωποι, πάντων τούτων καὶ ἐπὶ στρατιᾶς οἱ Λακεδαιμόνιοι εὐποροῦσι· καὶ ὅσων δὲ ὀργάνων ἡ στρατιὰ κοινῇ δεηθείη ἄν, ἅπαντα τὰ μὲν ἁμάξῃ προστέτακται παρέχειν, τὰ δὲ ὑποζυγίῳ· οὕτω γὰρ ἥκιστ' ἂν τὸ ἐλλεῖπον διαλάθοι.

3. εἴς γε μὴν τὸν ἐν τοῖς ὅπλοις ἀγῶνα τοιάδ' ἐμηχανήσατο, στολὴν μὲν ἔχειν φοινικίδα, ταύτην νομίζων ἥκιστα μὲν γυναικείᾳ κοινωνεῖν, πολεμικωτάτην δ' εἶναι, καὶ χαλκῆν ἀσπίδα· καὶ γὰρ τάχιστα λαμπρύνεται καὶ σχολαιότατα ῥυπαίνεται. ἐφῆκε δὲ καὶ κομᾶν τοῖς ὑπὲρ τὴν ἡβητικὴν ἡλικίαν, νομίζων οὕτω καὶ μείζους ἂν καὶ ἐλευθεριωτέρους καὶ γοργοτέρους φαίνεσθαι. 4. οὕτω γε μὴν κατεσκευασμένων μόρας μὲν διεῖλεν ἓξ καὶ ἱππέων καὶ ὁπλιτῶν. ἑκάστη δὲ τῶν ὁπλιτικῶν μορῶν ἔχει πολέμαρχον ἕνα, λοχαγοὺς τέτταρας, πεντηκοντῆρας ὀκτώ, ἐνωμοτάρχους ἑκκαίδεκα. ἐκ δὲ τούτων τῶν μορῶν διὰ παρεγγυήσεως καθίστανται τοτὲ μὲν εἰς ... ἐνωμοτίας, τοτὲ δὲ εἰς τρεῖς, τοτὲ δὲ εἰς ἕξ.

5. ὃ δὲ οἱ πλεῖστοι οἴονται, πολυπλοκωτάτην εἶναι τὴν ἐν ὅπλοις Λακωνικὴν τάξιν, τὸ ἐναντιώτατον ὑπειλήφασι τοῦ ὄντος· εἰσὶ μὲν γὰρ ἐν τῇ Λακωνικῇ τάξει οἱ πρωτοστάται ἄρχοντες, καὶ ὁ στίχος ἕκαστος πάντ' ἔχων ὅσα δεῖ παρέχεσθαι. 6. οὕτω δὲ ῥᾴδιον ταύτην τὴν τάξιν μαθεῖν ὡς ὅστις τοὺς ἀνθρώπους δύναται γιγνώσκειν οὐδεὶς ἂν ἁμάρτοι· τοῖς μὲν γὰρ ἡγεῖσθαι δέδοται, τοῖς δὲ ἕπεσθαι τέτακται. αἱ δὲ παραγωγαὶ

bringen will, was (Lykurg) für den Kriegsdienst Besseres ersonnen hat als die anderen (Griechen), kann er auch dies hören. 2. Zuerst nun verkünden die Ephoren, welche Jahrgänge in den Krieg ziehen müssen, und zwar sowohl für die Reiter als auch die Schwerbewaffneten, danach auch für die Handwerker. Daher haben die Lakedaimonier alle Dinge, soweit sie die Menschen in der Stadt verwenden, auch auf dem Feldzug im Überfluss. Auch alles Gerät, welches das Heer insgesamt nötig haben mag, wird befehlsgemäß teils auf Wagen, teils auf Lasttieren mitgeführt. So kann Fehlendes kaum übersehen werden.

3. Für den Kampf mit den Waffen ersann Lykurg Folgendes: Sie sollten ein rotes Gewand tragen, weil er glaubte, dieses habe am wenigsten mit einem weiblichen Gewand zu tun und sei höchst kriegerisch, und dazu einen Bronzeschild. Der nämlich lässt sich am leichtesten zum Glänzen bringen und wird am langsamsten schmutzig. Auch gestattete er denen, die über das Alter heranwachsender Männer (*hebontes*) hinaus waren, das Haar lang wachsen zu lassen, weil er des Glaubens war, dass sie auf diese Weise größer, vornehmer und bedrohlicher erschienen.

4. Die auf solche Weise Ausgerüsteten teilte er in sechs Abteilungen (*morai*) Reiter und Schwerbewaffnete. Jede Abteilung von Schwerbewaffneten besaß einen Polemarchen, vier Lochagen, acht Pentekonteren und sechzehn Enomotarchen. Aus diesen Abteilungen bilden sich auf Kommando Unterabteilungen (*enomotiai*) bald ..., bald drei, bald sechs.

5. Wenn aber die meisten glauben, dass die spartanische Schlachtordnung ziemlich verwickelt ist, so ist das genaue Gegenteil der Fall. In der spartanischen Schlachtordnung sind nämlich die in der ersten Reihe die Befehlsgeber, und jede Reihe handelt selbstständig. 6. So leicht ist es aber, diese Schlachtordnung zu verstehen, dass niemand, der die Menschen zu unterscheiden vermag, irren kann. Den einen ist es nämlich gegeben zu führen, den anderen ist es geboten zu folgen. Die Seitenbewegungen der Schlacht-

ὥσπερ ὑπὸ κήρυκος ὑπὸ τοῦ ἐνωμοτάρχου λόγῳ δηλοῦνται καὶ ἀραιαί τε καὶ βαθύτεραι αἱ φάλαγγες γίγνονται· ὧν οὐδὲν οὐδ' ὁπωστιοῦν χαλεπὸν μαθεῖν. 7. τὸ μέντοι κἂν ταραχθῶσι μετὰ τοῦ παρατυχόντος ὁμοίως μάχεσθαι, ταύτην τὴν τάξιν οὐκέτι ῥᾴδιόν ἐστι μαθεῖν πλὴν τοῖς ὑπὸ τῶν τοῦ Λυκούργου νόμων πεπαιδευμένοις. 8. εὐπορώτατα δὲ καὶ ἐκεῖνα Λακεδαιμόνιοι ποιοῦσι τὰ τοῖς ὁπλομάχοις πάνυ δοκοῦντα χαλεπὰ εἶναι· ὅταν μὲν γὰρ ἐπὶ κέρως πορεύωνται, κατ' οὐρὰν δήπου ἐνωμοτία ἐνωμοτίᾳ ἕπεται· ἐὰν δ' ἐν τῷ τοιούτῳ ἐκ τοῦ ἐναντίου πολεμία φάλαγξ ἐπιφανῇ, τῷ ἐνωμοτάρχῳ παρεγγυᾶται εἰς μέτωπον παρ' ἀσπίδα καθίστασθαι, καὶ διὰ παντὸς οὕτως, ἔστ' ἂν ἡ φάλαγξ ἐναντία καταστῇ. ἤν γε μὴν οὕτως ἐχόντων ἐκ τοῦ ὄπισθεν οἱ πολέμιοι ἐπιφανῶσιν, ἐξελίττεται ἕκαστος ὁ στίχος, ἵνα οἱ κράτιστοι ἐναντίοι ἀεὶ τοῖς πολεμίοις ὦσιν. 9. ὅτι δὲ ὁ ἄρχων εὐώνυμος γίγνεται, οὐδ' ἐν τούτῳ μειονεκτεῖν ἡγοῦνται, ἀλλ' ἔστιν ὅτε καὶ πλεονεκτεῖν. εἰ γάρ τινες κυκλοῦσθαι ἐπιχειροῖεν, οὐκ ἂν κατὰ τὰ γυμνά, ἀλλὰ κατὰ τὰ ὡπλισμένα περιβάλλοιεν ἄν. ἢν δέ ποτε ἕνεκά τινος δοκῇ συμφέρειν τὸν ἡγεμόνα δεξιὸν κέρας ἔχειν, στρέψαντες τὸ ἄγημα ἐπὶ κέρας ἐξελίττουσι τὴν φάλαγγα, ἔστ' ἂν ὁ μὲν ἡγεμὼν δεξιὸς ᾖ, ἡ δὲ οὐρὰ εὐώνυμος γένηται. 10. ἢν δ' αὖ ἐκ τῶν δεξιῶν πολεμίων τάξις ἐπιφαίνηται ἐπὶ κέρως πορευομένων, οὐδὲν ἄλλο πραγματεύονται ἢ τὸν λόχον ἕκαστον ὥσπερ τριήρη ἀντίπρῳρον τοῖς ἐναντίοις στρέφουσι, καὶ οὕτως αὖ γίγνεται ὁ κατ' οὐρὰν λόχος παρὰ δόρυ. ἤν γε μὴν κατὰ τὰ εὐώνυμα πολέμιοι προσίωσιν,

reihe werden nach Art eines Herolds mündlich vom Enomotarchen verkündet und die Schlachtreihen werden dünner oder tiefer. Davon ist überhaupt nichts schwer verständlich. 7. Aber zusammen mit denen gleichermaßen in Reih und Glied weiterzukämpfen, die gerade da sind, nachdem die Ordnung verloren ist, das ist nicht mehr leicht zu lernen, außer von denen, die nach den Gesetzen Lykurgs ausgebildet wurden.

8. Die Lakedaimonier führen auch das sehr leicht aus, was denen, die mit schweren Waffen kämpfen, sehr schwierig zu sein scheint. Wenn sie nämlich in Kolonne marschieren, folgt doch wohl eine Unterabteilung (*enomatia*) hinter der anderen. Falls aber in einer solchen Formation eine feindliche Schlachtreihe sich vor ihnen zeigt, ergeht der Befehl an den Enomotarchen zur linken (Schild)Seite in Frontlinie aufzumarschieren, und so durchgängig bis die Schlachtreihe dem Feind gegenüber aufgestellt ist. Sofern nun aber, wenn sie diese Stellung haben, die Feinde im Rücken erscheinen, macht jede Reihe kehrt, bis immer die Stärksten den Feinden gegenüberstehen. 9. Dass dann aber der Befehlshaber auf dem linken Flügel zu stehen kommt, das betrachten sie nicht als nachteilig, sondern manchmal sogar als einen Vorteil. Wenn nämlich irgendwelche (Feinde) den Versuch machten, sie zu überflügeln, dann würden diese sie nicht auf der ungeschützten, sondern auf der gedeckten Seite umzingeln. Sofern es aber einmal vorteilhaft erscheint, dass der Heerführer (*hegemon*) die rechte Seite innehat, dann wenden sie den führenden Heereszug (*agema*) in langer Reihe und lassen die Schlachtreihe kehrtmachen, bis der Heerführer auf der Rechten, die Nachhut aber auf der Linken steht. 10. Falls aber wiederum, während sie in Kolonne marschieren, die feindliche Schlachtordnung auf der rechten Seite erscheint, so machen sie nichts anderes als jede Kompanie (*lochos*) wie eine Triere, die den Bug gegen den Feind richtet, wenden zu lassen, und so gelangt wieder die Kompanie am Schluss auf die rechte (Speer)Seite. Wenn die Feinde aber auf der linken Seite

οὐδὲ τοῦτ᾽ ἐῶσιν, ἀλλὰ προθέουσιν ἢ ἐναντίους ἀντιπάλους τοὺς λόχους στρέφουσι· καὶ οὕτως αὖ ὁ κατ᾽ οὐρὰν λόχος παρ᾽ ἀσπίδα καθίσταται.

XII 1. Ἐρῶ δὲ καὶ ᾗ στρατοπεδεύεσθαι ἐνόμισε χρῆναι Λυκοῦργος. διὰ μὲν γὰρ τὸ τὰς γωνίας τοῦ τετραγώνου ἀχρήστους εἶναι κύκλον ἐστρατοπεδεύσατο, εἰ μὴ ὄρος ἀσφαλὲς εἴη ἢ τεῖχος ἢ ποταμὸν ὄπισθεν ἔχοιεν. 2. φυλακάς γε μὴν ἐποίησε μεθημερινὰς τὰς μὲν παρὰ τὰ ὅπλα εἴσω βλεπούσας· οὐ γὰρ πολεμίων ἕνεκα ἀλλὰ φίλων αὗται καθίστανται· τούς γε μὴν πολεμίους ἱππεῖς φυλάττουσιν ἀπὸ χωρίων ὧν ἂν ἐκ πλείστου προορῷεν εἰ δέ τις προσίοι. 3. νύκτωρ δὲ ἔξω τῆς φάλαγγος ἐνόμισεν ὑπὸ Σκιριτῶν προφυλάττεσθαι· νῦν δ᾽ ἤδη καὶ ὑπὸ ξένων ... αὐτῶν τινες συμπαρόντες. 4. τὸ δὲ ἔχοντας τὰ δόρατα ἀεὶ περιιέναι, εὖ καὶ τοῦτο δεῖ εἰδέναι, ὅτι τοῦ αὐτοῦ ἕνεκά ἐστιν οὗπερ καὶ τοὺς δούλους εἴργουσιν ἀπὸ τῶν ὅπλων, καὶ τοὺς ἐπὶ τὰ ἀναγκαῖα ἀπιόντας οὐ δεῖ θαυμάζειν ὅτι οὔτε ἀλλήλων οὔτε τῶν ὅπλων πλέον ἢ ὅσον μὴ λυπεῖν ἀλλήλους ἀπέρχονται· καὶ γὰρ ταῦτα ἀσφαλείας ἕνεκα ποιοῦσιν.

5. μεταστρατοπεδεύονταί γε μὴν πυκνὰ καὶ τοῦ σίνεσθαι τοὺς πολεμίους ἕνεκα καὶ τοῦ ὠφελεῖν τοὺς φίλους. καὶ γυμνάζεσθαι δὲ προαγορεύεται ὑπὸ τοῦ νόμου ἅπασι Λακεδαιμονίοις, ἕωσπερ ἂν στρατεύωνται. ὥστε μεγαλοπρεπεστέρους μὲν αὐτοὺς ἐφ᾽ ἑαυτοῖς γίγνεσθαι, ἐλευθεριωτέρους δὲ τῶν ἄλλων φαίνεσθαι. δεῖ δὲ οὔτε περίπατον οὔτε δρόμον μάσσω ποιεῖσθαι ἢ ὅσον ἂν ἡ μόρα ἐφήκῃ, ὅπως μηδεὶς τῶν αὑτοῦ ὅπλων πόρρω

heranrücken, lassen sie auch das nicht geschehen, sondern stürmen vorwärts oder wenden die Kompanien mit der Front gegen den Angreifer, und so gelangt die Kompanie, die den Schluss bildet, wieder auf die linke (Schild)Seite.

XII 1. Ich will auch erklären, auf welche Weise nach der Vorschrift Lykurgs ein Lager aufgeschlagen werden sollte. Da nämlich die Winkel eines Quadrats ungeeignet sind, ließ er sie das Lager in einem Kreis aufschlagen, wenn nicht gerade ein Berg oder ein Wall Sicherheit bieten oder sie einen Fluss im Rücken haben. 2. Wachen ließ er tagsüber aufstellen mit Blickrichtung nach innen zum Lager. Sie sind nämlich nicht der Feinde, sondern der Freunde wegen aufgestellt. Reiter aber halten von Plätzen, von denen sich am weitesten in die Ferne sehen lässt, Ausschau nach den Feinden, ob sich jemand nähert. 3. Die Nacht über sollte, wie (Lykurg) festlegte, außerhalb der eigenen Reihen in vorgeschobener Stellung von den Skiriten Wache gehalten werden. Jetzt aber wird es auch von Söldnern (übernommen), wenn welche von ihnen anwesend sind. 4. Dass sie stets mit dem Speer in der Hand herumgehen, hat den selben Grund, wie man gut wissen muss, aus dem sie die Sklaven von den Waffen fernhalten. Auch darf sich niemand wundern, dass die, die aus dem Lager weggehen, um natürlichen Bedürfnissen nachzukommen, sich nicht weiter voneinander und von den Waffen entfernen, als dass sie einander nicht in die Quere kommen. Auch dies nämlich tun sie der Sicherheit wegen.

5. Das Lager wechseln sie häufig, um sowohl den Feinden zu schaden als auch den Freunden Nutzen zu bringen. Auch körperliche Übungen sind allen Lakedaimoniern von Gesetzes wegen vorgeschrieben, solange sie im Feld stehen. Daher entwickeln sie mehr Stolz auf sich selbst und erscheinen würdiger als andere. Sie dürfen aber weder weiter gehen noch laufen, als sich der Bereich einer Mora erstreckt, damit sich keiner zu weit von seinen Waffen

γίγνηται. 6. μετὰ δὲ τὰ γυμνάσια καθίζειν μὲν ὁ πρῶτος πολέμαρχος κηρύττει· ἔστι δὲ τοῦτο ὥσπερ ἐξέτασις· ἐκ τούτου δὲ ἀριστοποιεῖσθαι καὶ ταχὺ τὸν πρόσκοπον ἀπολύεσθαι· ἐκ τούτου δ᾿ αὖ διατριβαὶ καὶ ἀναπαύσεις πρὸ τῶν ἑσπερινῶν γυμνασίων. 7. μετά γε μὴν ταῦτα δειπνοποιεῖσθαι κηρύττεται, καὶ ἐπειδὰν ᾄσωσιν εἰς τοὺς θεοὺς οἷς ἂν κεκαλλιερηκότες ὦσιν, ἐπὶ τῶν ὅπλων ἀναπαύεσθαι.

ὅτι δὲ πολλὰ γράφω οὐ δεῖ θαυμάζειν· ἥκιστα γὰρ Λακεδαιμονίοις εὕροι ἄν τις παραλελειμμένα ἐν τοῖς στρατιωτικοῖς ὅσα δεῖται ἐπιμελείας.

XIII 1. Διηγήσομαι δὲ καὶ ἣν ἐπὶ στρατιᾶς ὁ Λυκοῦργος βασιλεῖ δύναμιν καὶ τιμὴν κατεσκεύασε. πρῶτον μὲν γὰρ ἐπὶ φρουρᾶς τρέφει ἡ πόλις βασιλέα καὶ τοὺς σὺν αὐτῷ· συσκηνοῦσι δὲ αὐτῷ οἱ πολέμαρχοι, ὅπως ἀεὶ συνόντες μᾶλλον καὶ κοινοβουλῶσιν, ἤν τι δέωνται· συσκηνοῦσι δὲ καὶ ἄλλοι τρεῖς ἄνδρες τῶν ὁμοίων· οὗτοι τούτοις ἐπιμελοῦνται πάντων τῶν ἐπιτηδείων, ὡς μηδεμία ἀσχολία ᾖ αὐτοῖς τῶν πολεμικῶν ἐπιμελεῖσθαι.

2. ἐπαναλήψομαι δὲ ὡς ἐξορμᾶται σὺν στρατιᾷ ὁ βασιλεύς. θύει μὲν γὰρ πρῶτον οἴκοι ὢν Διὶ Ἀγήτορι καὶ τοῖς σιοῖν αὐτῷ· ἢν δὲ ἐνταῦθα καλλιερήσῃ, λαβὼν ὁ πυρφόρος πῦρ ἀπὸ τοῦ βωμοῦ προηγεῖται ἐπὶ τὰ ὅρια τῆς χώρας· ὁ δὲ βασιλεὺς ἐκεῖ αὖ θύεται Διὶ καὶ Ἀθηνᾷ. 3. ὅταν δὲ ἀμφοῖν τούτοιν τοῖν θεοῖν καλλιερηθῇ, τότε διαβαίνει τὰ ὅρια τῆς χώρας· καὶ τὸ πῦρ μὲν ἀπὸ τούτων τῶν ἱερῶν προηγεῖται οὔποτε ἀποσβεννύμενον, σφάγια δὲ παντοῖα ἕπεται. ἀεὶ δὲ ὅταν θύηται, ἄρχεται μὲν

entfernt. 6. Nach den körperlichen Übungen befiehlt der erste Polemarch durch einen Herold, sich zu setzen. Dies ist wie eine Musterung. Darauf gibt er Order, zu frühstücken und den Vorposten vor dem Lager rasch abzulösen. Danach folgen Zeitvertreib und Erholung bis zu den körperlichen Übungen am Abend. 7. Wenn das beendet ist, erteilt der Herold den Befehl, das Abendessen zu bereiten und sich, wenn sie ein Loblied zu Ehren der Götter gesungen haben, zu denen sie unter günstigen Vorzeichen geopfert haben, bei den Waffen zur Ruhe zu legen.

Dass ich vieles hierzu schreibe, darf nicht überraschen, denn schwerlich wird jemand finden, dass die Lakedaimonier im Kriegswesen etwas übersehen haben, das Aufmerksamkeit erfordert.

XIII 1. Ich will auch berichten, mit welcher Macht und welchem Ansehen Lykurg einen König im Feld ausstattete. Zuerst nämlich stellt die Stadt auf dem Feldzug dem König und seinem Stab die Nahrung. Die Polemarchen speisen gemeinsam im Zelt mit ihm, damit sie stets in seiner Nähe sind und sich besser mit ihm beraten können, wenn es notwendig ist. Es speisen aber auch drei andere Männer von den sogenannten Gleichen (*homoioi*) mit ihm gemeinsam im Zelt. Diese kümmern sich um alle Bedürfnisse dieser (des Königs und seines Stabes), so dass sie ihre ganze Zeit den Kriegsangelegenheiten widmen können.

2. Ich will aber darauf zurückkommen, wie der König mit dem Heer aufbricht. Zuerst opfert er nämlich, während er noch zu Hause ist, dem Zeus Agetor und den mit ihm verbundenen Göttern. Wenn dort das Opfer günstig ausgefallen ist, nimmt der Feuerträger das Feuer vom Altar und bringt es zu den Grenzen des Landes. Dort opfert der König wiederum dem Zeus und der Athena. 3. Wenn aber diesen beiden Gottheiten mit günstigen Vorzeichen geopfert wurde, dann überschreitet (der König) die Landesgrenzen. Und das Feuer aus diesen Opfern wird vorangetragen und niemals gelöscht. Vielerlei Schlachttiere aber folgen. Wann immer

τούτου τοῦ ἔργου ἔτι κνεφαῖος, προλαμβάνειν βουλόμενος τὴν τοῦ θεοῦ εὔνοιαν. 4. πάρεισι δὲ περὶ τὴν θυσίαν πολέμαρχοι, λοχαγοί, πεντηκοντῆρες, ξένων στρατίαρχοι, στρατοῦ σκευοφορικοῦ ἄρχοντες, καὶ τῶν ἀπὸ τῶν πόλεων δὲ στρατηγῶν ὁ βουλόμενος· 5. πάρεισι δὲ καὶ τῶν ἐφόρων δύο, οἳ πολυπραγμονοῦσι μὲν οὐδέν, ἢν μὴ ὁ βασιλεὺς προσκαλῇ· ὁρῶντες δὲ ὅ τι ποιεῖ ἕκαστος πάντας σωφρονίζουσιν, ὡς τὸ εἰκός. ὅταν δὲ τελεσθῇ τὰ ἱερά, ὁ βασιλεὺς προσκαλέσας πάντας παραγγέλλει τὰ ποιητέα. ὥστε ὁρῶν ταῦτα ἡγήσαιο ἂν τοὺς μὲν ἄλλους αὐτοσχεδιαστὰς εἶναι τῶν στρατιωτικῶν, Λακεδαιμονίους δὲ μόνους τῷ ὄντι τεχνίτας τῶν πολεμικῶν.

6. ἐπειδάν γε μὴν ἡγῆται βασιλεύς, ἢν μὲν μηδεὶς ἐναντίος φαίνηται, οὐδεὶς αὐτοῦ πρόσθεν πορεύεται, πλὴν Σκιρῖται καὶ οἱ προερευνώμενοι ἱππεῖς· ἢν δέ ποτε μάχην οἴωνται ἔσεσθαι, λαβὼν τὸ ἄγημα τῆς πρώτης μόρας ὁ βασιλεὺς ἄγει στρέψας ἐπὶ δόρυ, ἔστ᾽ ἂν γένηται ἐν μέσῳ δυοῖν μόραιν καὶ δυοῖν πολεμάρχοιν. 7. οὓς δὲ δεῖ ἐπὶ τούτοις τετάχθαι, ὁ πρεσβύτατος τῶν περὶ δαμοσίαν συντάττει· εἰσὶ δὲ οὗτοι ὅσοι ἂν σύσκηνοι ὦσι τῶν ὁμοίων, καὶ μάντεις καὶ ἰατροὶ καὶ αὐληταὶ καὶ οἱ τοῦ στρατοῦ ἄρχοντες, καὶ ἐθελούσιοι ἤν τινες παρῶσιν. ὥστε τῶν δεομένων γίγνεσθαι οὐδὲν ἀπορεῖται· οὐδὲν γὰρ ἀπρόσκεπτόν ἐστι.

8. μάλα δὲ καὶ τάδε ὠφέλιμα, ὡς ἐμοὶ δοκεῖ, ἐμηχανήσατο Λυκοῦργος εἰς τὸν ἐν ὅπλοις ἀγῶνα. ὅταν γὰρ ὁρώντων ἤδη τῶν πολεμίων χίμαιρα σφαγιάζηται, αὐλεῖν τε πάντας τοὺς παρόντας αὐλητὰς νόμος καὶ μηδένα Λακεδαιμονίων ἀστεφάνωτον εἶναι· καὶ ὅπλα δὲ λαμπρύνεσθαι προαγορεύεται.

(der König) opfert, beginnt er mit seiner Aufgabe noch in der Dunkelheit, weil er das Wohlwollen des Gottes im Voraus gewinnen will. 4. Beim Opfer anwesend sind die Polemarchen, die Lochagen, Pentekonteren, die Befehlshaber der Söldner, die Anführer des Trosses und von den Feldherren der (verbündeten) Städte aber, wer will.

5. Es sind aber auch zwei Ephoren anwesend, welche sich nicht in die Angelegenheiten einmischen, solange sie der König nicht herbeizieht. Aber indem sie beobachten, was jeder tut, halten sie natürlich alle zur Besonnenheit an. Wenn das Opfer abgeschlossen ist, ruft der König alle herbei und gibt Weisung, was zu tun ist. Daher könnte, wer das sieht, zur Meinung kommen, alle anderen (Griechen) handelten in Kriegsdingen aus dem Stegreif und allein die Lakedaimonier seien wirklich Meister in der Kriegskunst.

6. Wenn der König die Führung übernommen hat, marschiert, vorausgesetzt, es zeigt sich kein Feind, niemand vor ihm, ausgenommen die Skiriten und die zum Auskundschaften geschickten Reiter. Wann immer sie aber einmal glauben, eine Schlacht stehe bevor, nimmt der König den führenden Heereszug der ersten Mora und lässt sie zur rechten (Speer)Seite schwenken, bis er in die Mitte zwischen zwei Moren und zwei Polemarchen gelangt. 7. Diejenigen, die hinter diesen stehen müssen, stellt der Älteste aus dem königlichen Stab zusammen. Es sind dies aber folgende: von den (sogenannten) Gleichen (*homoioi*) die Tischgenossen des Königs, dazu die Seher, Ärzte, Flötenbläser, die Befehlshaber des Heeres und Freiwillige, sofern welche da sind. Daher ist keiner im Zweifel über das, was getan werden soll, denn es gibt nichts, was nicht vorher bedacht wurde.

8. Auch das Folgende, das mir sehr nützlich erscheint, hat Lykurg für den Kampf mit Waffen eingeführt. Wenn nämlich, bereits den Feind vor Augen, eine Ziege geopfert wird, dann ist es Brauch, dass alle anwesenden Flötenbläser spielen und kein Lakedaimonier unbekränzt ist. Vorgeschrieben ist auch, die Waffen glänzend zu

9. ἔξεστι δὲ τῷ νέῳ καὶ κεχριμένῳ εἰς μάχην συνιέναι καὶ φαιδρὸν εἶναι καὶ εὐδόκιμον. καὶ παρακελεύονται δὲ τῷ ἐνωμοτάρχῳ· οὐδ' ἀκούεται γὰρ εἰς ἑκάστην πᾶσαν τὴν ἐνωμοτίαν ἀφ' ἑκάστου ἐνωμοτάρχου ἔξω· ὅπως δὲ καλῶς γίγνηται πολεμάρχῳ δεῖ μέλειν. 10. ὅταν γε μὴν καιρὸς δοκῇ εἶναι στρατοπεδεύεσθαι, τούτου μὲν δὴ κύριος βασιλεὺς καὶ τοῦ

δεῖξαί γε ὅπου δεῖ· τὸ μέντοι πρεσβείας ἀποπέμπεσθαι καὶ φιλίας καὶ πολεμίας, τοῦτ' οὐ βασιλέως. καὶ ἄρχονται μὲν πάντες ἀπὸ βασιλέως, ὅταν βούλωνται πρᾶξαί τι. 11. ἢν δ' οὖν δίκης δεόμενός τις ἔλθῃ, πρὸς ἑλλανοδίκας τοῦτον ὁ βασιλεὺς ἀποπέμπει, ἢν δὲ χρημάτων, πρὸς ταμίας, ἢν δὲ ληίδα ἄγων, πρὸς λαφυροπώλας. οὕτω δὲ πραττομένων βασιλεῖ οὐδὲν ἄλλο ἔργον καταλείπται ἐπὶ φρουρᾶς ἢ ἱερεῖ μὲν τὰ πρὸς τοὺς θεοὺς εἶναι, στρατηγῷ δὲ τὰ πρὸς τοὺς ἀνθρώπους.

XIV 1. Εἰ δέ τίς με ἔροιτο εἰ καὶ νῦν ἔτι μοι δοκοῦσιν οἱ Λυκούργου νόμοι ἀκίνητοι διαμένειν, τοῦτο μὰ Δία οὐκ ἂν ἔτι θρασέως εἴποιμι. 2. οἶδα γὰρ πρότερον μὲν Λακεδαιμονίους αἱρουμένους οἴκοι τὰ μέτρια ἔχοντας ἀλλήλοις συνεῖναι μᾶλλον ἢ ἁρμόζοντας ἐν ταῖς πόλεσι καὶ κολακευομένους διαφθείρεσθαι. 3. καὶ πρόσθεν μὲν οἶδα αὐτοὺς φοβουμένους χρυσίον ἔχοντας φαίνεσθαι· νῦν δ' ἔστιν οὓς καὶ καλλωπιζομένους ἐπὶ τῷ κεκτῆσθαι. 4. ἐπίσταμαι δὲ καὶ πρόσθεν τούτου ἕνεκα ξενηλασίας γιγνομένας καὶ ἀποδημεῖν οὐκ ἐξόν, ὅπως μὴ ῥᾳδιουργίας οἱ πολῖται ἀπὸ τῶν ξένων ἐμπίμπλαιντο· νῦν δ' ἐπίσταμαι τοὺς δοκοῦντας πρώτους εἶναι ἐσπουδακότας ὡς

machen. 9. Den jungen Männern ist es ebenso erlaubt, mit Öl gesalbt in den Kampf zu ziehen, fröhlichen Herzens zu sein und Ansehen zu erwerben. Auch geben sie dem Enomotarchen die Befehle weiter, denn nicht von jedem Enomotarchen, der außen steht, wird über die ganze Enomotie hin der Befehl gehört. Dafür, dass alles richtig ausgeführt wird, muss der Polemarch sorgen.

10. Wenn der geeignete Zeitpunkt gekommen scheint, ein Lager zu schlagen, dann übernimmt der König die Entscheidung; er zeigt auch an, wo es geschlagen werden muss. Freilich ist es nicht auch Aufgabe des Königs, Gesandte zu Freunden und Feinden zu schicken. Alle wenden sich zuerst an den König, wenn sie etwas machen wollen. 11. Wenn aber nun einer kommt, der Recht verlangt, schickt der König diesen zu den Hellanodiken, wenn einer um Geld bittet, zu den Schatzmeistern, wenn einer Kriegsbeute bringt, zu den Beuteverkäufern. Da alles so gehandhabt wird, bleibt dem König während des Feldzuges nichts anderes zu tun, als mit Bezug auf die Götter Priester und mit Bezug auf die Menschen Feldherr zu sein.

XIV 1. Wenn mich aber nun jemand fragen sollte, ob ich glaube, dass Lykurgs Gesetze auch heute noch unangetastet fortbestehen, würde ich dies – bei Zeus – nicht mit Sicherheit behaupten. 2. Ich weiß nämlich, dass die Lakedaimonier es früher vorzogen, in bescheidenen Verhältnissen miteinander zu Hause zu leben, denn als Harmosten in den Städten zu wirken und sich durch Schmeicheleien korrumpieren zu lassen. 3. Auch weiß ich, dass sie früher Angst davor hatten, sich im Besitz von Gold zu zeigen. Jetzt aber gibt es welche, die sogar damit prahlen, es zu besitzen. 4. Zudem weiß ich, dass früher aus dem Grund Fremdenvertreibungen stattfanden und es nicht erlaubt war, ins Ausland zu gehen, damit die Bürger nicht durch den Umgang mit Fremden zu leichtsinnigem Leben verleitet würden. Ich weiß aber, dass jetzt Leute, die als die Ersten gelten, sich darum bemühen, ihr Harmostenamt

μηδέποτε παύωνται ἁρμόζοντες ἐπὶ ξένης. 5. καὶ ἦν μὲν ὅτε ἐπεμελοῦντο ὅπως ἄξιοι εἶεν ἡγεῖσθαι· νῦν δὲ πολὺ μᾶλλον πραγματεύονται ὅπως ἄρξουσιν ἢ ὅπως ἄξιοι τούτων ἔσονται. 6. τοιγαροῦν οἱ Ἕλληνες πρότερον μὲν ἰόντες εἰς Λακεδαίμονα ἐδέοντο αὐτῶν ἡγεῖσθαι ἐπὶ τοὺς δοκοῦντας ἀδικεῖν· νῦν δὲ πολλοὶ παρακαλοῦσιν ἀλλήλους ἐπὶ τὸ διακωλύειν ἄρξαι πάλιν αὐτούς. 7. οὐδὲν μέντοι δεῖ θαυμάζειν τούτων τῶν ἐπιψόγων αὐτοῖς γιγνομένων, ἐπειδὴ φανεροί εἰσιν οὔτε τῷ θεῷ πειθόμενοι οὔτε τοῖς Λυκούργου νόμοις.

XV 1. Βούλομαι δὲ καὶ ἃς βασιλεῖ πρὸς τὴν πόλιν συνθήκας ὁ Λυκοῦργος ἐποίησε διηγήσασθαι· μόνη γὰρ δὴ αὕτη ἀρχὴ διατελεῖ οἵαπερ ἐξ ἀρχῆς κατεστάθη· τὰς δὲ ἄλλας πολιτείας εὕροι ἄν τις μετακεκινημένας καὶ ἔτι καὶ νῦν μετακινουμένας.

2. ἔθηκε γὰρ θύειν μὲν βασιλέα πρὸ τῆς πόλεως τὰ δημόσια ἅπαντα, ὡς ἀπὸ τοῦ θεοῦ ὄντα, καὶ στρατιὰν ὅποι ἂν ἡ πόλις ἐκπέμπῃ ἡγεῖσθαι. 3. ἔδωκε δὲ καὶ γέρα ἀπὸ τῶν θυομένων λαμβάνειν, καὶ γῆν δὲ ἐν πολλαῖς τῶν περιοίκων πόλεων ἀπέδειξεν ἐξαίρετον τοσαύτην ὥστε μήτ᾽ ἐνδεῖσθαι τῶν μετρίων μήτε πλούτῳ ὑπερφέρειν. 4. ὅπως δὲ καὶ οἱ βασιλεῖς ἔξω σκηνοῖεν, σκηνὴν αὐτοῖς δημοσίαν ἀπέδειξε, καὶ διμοιρίᾳ γε ἐπὶ τῷ δείπνῳ ἐτίμησεν, οὐχ ἵνα διπλάσια καταφάγοιεν, ἀλλ᾽ ἵνα καὶ ἀπὸ τοῦδε τιμῆσαι ἔχοιεν εἴ τινα βούλοιντο. 5. ἔδωκε δ᾽ αὖ καὶ συσκήνους δύο ἑκατέρῳ προσελέσθαι, οἳ δὴ καὶ Πύθιοι καλοῦνται. ἔδωκε δὲ καὶ πασῶν τῶν συῶν ἀπὸ τόκου χοῖρον

in der Fremde niemals enden zu lassen. 5. Es gab auch eine Zeit, in der sie sich sorgten, sich der Führungsposition würdig zu erweisen. Heute aber verwenden sie viel mehr Mühe darauf, zu herrschen, als sich dieser Herrschaft würdig zu erweisen. 6. Deshalb gingen die Griechen früher nach Sparta und baten, (die Lakedaimonier) möchten die Führung gegen die übernehmen, von denen sie dachten, dass sie Unrecht täten. Heute aber ermuntern sich viele untereinander, um zu verhindern, dass (die Lakedaimonier) wieder die Herrschaft übernehmen. 7. Doch darf sich niemand wundern, dass solche Vorwürfe gegen sie erhoben werden, da sie offenkundig weder der Gottheit noch den Gesetzen Lykurgs gehorchen.

XV 1. Ich will aber auch erklären, welches Übereinkommen Lykurg zwischen der Stadt und dem König erzielte. Dies ist nämlich die einzige Art von Herrschaft, die so fortdauert, wie sie anfänglich eingerichtet wurde, währenddessen sich feststellen lässt, dass sich andere Verfassungen geändert haben und auch heute noch ändern.

2. Er setzte nämlich fest, dass der König aufgrund seiner göttlichen Herkunft für die Stadt alle öffentlichen Opfer darbringe und das Heer anführe, wohin auch immer die Stadt es ausschicke. 3. Er gewährte (dem König) auch das Recht, erlesene Teile der Opfertiere zu erhalten, und wies ihm in vielen Städten der Perioiken so viel an ausgewähltem Land zu, dass er weder an dem zum Leben Notwendigem Mangel leidet noch durch Reichtum herausragt. 4. Inwiefern aber auch die Könige außer Haus speisen sollen, bestimmte er ihnen ein öffentliches Zelt und zeichnete sie durch die doppelte Ration beim Mahl aus, nicht damit sie die doppelte Menge verzehrten, sondern damit sie etwas besäßen, mit dem sie jemanden ehren können, wenn sie es wollen. 5. Er gestattete auch jedem der Könige, zwei Tischgenossen zu wählen, die auch als Pythier bezeichnet werden. Auch genehmigte er ihnen, aus jedem Wurf einer Sau ein Ferkel zu nehmen, damit es dem König nie an

λαμβάνειν, ὡς μήποτε ἀπορῆσαι βασιλεὺς ἱερῶν, ἤν τι δεηθῇ θεοῖς συμβουλεύσασθαι.

6. καὶ πρὸς τῇ οἰκίᾳ δὲ λίμνη ὕδατος ἀφθονίαν παρέχει· ὅτι δὲ καὶ τοῦτο πρὸς πολλὰ χρήσιμον, οἱ μὴ ἔχοντες αὐτὸ μᾶλλον γιγνώσκουσι. καὶ ἕδρας δὲ πάντες ὑπανίστανται βασιλεῖ, πλὴν οὐκ ἔφοροι ἀπὸ τῶν ἐφορικῶν δίφρων. 7. καὶ ὅρκους δὲ ἀλλήλοις κατὰ μῆνα ποιοῦνται, ἔφοροι μὲν ὑπὲρ τῆς πόλεως, βασιλεὺς δὲ ὑπὲρ ἑαυτοῦ. ὁ δὲ ὅρκος ἐστὶ τῷ μὲν βασιλεῖ κατὰ τοὺς τῆς πόλεως κειμένους νόμους βασιλεύσειν, τῇ δὲ πόλει ἐμπεδορκοῦντος ἐκείνου ἀστυφέλικτον τὴν βασιλείαν παρέξειν. 8. αὗται μὲν οὖν αἱ τιμαὶ οἴκοι ζῶντι βασιλεῖ δέδονται, οὐδέν τι πολὺ ὑπερφέρουσαι τῶν ἰδιωτικῶν· οὐ γὰρ ἐβουλήθη οὔτε τοῖς βασιλεῦσι τυραννικὸν φρόνημα παραστῆσαι οὔτε τοῖς πολίταις φθόνον ἐμποιῆσαι τῆς δυνάμεως.

9. αἳ δὲ τελευτήσαντι τιμαὶ βασιλεῖ δέδονται, τῇδε βούλονται δηλοῦν οἱ Λυκούργου νόμοι ὅτι οὐχ ὡς ἀνθρώπους ἀλλ' ὡς ἥρωας τοὺς Λακεδαιμονίων βασιλεῖς προτετιμήκασι.

Opfertieren fehle, falls es erforderlich sei, die Götter um Rat zu fragen.

6. Ebenso bietet in der Nähe des Hauses ein See Wasser im Überfluss. Dass auch dies viele Vorteile hat, sehen die, die das nicht besitzen, eher ein. Ebenso erheben sich alle im Angesicht des Königs von ihren Sitzen, nur die Ephoren verharren auf ihren Amtsstühlen. 7. Auch schwören sie jeden Monat einander Eide, die Ephoren für die Stadt, die Könige für sich selbst. Der König schwört, sich an die in der Stadt geltenden Gesetze zu halten, die Stadt aber, die Königsherrschaft unangetastet zu lassen, solange der König sich an seinen Eid halte.

8. Diese Ehren werden dem König, solange er lebt, zu Hause verliehen, und sie übertreffen nicht sehr diejenigen der normalen Bürger. Lykurg wollte nämlich weder die Könige zu tyrannischem Gebaren verleiten noch bei den Bürgern Neid auf deren Macht wecken. 9. Welche Ehren aber einem König nach seinem Tod verliehen werden, wollen die Gesetze Lykurgs dadurch zeigen, dass sie die Könige der Lakedaimonier nicht wie Menschen, sondern wie Heroen in besonderer Weise auszeichnen.

AGESILAOS

EINLEITUNG

Von allen Schriften Xenophons wirft das Enkomion (Lobrede) auf den Spartanerkönig Agesilaos die wenigsten Fragen auf. Es entstand mit Sicherheit in der letzten Lebensphase des Autors, nachdem die Schlacht von Mantineia (362), mit der die *Hellenika* enden, Griechenland in Macht- und Ratlosigkeit zurückgelassen hatte. Unumstößlicher *terminus post quem* ist der Tod des Agesilaos. Der König starb im sogenannten Hafen des Menelaos an der libyschen Küste bei der Rückkehr aus Ägypten, wo er sich als Söldnerführer im Dienste verschiedener Pharaonen verdingt hatte, um die Staatskasse der Lakedaimonier zu füllen. Xenophon selbst datiert das Ereignis nicht, nur die Jahreszeit ist überliefert. Aus dem Zusammenhang lässt sich der Winter 361/60 oder – wahrscheinlicher – der Winter 360/59 erschließen. Etwa 359 ist daher – *cum grano salis* – als Entstehungs- und Publikationsjahr anzunehmen, da ein Nachruf stets eine gewisse Aktualität voraussetzt. Er konnte zudem schnell geschrieben werden, da die Fakten schon in Form von Büchern vorlagen, deren Autor Xenophon selbst war (Buch III–VI der *Hellenika*), und das Übrige in seinem Gedächtnis gespeichert (und verformt) war, denn Xenophon war lange Jahre Freund und Begleiter des Königs. Authentizität ist also gegeben, auch wenn sie durch das Genos stark eingeschränkt wird.

Als der »Agesilaos« erschien, lag ein aktuelles Enkomion bereits vor, die Lobschrift des Publizisten Isokrates auf den 373 ermordeten zyprischen Stadtkönig Euagoras, die als Begründung der Gattung gilt. Sicherlich hat sich Xenophon daran orientiert, doch verlangten das Material und auch die teilweise unterschiedliche Thematik – bei Isokrates standen der Aufstieg zum Herrscher und die folgende Regierungstätigkeit im Mittelpunkt, bei Xenophon der Krieg und das Feldherrnamt – einen anderen Aufbau. Zudem be-

saß Xenophon in Thukydides und seinen Laudationes auf Themistokles, Perikles oder Hermokrates noch ein weiteres Vorbild, das er gut kannte.

Der »Agesilaos« umfasst elf Kapitel und gliedert sich in einen historischen und einen systematischen Teil. Der erste zieht in zwei Kapiteln, die ungefähr die Hälfte der Schrift ausmachen, eine militärische Bilanz der Feldzüge des Agesilaos, die zunächst sein Wirken in Kleinasien, dann das im Mutterland behandelt. Dazu hat Xenophon, wie gesagt, seine *Hellenika* herangezogen, aus denen er über weite Passagen wörtlich zitiert. Originären historischen Quellenwert haben allein die vier letzten Passus des zweiten Kapitels, die den mittlerweile über achtzigjährigen Agesilaos als Söldnerführer im Auftrag ägyptischer Könige zeigen.

Es sind die *aretai*, die Tugenden, eines Militärs und Staatsmannes, die Xenophon einmal indirekt in dessen Taten, den *praxeis* oder *erga*, gespiegelt sehen will, und die er dann im zweiten Teil seines Enkomions direkt in einem Katalog der Vorzüge abhandelt. Um für einen herausragenden Feldherrn gehalten zu werden, genügte im 4. Jahrhundert nicht mehr allein Erfolg (*tyche*) zu haben, dieser musste auch unter Einhaltung ethischer Regeln errungen worden sein, die Xenophon partiell aus seinem Sokrates-Erlebnis ableitet. Wie sehr der Autor davon durchdrungen war, verdeutlichen »Kyropädie« und »Hieron«.

Als erste der Feldherrntugenden nennt Xenophon wie schon in der »Kyropädie« (8.1.25) die Achtung vor den Göttern, die *eusebeia*, für die er noch gesondert Beispiele aus seinen *Hellenika* heranzieht. Es folgt in Kapitel IV die Redlichkeit (*dikaiosyne*), die ebenfalls in der »Kyropädie« eine große Rolle spielt und auch im »Hieron« (IX 6) zu den Herrschertugenden zählen wird (dass sie sich vor allem in Gelddingen bewähren soll, nimmt die Antike der Moderne voraus). Einen vorbildlichen Herrscher zeichneten zudem Selbstbeherrschung (*karteria)* und Enthaltsamkeit (*enkrateia*) von üppigen Speisen, berauschenden Getränken und sinnlicher Knabenliebe aus.

Tapferkeit (*andreia*), Klugheit (*sophia*) und Überlegung (*gnome*) waren für einen Feldherrn selbstverständlich. Selbst Betrug galt Feinden gegenüber als statthaft, wenn er großen Nutzen versprach und erst *nach* der Kriegserklärung erfolgte (I 17), denn vorher gehörte es zu den Pflichten des Feldherrn, sich an geschworene Eide zu halten. Dass er seine Vaterstadt liebte (*philopolis*) und sich gehorsam gegenüber dem Staat, den Behörden und Gesetzen zeigte, ist eine genuine Eigenschaft des Spartaners, die aber ebenso – deswegen wohl die Betonung – von einem athenischen Bürger verlangt werden konnte. Das Lob der persönlichen Liebeswürdigkeit (*eucharis*) sowie des Ausbleibens jeglichen herrscherlichen Hochmuts, des leutselig-vertrauten Umgangs mit Freunden und bereitwilligen Eingehens auf ihre Probleme, mag eine idealisierende Erinnerung eines Mannes sein, der Agesilaos lange auf seinen Feldzügen begleitete.

Aus der Reihe fallen die beiden Kapitel IX und XI. In ersterem vergleicht Xenophon den Spartaner- mit dem Perserkönig und versammelt dabei viele bereits seit Herodot geläufige antipersische Gemeinplätze, von denen er sich in der »Kyropädie« und – mit Einschränkungen – auch in der *Anabasis* freimachen konnte. Für das Lob des Agesilaos gewinnt das nichts, vielleicht dachte Xenophon aber an sein griechisches Publikum, das solche Topoi schätzte.

Keinen Gefallen tat der Autor sich und dem Porträtierten auch mit dem Abschlusskapitel, wenn es denn aus seiner eigenen »Feder« – wozu die *communis opinio* der Forschung neigt – stammen sollte. Nachdem das Enkomion mit Kapitel X angemessen endet, folgt, wie angeklebt, staccatoartig eine nochmalige geraffte Aufzählung sämtlicher glänzender Eigenarten des Agesilaos, der sich damit auch die Sympathien verscherzt, die ihm vorher vielleicht zuteilwurden, denn wer, von Xenophon abgesehen, wollte mit einem solchen makellosen Mann verkehren?

Der König Agesilaos hatte viele Feinde, nicht nur außerhalb Spartas, sondern auch innerhalb. Dort werden ihm nicht wenige seine umstrittene, von Machtwillen diktierte Inthronisation nicht

vergessen haben. Im übrigen Griechenland wurde er als Repräsentant eines Staates betrachtet, der binnen dreier Jahrzehnte von der Hegemonial- zur Regionalmacht herabgesunken war, die nicht einmal den Verlust von Messenien verhindern konnte. Auch wenn dies nicht gänzlich auf sein Verschulden zurückging – die Politik machten die Ephoren –, so trug Agesilaos als König letztlich doch die Verantwortung.

Der »Agesilaos« des Xenophon ist einseitig, aber das Lob des Königs nicht irreführend. Viermal betont der Autor, dass es sich um eine Lobrede handelt, und diese stellt eben nur die guten Seiten einer Person heraus. Bei Xenophon lässt sich das näher betrachten, denn die Taten des Agesilaos hatte er ja schon geschildert, und zwar mit dem Anspruch des Historikers, nicht des Lobredners. Aber auch der Agesilaos der *Hellenika* hat zu viele gute Seiten und zu wenige schlechte. Das ist nicht allein dem Philolakonismus Xenophons geschuldet. Mit seiner vierzigjährigen Herrschaft bildet Agesilaos auch die Klammer, welche die oft nur schwer zu verknüpfenden Bücher III bis VII der *Hellenika* zusammenhält (Buch I und II sehen Athen im Mittelpunkt). Allerdings besitzt dieser Agesilaos eine menschliche Dimension: Er betätigt sich als Heiratsvermittler (4.1.1–15), entbrennt in mehr als väterlicher Zuneigung zu einem persischen Knaben, spricht über die Jagd, Pferdeliebhaberei und Liebeshändel mit Halbwüchsigen (5.3.20), er trauert, ist erzürnt, ja er lacht sogar.

Xenophon musste im Tatenbericht seiner Lobrede (I–II) nichts umschreiben, nur manches auslassen. Das ist zunächst die Geschichte der Thronübernahme, bei welcher der Sohn des gestorbenen Königs mit teils recht fadenscheinigen Argumenten übergangen wurde und stattdessen Agesilaos als Bruder die Königswürde übernahm. Überhaupt fehlen alle Hinweise auf innerspartanische Machtkämpfe, auf Intrigen und Konkurrenzgerangel, mit deren Erwähnung in den *Hellenika* Xenophon noch seine Kennerschaft der Verhältnisse bewies.

Ein schwerwiegender taktischer Fehler des Agesilaos in der Schlacht von Koroneia, der einige Spartaner das Leben kostete, wird schon in den *Hellenika* mit Heldenmut kaschiert (4.3.19; vgl. II 12), doch fehlt im »Agesilaos« das Korrektiv, wie eine solche Situation richtig gemeistert werden musste (4.2.22). Im Übrigen hat Xenophon das Geschehen wahrscheinlich nur erwähnt, weil er sich als erfolgreicher Söldnerführer zumindest in diesem einen Fall auch für den besseren Taktiker hielt, was zu verschweigen ihm schwerfiel. Dass Agesilaos' hochmütiges Gebaren nach dem Sieg im Krieg mit Korinth (Hell. 4.5.6) verschwiegen werden musste, weil es das in der Lobrede gezeichnete Bild vom stets bescheidenen Auftreten des Königs maßgeblich konterkariert hätte, liegt auf der Hand. Allerdings sind die Ereignisse des Korinthischen Krieges (395–386) im Enkomion überhaupt nur kurz erwähnt, da sie wenig geeignet waren, den Einsatz des Agesilaos gebührend herauszustellen.

Ein besonderer Fall ist schließlich die Reaktion auf die Nachricht von der spartanischen Niederlage in der Seeschlacht von Knidos. Hier übergeht Xenophon eine Tat des Agesilaos, die er in den *Hellenika* ausdrücklich lobt, ja zur Grundlage des Sieges über die Thessalier macht. Vorbild für Agesilaos war der spartanische Nauarch Eteonikos, der, als ihn die Kunde von der Niederlage bei den Arginusen erreichte, den Boten Schweigen gebot, und seine Truppen einen Sieg feiern ließ (Hell. 1.6.36 f.). Ähnlich verfuhr auch Agesilaos (Hell. 4.3.13 f.), der hiermit seine psychologischen Kenntnisse als Stratege erwies. In den *Hellenika* teilt Xenophon diese Sicht, doch im »Agesilaos« versagt er sie sich. Agesilaos verbindet die falsche Siegesnachricht nämlich mit einem Dankopfer an die Götter, und ein derartiges Täuschungsmanöver war unvereinbar mit der in Kapitel III angeführten Haupttugend der *eusebeia*.

Als Motiv für die Abfassung des Enkomions bieten sich viele Gründe an. Der nächstliegende ist das Gefühl freundschaftlicher Verbundenheit, das Xenophon für den König empfand. Wahr-

scheinlich schloss er sich ihm im Jahr 396 an, als Agesilaos nach Kleinasien kam, kehrte mit dem König nach Griechenland zurück, begleitete ihn bis Anfang der achtziger Jahre auf seinen dortigen Feldzügen und trennte sich erst von ihm, als er das von den Spartanern offerierte Landgut in Skillus bezog. Zugleich nahm Xenophon den König gegen Angriffe in Schutz, die gegen ihn als Vertreter einer konservativen Politik der reinen Machterhaltung in ganz Griechenland erhoben wurden. Dies wird Xenophon umso leichter gefallen sein, als er eine singuläre Person verteidigte und nicht den spartanischen Staat, dessen Niedergang vor aller Augen lag. Zudem entwarf er das Idealbild eines Feldherrn, wofür er sich aufgrund seiner militärischen Erfahrungen kompetent gefühlt haben muss. Dabei schrieb er Agesilaos auch Eigenschaften zu, für die er keine Beispiele aus dem Leben des Spartaners kannte, ohne die aber seiner Meinung nach ein Feldherr nicht erfolgreich sein konnte. (Livius [XXI 4] hat solche Methoden später ad absurdum geführt, indem er seine Charakteristik Hannibals aus Gemeinplätzen einschlägiger Handbücher und einem Sammelsurium römischer Vorurteile zusammensetzte.) Wenn sich in Xenophons Tugendkatalog noch zusätzlich Eigenschaften finden, die den idealen Bürger auszeichneten, so Heimatliebe, Gesetzestreue und Loyalität gegenüber den Behörden, so mag dies u. a. den Grund haben, dass sich auch die Leser eines demokratischen Staatswesens von einem derartigen monarchischen Pflichtgefühl angesprochen fühlen konnten.

Darüber hinaus liefert der »Agesilaos« Informationen, die der Autor nicht bezweckte, nämliche über sein eigenes Selbstverständnis und seinen politischen Standort, der sich seit den achtziger Jahren geändert hatte. Dass die Griechen nationalstaatliche Ziele als gemeingriechische deklarierten, war nicht neu. Die Befreiung, ja Eroberung kleinasiatischer Städte propagierten Athener wie Spartaner und später Alexander der Große stets als panhellenische Tat, hinter der sie ihre eigennützigen Vorstellungen verbargen. Wenn auch Agesilaos dies tat, überrascht das nicht, aber umso mehr, dass

er dies bei seinen Feldzügen in Griechenland fortgesetzt haben soll. So verhindert die Eroberung von Korinth, die in den *Hellenika* noch auf Unfähigkeit basiert, nun eine panhellenische Erwägung: Im Enkomion will Agesilaos Korinth nicht einnehmen, weil dies die Zerstörung der Stadt und ein Unglück für die Griechen bedeuten würde (VIII 4). Auf die Nachricht, dass in der Schlacht vor den Toren Korinths nur acht Lakedaimonier, aber 10.000 Gegner gefallen seien, klagt Agesilaos hier (aber nicht in den *Hellenika*): »Wehe dir, Griechenland, die, welche jetzt gefallen sind, hätten ausgereicht, sofern sie am Leben geblieben wären, alle Barbaren im Kampf zu besiegen.« Als schließlich Verbannte einen Angriff auf die Stadt fordern, erwidert Agesilaos in der Lobschrift: »Es sei nicht vonnöten, griechische Städte zu versklaven, sondern zur Vernunft zu bringen. ›Wenn wir die unter uns, die sich verfehlen, beseitigen, müssen wir darauf achten, dass wir nicht an Leuten Mangel haben, mit denen wir die Barbaren besiegen können.‹«

Nie habe Agesilaos das gemeinsame Wohl Griechenlands außer Acht gelassen, selbst wenn er gegen Griechen Krieg führte, folgert Xenophon wider besseres Wissen (VII 7) und lässt sogar die ägyptische Mission des Agesilaos, die allein das Ziel hatte, die Kassen Spartas zu füllen, als Aktion erscheinen, in der der Spartanerkönig Philhellenismus zum Prinzip seines Handelns machte. Agesilaos operierte jedoch allein im Interesse Spartas, die gemeingriechischen Gefühle gehören, seit sich Athen und Sparta wieder annäherten, Xenophon. Der Panhellenist, als den er Agesilaos erscheinen lassen möchte, ist er selber.

Literatur: Bartlett in: Mc Brayer 79–105, Breitenbach 1701–1707, Bringmann 1971, 224–241, Bruns 35–45, Güthlein 1–66, Krömer 5–64, 91–141, Mueller-Goldingen 90–94, Nickel 1979 52–56, ders. 2016, 82–87, Sonnabend 46–54.

Ἀγησίλαος

I 1. Οἶδα μὲν ὅτι τῆς Ἀγησιλάου ἀρετῆς τε καὶ δόξης οὐ ῥᾴδιον ἄξιον ἔπαινον γράψαι, ὅμως δ' ἐγχειρητέον. οὐ γὰρ ἂν καλῶς ἔχοι εἰ ὅτι τελέως ἀνὴρ ἀγαθὸς ἐγένετο, διὰ τοῦτο οὐδὲ μειόνων ἂν τυγχάνοι ἐπαίνων.

2. περὶ μὲν οὖν εὐγενείας αὐτοῦ τί ἄν τις μεῖζον καὶ κάλλιον εἰπεῖν ἔχοι ἢ ὅτι ἔτι καὶ νῦν τοῖς προγόνοις ὀνομαζομένοις ἀπομνημονεύεται ὁπόστος ἀφ' Ἡρακλέους ἐγένετο, καὶ τούτοις οὐκ ἰδιώταις ἀλλ' ἐκ βασιλέων βασιλεῦσιν; 3. ἀλλὰ μὴν οὐδὲ ταύτῃ γ' ἄν τις ἔχοι καταμέμψασθαι αὐτοὺς ὡς βασιλεύουσι μέν, πόλεως δὲ τῆς ἐπιτυχούσης· ἀλλ' ὥσπερ τὸ γένος αὐτῶν τῆς πατρίδος ἐντιμότατον, οὕτω καὶ ἡ πόλις ἐν τῇ Ἑλλάδι ἐνδοξοτάτη· ὥστε οὐ δευτέρων πρωτεύουσιν, ἀλλ' ἡγεμόνων ἡγεμονεύουσιν. 4. τῇδέ γε μὴν καὶ κοινῇ ἄξιον ἐπαινέσαι τήν τε πατρίδα καὶ τὸ γένος αὐτοῦ· ἥ τε γὰρ πόλις οὐδεπώποτε φθονήσασα τοῦ προτετιμῆσθαι αὐτοὺς ἐπεχείρησε καταλῦσαι τὴν ἀρχὴν αὐτῶν, οἵ τε βασιλεῖς οὐδεπώποτε μειζόνων ὠρέχθησαν ἢ ἐφ' οἷσπερ ἐξ ἀρχῆς τὴν βασιλείαν παρέλαβον. τοιγαροῦν ἄλλη μὲν οὐδεμία ἀρχὴ φανερά ἐστι διαγεγενημένη ἀδιάσπαστος οὔτε δημοκρατία οὔτε ὀλιγαρχία οὔτε τυραννὶς οὔτε βασιλεία· αὕτη δὲ μόνη διαμένει συνεχὴς βασιλεία.

5. ὡς γε μὴν καὶ πρὶν ἄρξαι ἄξιος τῆς βασιλείας ἐδόκει εἶναι Ἀγησίλαος τάδε τὰ σημεῖα. ἐπεὶ γὰρ Ἆγις βασιλεὺς ὢν ἐτελεύτησεν, ἐρισάντων περὶ τῆς ἀρχῆς Λεωτυχίδα μὲν ὡς Ἄγιδος ὄντος υἱοῦ, Ἀγησιλάου δὲ ὡς Ἀρχιδάμου, κρίνασα ἡ πόλις ἀνεπικλητότερον εἶναι Ἀγησίλαον καὶ τῷ γένει καὶ τῇ ἀρετῇ

Agesilaos

I 1. Ich weiß, dass es nicht leicht ist, eine Lobschrift zu verfassen, die der Tüchtigkeit und dem Ruhm des Agesilaos gerecht wird, aber dennoch muss ich es in Angriff nehmen. Denn es wäre nicht gut, wenn er, da er ein in jeder Hinsicht verdienstvoller Mann war, nicht einmal ein minder angemessenes Lob erhielte.

2. Was könnte jemand über seine edle Abkunft Größeres und Schöneres sagen, als dass auch heute noch durch die namentliche Aufzählung seiner Vorfahren daran erinnert wird, der wievielte Abkömmling des Herakles er ist, darunter nicht etwa Bürger, sondern Könige, die ihrerseits von Königen abstammen. 3. In der Tat lassen sie sich nicht einmal von dieser Seite tadeln, dass sie zwar Könige waren, aber dies in der erstbesten Stadt. Wie ihre Abstammung die angesehenste ist in ihrer Vaterstadt, so ist vielmehr ihre Stadt die berühmteste in Griechenland. Daher sind sie nicht die Ersten über Leute zweiten Ranges, sondern Herren über Herren. 4. So verdient auch beides hervorgehoben zu werden, seine Vaterstadt und seine Abstammung. Die Stadt nämlich hat nie aus Neid über deren Vorrangstellung die Herrschaft (der Könige) zu stürzen versucht, während die Könige niemals Höheres begehrten, als die Bedingungen zuließen, unter denen sie anfangs die Königsherrschaft übernommen hatten. Deshalb ist denn auch keine andere Herrschaftsform bekannt, die sich ohne Unterbrechung behauptet hätte, weder eine demokratische noch eine oligarchische, weder eine tyrannische noch eine königliche. Diese allein dauerte ununterbrochen als Königsherrschaft fort.

5. Dass nun Agesilaos, bevor er zur Herrschaft gelangte, des Königtums würdig schien, dafür spricht Folgendes: Als nämlich König Agis starb und Leotychidas als Sohn des Agis und Agesilaos als Sohn des Archidamos miteinander um die Herrschaft stritten, war die Stadt der Meinung, dass Agesilaos nach Abstammung wie nach Tüchtigkeit untadeliger sei, und setzte ihn als König ein.

τοῦτον ἐστήσατο βασιλέα. καίτοι τὸ ἐν τῇ κρατίστῃ πόλει ὑπὸ τῶν ἀρίστων κριθέντα τοῦ καλλίστου γέρως ἀξιωθῆναι ποίων ἔτι τεκμηρίων προσδεῖται τῆς γε πρὶν ἄρξαι αὐτὸν ἀρετῆς; 6. ὅσα γε μὴν ἐν τῇ βασιλείᾳ διεπράξατο νῦν ἤδη διηγήσομαι· ἀπὸ γὰρ τῶν ἔργων καὶ τοὺς τρόπους αὐτοῦ κάλλιστα νομίζω καταδήλους ἔσεσθαι. Ἀγησίλαος τοίνυν ἔτι μὲν νέος ὢν ἔτυχε τῆς βασιλείας· ἄρτι δὲ ὄντος αὐτοῦ ἐν τῇ ἀρχῇ, ἐξηγγέλθη βασιλεὺς ὁ Περσῶν ἀθροίζων καὶ ναυτικὸν καὶ πεζὸν πολὺ στράτευμα ὡς ἐπὶ τοὺς Ἕλληνας· 7. βουλευομένων δὲ περὶ τούτων Λακεδαιμονίων καὶ τῶν συμμάχων, Ἀγησίλαος ὑπέστη, ἐὰν δῶσιν αὐτῷ τριάκοντα μὲν Σπαρτιατῶν, δισχιλίους δὲ νεοδαμώδεις, εἰς ἑξακισχιλίους δὲ τὸ σύνταγμα τῶν συμμάχων, διαβήσεσθαι εἰς τὴν Ἀσίαν καὶ πειράσεσθαι εἰρήνην ποιῆσαι, ἢ ἂν πολεμεῖν βούληται ὁ βάρβαρος, ἀσχολίαν αὐτῷ παρέξειν στρατεύειν ἐπὶ τοὺς Ἕλληνας. 8. εὐθὺς μὲν οὖν πολλοὶ πάνυ ἠγάσθησαν αὐτὸ τοῦτο τὸ ἐπιθυμῆσαι, ἐπειδὴ ὁ Πέρσης πρόσθεν ἐπὶ τὴν Ἑλλάδα διέβη, ἀντιδιαβῆναι ἐπ' αὐτόν, τό τε αἱρεῖσθαι ἐπιόντα μᾶλλον ἢ ὑπομένοντα μάχεσθαι αὐτῷ, καὶ τὸ τἀκείνου δαπανῶντα βούλεσθαι μᾶλλον ἢ τὰ τῶν Ἑλλήνων πολεμεῖν, κάλλιστον δὲ πάντων ἐκρίνετο τὸ μὴ περὶ τῆς Ἑλλάδος ἀλλὰ περὶ τῆς Ἀσίας τὸν ἀγῶνα καθιστάναι.

9. ἐπεί γε μὴν λαβὼν τὸ στράτευμα ἐξέπλευσε, πῶς ἄν τις σαφέστερον ἐπιδείξειεν ὡς ἐστρατήγησεν ἢ εἰ αὐτὰ διηγήσαιτο ἃ ἔπραξεν; 10. ἐν τοίνυν τῇ Ἀσίᾳ ἥδε πρώτη πρᾶξις ἐγένετο. Τισσαφέρνης μὲν ὤμοσεν Ἀγησιλάῳ, εἰ σπείσαιτο ἕως ἔλθοιεν οὓς πέμψειε πρὸς βασιλέα ἀγγέλους, διαπράξεσθαι αὐτῷ ἀφεθῆναι αὐτονόμους τὰς ἐν τῇ Ἀσίᾳ πόλεις Ἑλληνίδας,

Und in der Tat, dass er in der mächtigsten Stadt von den Besten der höchsten Ehre für würdig gehalten wurde, welcher Beweise bedarf es noch für seine Tüchtigkeit, bevor er sein Amt antrat?

6. Was er während seiner Königsherrschaft getan hat, das will ich jetzt erzählen. Ich glaube nämlich, dass aus seinen Taten auch am besten sein Charakter zu erkennen ist.

Agesilaos erlangte die Königsherrschaft noch in jungen Jahren. Kaum dass er in Amt und Würden war, kam die Nachricht, der Perserkönig ziehe eine starke Flotte und ein ebensolches Landheer gegen die Griechen zusammen. 7. Als aber die Lakedaimonier und ihre Bundesgenossen darüber berieten, übernahm es Agesilaos, wenn sie ihm 30 Spartaner, dazu 2.000 Neodamoden und das etwa 6.000 Mann umfassende Aufgebot der Verbündeten gäben, nach Asien überzusetzen und zu versuchen, Frieden zu schließen; wenn der Barbar aber Krieg wolle, ihm so viele Hindernisse in den Weg zu legen, dass er keinen Zug gegen die Griechen unternehmen könne. 8. Sogleich waren viele ganz mit diesem angestrebten Ziel einverstanden, da der Perser früher nach Griechenland herübergezogen war, nun im Gegenzug gegen ihn überzusetzen, und dass (Agesilaos) lieber mit ihm kämpfen wollte, indem er angriff, als indem er abwartete, sowie dass er lieber auf dessen Kosten als denen der Griechen Krieg führen wollte. Für das allerschönste aber wurde gehalten, dass der Kampf nicht um Griechenland, sondern um Asien geführt wurde.

9. Wie er, nachdem er sein Heer übernommen hatte und in See gestochen war, sein Feldherrenamt verwaltete, auf welche Weise könnte das jemand deutlicher zeigen, als wenn er einfach das erzählte, was er tat. 10. Das erste, was er in Asien tat, war nun Folgendes: Tissaphernes hatte Agesilaos unter Eid zugesichert, dass er, wenn dieser den Waffenstillstand halte bis zur Rückkehr der Boten, die er zum Großkönig geschickt hatte, es für ihn durchsetzen werde, dass die griechischen Städte in Asien in die Unabhängigkeit entlassen werden, während Agesilaos im Gegenzug geschwo-

Ἀγησίλαος δὲ ἀντώμοσε σπονδὰς ἄξειν ἀδόλως, ὁρισάμενος τῆς πράξεως τρεῖς μῆνας. 11. ὁ μὲν δὴ Τισσαφέρνης ἃ ὤμοσεν εὐθὺς ἐψεύσατο· ἀντὶ γὰρ τοῦ εἰρήνην πράττειν στράτευμα πολὺ παρὰ βασιλέως πρὸς ᾧ πρόσθεν εἶχε μετεπέμπετο. Ἀγησίλαος δὲ καίπερ αἰσθόμενος ταῦτα ὅμως ἐνέμεινε ταῖς σπονδαῖς. 12. ἐμοὶ οὖν τοῦτο πρῶτον καλὸν δοκεῖ διαπράξασθαι, ὅτι Τισσαφέρνην μὲν ἐμφανίσας ἐπίορκον ἄπιστον πᾶσιν ἐποίησεν, ἑαυτὸν δ' ἀντεπιδείξας πρῶτον μὲν ὅρκους ἐμπεδοῦντα, ἔπειτα συνθήκας μὴ ψευδόμενον, πάντας ἐποίησε καὶ Ἕλληνας καὶ βαρβάρους θαρροῦντας συντίθεσθαι ἑαυτῷ, εἴ τι βούλοιτο.

13. ἐπεὶ δὲ μέγα φρονήσας ὁ Τισσαφέρνης ἐπὶ τῷ καταβάντι στρατεύματι προεῖπεν Ἀγησιλάῳ πόλεμον, εἰ μὴ ἀπίοι ἐκ τῆς Ἀσίας, οἱ μὲν ἄλλοι σύμμαχοι καὶ Λακεδαιμονίων οἱ παρόντες μάλα ἀχθεσθέντες φανεροὶ ἐγένοντο, νομίζοντες μείονα τὴν παροῦσαν δύναμιν Ἀγησιλάῳ τῆς βασιλέως παρασκευῆς εἶναι· Ἀγησίλαος δὲ μάλα φαιδρῷ τῷ προσώπῳ ἀπαγγεῖλαι τῷ Τισσαφέρνει τοὺς πρέσβεις ἐκέλευσεν ὡς πολλὴν χάριν αὐτῷ ἔχοι ὅτι ἐπιορκήσας αὐτὸς μὲν πολεμίους τοὺς θεοὺς ἐκτήσατο, τοῖς δ' Ἕλλησι συμμάχους ἐποίησεν. 14. ἐκ δὲ τούτου εὐθὺς τοῖς μὲν στρατιώταις παρήγγειλε συσκευάζεσθαι ὡς εἰς στρατείαν· ταῖς δὲ πόλεσιν εἰς ἃς ἀνάγκη ἦν ἀφικνεῖσθαι στρατευομένῳ ἐπὶ Καρίαν προεῖπεν ἀγορὰν παρασκευάζειν. ἐπέστειλε δὲ καὶ Ἴωσι καὶ Αἰολεῦσι καὶ Ἑλλησποντίοις πέμπειν πρὸς αὐτὸν εἰς Ἔφεσον τοὺς συστρατευσομένους.

15. ὁ μὲν οὖν Τισσαφέρνης, καὶ ὅτι ἱππικὸν οὐκ εἶχεν ὁ Ἀγησίλαος, ἡ δὲ Καρία ἄφιππος ἦν, καὶ ὅτι ἡγεῖτο αὐτὸν ὀργίζεσθαι αὐτῷ διὰ τὴν ἀπάτην, τῷ ὄντι νομίσας ἐπὶ τὸν αὐτοῦ οἶκον εἰς Καρίαν ὁρμήσειν αὐτόν, τὸ μὲν πεζὸν ἅπαν διεβίβα-

ren hatte, den Waffenstillstand ohne Trug einzuhalten, wobei er zur Abwicklung dieser Angelegenheit eine Frist von drei Monaten festsetzte. 11. Tissaphernes indes brach sogleich seinen Eid. Denn anstelle den Frieden zu vermitteln, ließ er sich vom Großkönig eine große Streitmacht zu der, die er schon vorher hatte, kommen. Obgleich Agesilaos dies bemerkte, hielt er dennoch am Waffenstillstand fest. 12. Mir nun scheint dies seine erste ehrenvolle Tat zu sein, dass er zum einen den Meineid des Tissaphernes an den Tag brachte und ihn allen verdächtig machte, auf der anderen Seite aber zeigte, wie er selbst an Eiden festhielt, so auch Verträge nicht breche und alle, Griechen wie Barbaren, dazu brachte, vertrauensvoll mit ihm Verträge zu schließen, wenn er nur wollte.

13. Weil Tissaphernes sich nun überlegen fühlte, da ein Heer vom Großkönig zur Küste herabkam, erklärte er Agesilaos den Krieg für den Fall, dass er Asien nicht verlasse. Die übrigen Bundesgenossen und die anwesenden Lakedaimonier zeigten sich in sehr gedrückter Stimmung, da sie glaubten, dass die Streitmacht, die Agesilaos gegenwärtig hatte, schwächer als das Heer des Großkönigs war. Agesilaos aber forderte mit strahlender Miene die Gesandten auf, dem Tissaphernes zu melden, dass er ihm großen Dank schulde, weil jener durch seinen Eidbruch sich die Götter zu Feinden, den Griechen aber zu Verbündeten gemacht habe. 14. Darauf befahl er den Soldaten sofort, sich für einen Feldzug marschfertig zu machen, und den Städten, durch die er bei seinem Zug nach Karien kommen musste, gab er den Auftrag, für den Verkauf von Lebensmitteln zu sorgen. Den Ioniern, Aioliern und Anrainern des Hellespont trug er auf, ihm die Truppen nach Ephesus zu schicken, die mit ins Feld ziehen sollten.

15. Tissaphernes aber brachte, einerseits weil Agesilaos keine Reiterei besaß und Karien ungeeignet für Reiter war, andererseits weil er meinte, dass dieser ihm wegen seines Täuschungsmanövers zürne, im festen Glauben, Agesilaos werde gegen seine (des Tissaphernes) angestammte Besitzungen in Karien ziehen, das ganze

σεν ἐκεῖσε, τὸ δὲ ἱππικὸν εἰς τὸ Μαιάνδρου πεδίον περιήγαγε, νομίζων ἱκανὸς εἶναι καταπατῆσαι τῇ ἵππῳ τοὺς Ἕλληνας πρὶν εἰς τὰ δύσιππα ἀφικέσθαι. 16. ὁ δὲ Ἀγησίλαος ἀντὶ τοῦ ἐπὶ Καρίαν ἰέναι εὐθὺς ἀντιστρέψας ἐπὶ Φρυγίας ἐπορεύετο· καὶ τάς τε ἐν τῇ πορείᾳ ἀπαντώσας δυνάμεις ἀναλαμβάνων ἦγε καὶ τὰς πόλεις κατεστρέφετο καὶ ἐμβαλὼν ἀπροσδοκήτως παμπληθῆ χρήματα ἔλαβε. 17. στρατηγικὸν οὖν καὶ τοῦτο ἐδόκει διαπράξασθαι, ὅτι ἐπεὶ πόλεμος προερρήθη καὶ τὸ ἐξαπατᾶν ὅσιόν τε καὶ δίκαιον ἐξ ἐκείνου ἐγένετο, παῖδα ἀπέδειξε τὸν Τισσαφέρνην τῇ ἀπάτῃ, φρονίμως δὲ καὶ τοὺς φίλους ἐνταῦθα ἔδοξε πλουτίσαι· 18. ἐπεὶ γὰρ διὰ τὸ πολλὰ χρήματα εἰλῆφθαι ἀντίπροικα τὰ πάντα ἐπωλεῖτο, τοῖς μὲν φίλοις προεῖπεν ὠνεῖσθαι, εἰπὼν ὅτι καταβήσοιτο ἐπὶ θάλατταν ἐν τάχει τὸ στράτευμα κατάγων· τοὺς δὲ λαφυροπώλας ἐκέλευσε γραφομένους ὁπόσου τι πρίαιντο προΐεσθαι τὰ χρήματα. ὥστε οὐδὲν προτελέσαντες οἱ φίλοι αὐτοῦ οὐδὲ τὸ δημόσιον βλάψαντες πάντες παμπληθῆ χρήματα ἔλαβον. 19. ἔτι δὲ ὁπότε αὐτόμολοι ὡς εἰκὸς πρὸς βασιλέα ἰόντα χρήματα ἐθέλοιεν ὑφηγεῖσθαι, καὶ ταῦτα ἐπεμέλετο ὡς διὰ τῶν φίλων ἁλίσκοιτο, ὅπως ἅμα μὲν χρηματίζοιντο, ἅμα δὲ ἐνδοξότεροι γίγνοιντο. διὰ μὲν δὴ ταῦτα εὐθὺς πολλοὺς ἐραστὰς τῆς αὐτοῦ φιλίας ἐποιήσατο.

20. γιγνώσκων δ' ὅτι ἡ μὲν πορθουμένη καὶ ἐρημουμένη χώρα οὐκ ἂν δύναιτο πολὺν χρόνον στράτευμα φέρειν, ἡ δ' οἰκουμένη μὲν σπειρομένη δὲ ἀέναον ἂν τὴν τροφὴν παρέχοι, ἐπεμέλετο οὐ μόνον τοῦ βίᾳ χειροῦσθαι τοὺς ἐναντίους, ἀλλὰ καὶ τοῦ πρᾳότητι προσάγεσθαι. 21. καὶ πολλάκις μὲν προηγόρευε τοῖς στρατιώταις τοὺς ἁλισκομένους μὴ ὡς ἀδίκους

Fußheer dorthin, während er die Reiterei auf Umwegen in die Ebene des Mäander führte, weil er hoffte, mit ihr die Griechen niederreiten zu können, bevor sie in ein für Reiter ungünstiges Gebiet gelangten. 16. Agesilaos aber machte, anstatt nach Karien zu ziehen, plötzlich kehrt und marschierte in entgegengesetzter Richtung auf Phrygien zu. Er nahm die unterwegs entgegenkommenden Streitkräfte auf, führte sie mit sich, unterwarf die Städte und machte, da er unerwartet angriff, sehr große Beute. 17. Würdig eines Feldherrn schien er auch darin gehandelt zu haben, dass er, nachdem der Krieg erklärt und von da an zu täuschen nach göttlichem und menschlichen Recht erlaubt war, Tissaphernes als (unerfahrenes) Kind auf dem Gebiet der Überlistung bloßstellte. Bei dieser Gelegenheit scheint er auch auf kluge Weise seine Freunde bereichert zu haben. 18. Als nämlich wegen der Menge der gemachten Beute alles so gut wie um einen Spottpreis verkauft wurde, forderte er seine Freunde auf, zu kaufen, indem er ankündigte, dass er in Kürze mit dem Heer zur Küste hinabziehen werde. Den mit dem Verkauf der Beute Beauftragten ließ er die erzielten Preise gutschreiben und wies sie an, die Beutestücke abzugeben. So machten alle seine Freunde, ohne dass sie etwas vorausbezahlten und ohne der Staatskasse zu schaden, sehr großen Gewinn. 19. Ferner, sooft Überläufer sich wie selbstverständlich an den König (Agesilaos) wandten und ihm Angaben über Schätze machen wollten, kümmerte er sich darum, dass auch diese von seinen Freunden beschlagnahmt wurden, damit sie einen Gewinn erzielen und zugleich an Ansehen gewinnen könnten. So brachte er sogleich viele dazu, sich um seine Freundschaft zu bewerben.

20. In der Überzeugung, dass in einem geplünderten und verwüsteten Land sich kein Heer lange Zeit halten konnte, während ein bewohntes und kultiviertes ständigen Unterhalt gewährte, sorgte er nicht nur dafür, die Gegner mit Gewalt zu bezwingen, sondern sie auch durch Milde zu gewinnen. 21. Oft schärfte er auch den Soldaten ein, die Gefangenen nicht wie Verbrecher zu

τιμωρεῖσθαι, ἀλλ' ὡς ἀνθρώπους ὄντας φυλάττειν, πολλάκις δὲ ὁπότε μεταστρατοπεδεύοιτο, εἰ αἴσθοιτο καταλελειμμένα παιδάρια μικρὰ ἐμπόρων, ἃ πολλοὶ ἐπώλουν διὰ τὸ νομίζειν μὴ δύνασθαι ἂν φέρειν αὐτὰ καὶ τρέφειν, ἐπεμέλετο καὶ τούτων ὅπως συγκομίζοιντό ποι. 22. τοῖς δ' αὖ διὰ γῆρας καταλειπομένοις αἰχμαλώτοις προσέταττεν ἐπιμελεῖσθαι αὐτῶν, ὡς μήτε ὑπὸ κυνῶν μήθ' ὑπὸ λύκων διαφθείροιντο. ὥστε οὐ μόνον οἱ πυνθανόμενοι ταῦτα, ἀλλὰ καὶ αὐτοὶ οἱ ἁλισκόμενοι εὐμενεῖς αὐτῷ ἐγίγνοντο.

ὁπόσας δὲ πόλεις προσαγάγοιτο, ἀφαιρῶν αὐτῶν ὅσα δοῦλοι δεσπόταις ὑπηρετοῦσι προσέταττεν ὅσα ἐλεύθεροι ἄρχουσι πείθονται· καὶ τῶν κατὰ κράτος ἀναλώτων τειχέων τῇ φιλανθρωπίᾳ ὑπὸ χεῖρα ἐποιεῖτο.

23. ἐπεὶ μέντοι ἀνὰ τὰ πεδία οὐδὲ ἐν τῇ Φρυγίᾳ ἐδύνατο στρατεύεσθαι διὰ τὴν Φαρναβάζου ἱππείαν, ἔδοξεν αὐτῷ ἱππικὸν κατασκευαστέον εἶναι, ὡς μὴ δραπετεύοντα πολεμεῖν δέοι αὐτόν. τοὺς μὲν οὖν πλουσιωτάτους ἐκ πασῶν τῶν ἐκεῖ πόλεων ἱπποτροφεῖν κατέλεξε. 24. προεῖπε δέ, ὅστις παρέχοιτο ἵππον καὶ ὅπλα καὶ ἄνδρα δόκιμον, ὡς ἐξέσοιτο αὐτῷ μὴ στρατεύεσθαι· καὶ ἐποίησεν οὕτως ἕκαστον προθύμως ταῦτα πράττειν ὥσπερ ἄν τις τὸν ὑπὲρ αὐτοῦ ἀποθανούμενον προθύμως μαστεύοι. ἔταξε δὲ καὶ πόλεις ἐξ ὧν δέοι τοὺς ἱππέας παρασκευάζειν, νομίζων ἐκ τῶν ἱπποτρόφων πόλεων εὐθὺς καὶ φρονηματίας μάλιστα ἂν ἐπὶ τῇ ἱππικῇ γενέσθαι. καὶ τοῦτ' οὖν ἀγαστῶς ἔδοξε πρᾶξαι, ὅτι κατεσκεύαστο τὸ ἱππικὸν αὐτῷ καὶ εὐθὺς ἐρρωμένον ἦν καὶ ἐνεργόν.

25. ἐπειδὴ δὲ ἔαρ ὑπέφαινε, συνήγαγε πᾶν τὸ στράτευμα εἰς

bestrafen, sondern sie wie menschliche Wesen zu bewachen. Und oft, wenn er mit dem Heer aufbrach und von Kaufleuten zurückgelassene kleine Kinder bemerkte, welche viele verkauften, weil sie glaubten, sie nicht mitführen und ernähren zu können, sorgte er dafür, dass auch diese irgendwohin mitgenommen wurden. 22. Den altershalber zurückgelassenen Kriegsgefangenen wiederum gab er den Befehl, sich um diese zu sorgen, damit sie nicht von Hunden oder Wölfen aufgefressen würden. Daher waren nicht nur die, die davon hörten, sondern auch die Kriegsgefangenen selbst ihm gewogen.

Alle Städte, die er auf seine Seite brachte, befreite er von den Leistungen, die Sklaven ihren Herren erbringen, und trug ihnen (nur) das auf, worin Freie den Behörden Folge leisten. Und die befestigten Plätze, die er nicht im Sturm nehmen konnte, brachte er zum Teil durch seine menschenfreundliche Behandlung in seine Hände.

23. Da er jedoch auch in Phrygien wegen der Reiterei des Pharnabazos mit dem Heer nicht über offenes Feld ziehen konnte, hielt er es für erforderlich, sich eine Reiterei zu verschaffen, um nicht einen bloßen Rückzugskampf führen zu müssen. Er wählte die Reichsten aus allen dortigen Städten aus, um Pferde zu halten. 24. Zudem machte er bekannt, demjenigen, der ein Pferd, Waffen und einen brauchbaren Mann zur Verfügung stelle, sei es erlassen, am Feldzug teilzunehmen. Und so bewirkte er, dass jeder dies so bereitwillig tat, wie sich einer bereitwillig bemühen würde, jemanden zu finden, der für ihn sterben wollte. Er bestimmte auch die Städte, aus denen die Reiter anzuwerben waren, weil er glaubte, dass aus den Städten, die Pferde züchteten, sogleich auch die mit dem höchsten Selbstbewusstsein ausgestattete Reiterei kommen würde. Auch dies also schien er auf bewundernswerte Art getan zu haben, da er sich eine Reiterei verschaffte, die sogleich stark wie auch zum Dienst geeignet war.

25. Als es Frühling geworden war, zog er das gesamte Heer in

Ἔφεσον· ἀσκῆσαι δὲ καὶ αὐτὸ βουλόμενος ἆθλα προὔθηκε καὶ ταῖς ἱππικαῖς τάξεσιν, ἥτις κράτιστα ἂν ἱππεύοι, καὶ ταῖς ὁπλιτικαῖς, ἥτις ἂν ἄριστα σωμάτων ἔχοι· καὶ πελτασταῖς δὲ καὶ τοξόταις ἆθλα προύθηκεν, οἵτινες κράτιστοι τὰ προσήκοντα ἔργα φαίνοιντο. ἐκ τούτου δὲ παρῆν ὁρᾶν τὰ μὲν γυμνάσια μεστὰ τῶν ἀνδρῶν γυμναζομένων, τὸν δὲ ἱππόδρομον ἱππέων ἱππαζομένων, τοὺς δὲ ἀκοντιστὰς καὶ τοὺς τοξότας ἐπὶ στόχον ἱέντας. 26. ἀξίαν δὲ καὶ ὅλην τὴν πόλιν ἐν ᾗ ἦν θέας ἐποίησεν. ἥ τε γὰρ ἀγορὰ μεστὴ ἦν παντοδαπῶν καὶ ὅπλων καὶ ἵππων ὠνίων, οἵ τε χαλκοτύποι καὶ οἱ τέκτονες καὶ οἱ σιδηρεῖς καὶ σκυτεῖς καὶ γραφεῖς πάντες πολεμικὰ ὅπλα κατεσκεύαζον· ὥστε τὴν πόλιν ὄντως ἂν ἡγήσω πολέμου ἐργαστήριον εἶναι.

27. ἐπερρώσθη δ' ἄν τις κἀκεῖνο ἰδών, Ἀγησίλαον μὲν πρῶτον, ἔπειτα δὲ καὶ τοὺς ἄλλους στρατιώτας ἐστεφανωμένους τε ὅπου ἀπὸ τῶν γυμνασίων ἴοιεν, καὶ ἀνατιθέντας τοὺς στεφάνους τῇ Ἀρτέμιδι. ὅπου γὰρ ἄνδρες θεοὺς μὲν σέβοιεν, πολεμικὰ δὲ ἀσκοῖεν, πειθαρχίαν δὲ μελετῷεν, πῶς οὐκ εἰκὸς ἐνταῦθα πάντα μεστὰ ἐλπίδων ἀγαθῶν εἶναι;

28. ἡγούμενος δὲ καὶ τὸ καταφρονεῖν τῶν πολεμίων ῥώμην τινὰ ἐμβαλεῖν πρὸς τὸ μάχεσθαι, προεῖπε τοῖς κήρυξι τοὺς ὑπὸ τῶν λῃστῶν ἁλισκομένους βαρβάρους γυμνοὺς πωλεῖν. ὁρῶντες οὖν οἱ στρατιῶται λευκοὺς μὲν διὰ τὸ μηδέποτε ἐκδύεσθαι, πίονας δὲ καὶ ἀπόνους διὰ τὸ ἀεὶ ἐπ' ὀχημάτων εἶναι, ἐνόμισαν μηδὲν διοίσειν τὸν πόλεμον ἢ εἰ γυναιξὶ δέοι μάχεσθαι.

προεῖπε δὲ καὶ τοῦτο τοῖς στρατιώταις, ὡς εὐθὺς ἡγήσοιτο τὴν συντομωτάτην ἐπὶ τὰ κράτιστα τῆς χώρας, ὅπως αὐτόθεν αὐτῷ τὰ σώματα καὶ τὴν γνώμην παρασκευάζοιντο ὡς ἀγωνιούμενοι. 29. ὁ μέντοι Τισσαφέρνης ταῦτα μὲν ἐνόμισε λέγειν αὐτὸν πάλιν βουλόμενον ἐξαπατῆσαι, εἰς Καρίαν δὲ νῦν τῷ ὄντι

Ephesus zusammen. Um es zu üben, lobte er Kampfpreise aus, und zwar sowohl für die Kavallerieeinheiten, wer am besten ritt, als auch für die Abteilungen der Schwerbewaffneten, wer in der besten körperlichen Verfassung sei. Auch unter den Leichtbewaffneten und Bogenschützen setzte er Preise für diejenigen aus, welche sich in ihren jeweiligen Fertigkeiten am geschicktesten zeigten. Darauf konnte man die Gymnasien angefüllt mit Leuten sehen, die sich trainierten, die Pferdebahn voll von Reitern, die sich im Reiten übten, dazu Speerwerfer und Bogenschützen, wie sie nach dem Ziel schossen. 26. Die ganze Stadt, in der (Agesilaos) sich aufhielt, machte er sehenswert. Der Marktplatz war voll mit allerhand feilgebotenen Waffen und Pferden; Kupferschmiede, Zimmerleute, Eisenwerker, Sattler und Maler, sie alle verfertigten Kriegswaffen. Daher ließ sich die Stadt in der Tat für eine Kriegswerkstatt halten.

27. Mut fassen konnte auch einer, wenn er sah, wie zuerst Agesilaos, dann auch die übrigen Soldaten bekränzt aus den Gymnasien kamen und die Kränze im Tempel der Artemis als Weihegeschenke aufhingen. Wo nämlich Männer die Götter ehren, sich im Kriegswesen bilden, Disziplin üben, wie sollte da nicht wirklich alles voll großer Hoffnungen sein.

28. Da er der Meinung war, dass die Geringachtung der Feinde eine gewisse Stärke beim Kampf verleihe, erteilte er den Herolden den Befehl, die von Beutemachern gefangenen Barbaren nackt zu verkaufen. Als die Soldaten nun sahen, dass diese von weißer Körperfarbe waren, da sie nie ihre Kleider ablegten, dazu fett und träge, weil sie stets auf Wagen fuhren, da glaubten sie, der Krieg wäre nicht anders, als wenn sie mit Frauen kämpfen müssten.

Er kündigte nun auch den Soldaten an, dass er sie sogleich auf dem kürzesten Weg in die besten Teile des Landes führen werde, damit sie sich schon jetzt mit Leib und Seele zum Kampf rüsteten.

29. Tissaphernes aber meinte, er sage das, weil er ihn wiederum täuschen wolle und nun tatsächlich in Karien einfalle. Also führte

ἐμβαλεῖν. τό τε οὖν πεζὸν καθάπερ τὸ πρόσθεν εἰς Καρίαν διεβίβασε καὶ τὸ ἱππικὸν εἰς τὸ Μαιάνδρου πεδίον κατέστησεν. ὁ δὲ Ἀγησίλαος οὐκ ἐψεύσατο, ἀλλ' ὥσπερ προεῖπεν εὐθὺς εἰς τὸν Σαρδιανὸν τόπον ἐχώρησε, καὶ τρεῖς μὲν ἡμέρας δι' ἐρημίας πολεμίων πορευόμενος πολλὰ τὰ ἐπιτήδεια τῇ στρατιᾷ παρεῖχε· τῇ δὲ τετάρτῃ ἡμέρᾳ ἧκον οἱ τῶν πολεμίων ἱππεῖς. 30. καὶ τῷ μὲν ἄρχοντι τῶν σκευοφόρων εἶπεν ὁ ἡγεμὼν διαβάντι τὸν Πακτωλὸν ποταμὸν στρατοπεδεύεσθαι· αὐτοὶ δὲ κατιδόντες τοὺς τῶν Ἑλλήνων ἀκολούθους ἐσπαρμένους καθ' ἁρπαγὴν πολλοὺς αὐτῶν ἀπέκτειναν. αἰσθόμενος δὲ ὁ Ἀγησίλαος βοηθεῖν ἐκέλευσε τοὺς ἱππέας. οἱ δ' αὖ Πέρσαι ὡς εἶδον τὴν βοήθειαν, ἡθροίσθησαν καὶ ἀντιπαρετάξαντο παμπληθέσι τῶν ἱππέων τάξεσιν. 31. ἔνθα δὴ ὁ Ἀγησίλαος γιγνώσκων ὅτι τοῖς μὲν πολεμίοις οὔπω παρείη τὸ πεζόν, αὐτῷ δὲ οὐδὲν ἀπείη τῶν παρεσκευασμένων, καιρὸν ἡγήσατο μάχην συνάψαι, εἰ δύναιτο. σφαγιασάμενος οὖν τὴν μὲν φάλαγγα εὐθὺς ἦγεν ἐπὶ τοὺς ἀντιτεταγμένους ἱππέας, ἐκ δὲ τῶν ὁπλιτῶν ἐκέλευσε τὰ δέκα ἀφ' ἥβης θεῖν ὁμόσε αὐτοῖς, τοῖς δὲ πελτασταῖς εἶπε δρόμῳ ὑφηγεῖσθαι· παρήγγειλε δὲ καὶ τοῖς ἱππεῦσιν ἐμβάλλειν, ὡς αὐτοῦ τε καὶ παντὸς τοῦ στρατεύματος ἑπομένου. 32. τοὺς μὲν δὴ ἱππέας ἐδέξαντο οἱ ἀγαθοὶ τῶν Περσῶν· ἐπειδὴ δὲ ἅμα πάντα τὰ δεινὰ παρῆν ἐπ' αὐτούς, ἐνέκλιναν, καὶ οἱ μὲν αὐτῶν εὐθὺς ἐν τῷ ποταμῷ ἔπεσον, οἱ δὲ ἄλλοι ἔφευγον. οἱ δὲ Ἕλληνες ἑπόμενοι αἱροῦσι καὶ τὸ στρατόπεδον αὐτῶν. καὶ οἱ μὲν πελτασταὶ ὥσπερ εἰκὸς ἐφ' ἁρπαγὴν ἐτρέποντο· ὁ δὲ Ἀγησίλαος ἔχων κύκλῳ πάντα καὶ φίλια καὶ πολέμια περιεστρατοπεδεύσατο.

33. ὡς δ' ἤκουσε τοὺς πολεμίους ταράττεσθαι διὰ τὸ αἰτιᾶσθαι ἀλλήλους τοῦ γεγενημένου, εὐθὺς ἦγεν ἐπὶ Σάρδεις. κἀκεῖ ἅμα μὲν ἔκαιε καὶ ἐπόρθει τὰ περὶ τὸ ἄστυ, ἅμα δὲ καὶ

er sein Fußheer, wie zuvor, nach Karien und stellte die Reiterei in der Ebene des Mäander auf. Agesilaos aber hatte nicht die Absicht, (ihn) zu täuschen, sondern zog, wie er es angekündigt hatte, in die Gegend von Sardes, und da er drei Tage durch ein Gebiet ohne Feinde marschierte, versorgte er das Heer mit vielen Lebensmitteln. Am vierten Tag kamen die Reiter der Feinde in Sicht. 30. Der Anführer (der Reiterei) wies den Befehlshaber des Trosses an, den Fluss Paktolos zu überschreiten und ein Lager aufzuschlagen. Die Reiter selbst töteten, als sie die Nachhut der Griechen verstreut auf Plünderungszug sahen, viele von ihnen. Sobald er dies sah, befahl Agesilaos seinen Reitern, ihnen zu Hilfe zu kommen. Als die Perser ihrerseits diejenigen erblickten, die zu Hilfe kamen, sammelten sie sich und stellten sich mit ihren gesamten Kavallerieregimentern dem Feind gegenüber auf. 31. Da nun glaubte Agesilaos in Erwägung, dass das feindliche Fußheer noch nicht zur Stelle war, ihm selbst aber alle Waffengattungen zur Verfügung standen, dass der Augenblick gekommen war, die Schlacht zu beginnen. Nachdem er geopfert hatte, führte er die Schlachtreihe sogleich gegen die gegenüber aufgestellten Reiter und gab den zehn jüngsten Jahrgängen unter den Schwerbewaffneten den Befehl, gegen sie vorzustürmen, während er den Leichtbewaffneten befahl, im Laufschritt nachzurücken. Auch den Reitern befahl er anzugreifen, während er selbst und das gesamte Heer folgte. 32. Die Tüchtigen unter den Persern hielten den Reitern stand. Als aber sämtliche der gefürchteten Waffengattungen zugleich zum Einsatz kamen, wandten sie sich zur Flucht. Die einen von ihnen fielen sofort im Fluss, die Übrigen aber entkamen. Die Griechen folgten nach und nahmen auch ihr Lager ein. Die Leichtbewaffneten verlegten sich wie selbstverständlich aufs Plündern, während Agesilaos ein Lager schlug, das alles, Freund und Feind, im Kreis einschloss.

33. Als er aber vernahm, dass die Feinde in Verwirrung geraten waren, weil sie sich gegenseitig die Schuld am Vorgefallenen gaben, zog er sofort nach Sardes. Dort verbrannte und verwüstete er

κηρύγματι ἐδήλου τοὺς μὲν ἐλευθερίας δεομένους ὡς πρὸς σύμμαχον αὐτὸν παρεῖναι· εἰ δέ τινες τὴν Ἀσίαν ἑαυτῶν ποιοῦνται, πρὸς τοὺς ἐλευθεροῦντας διακρινουμένους ἐν ὅπλοις παρεῖναι. 34. ἐπεὶ μέντοι οὐδεὶς ἀντεξῄει, ἀδεῶς δὴ τὸ ἀπὸ τούτου ἐστρατεύετο, τοὺς μὲν πρόσθεν προσκυνεῖν Ἕλληνας ἀναγκαζομένους ὁρῶν τιμωμένους ὑφ' ὧν ὑβρίζοντο, τοὺς δὲ ἀξιοῦντας καὶ τὰς τῶν θεῶν τιμὰς καρποῦσθαι, τούτους ποιήσας μηδ' ἀντιβλέπειν τοῖς Ἕλλησι δύνασθαι, καὶ τὴν μὲν τῶν φίλων χώραν ἀδῄωτον παρέχων, τὴν δὲ τῶν πολεμίων οὕτω καρπούμενος ὥστε ἐν δυοῖν ἐτοῖν πλέον τῶν ἑκατὸν ταλάντων τῷ θεῷ ἐν Δελφοῖς δεκάτην ἀποθῦσαι.

35. ὁ μέντοι Περσῶν βασιλεύς, νομίσας Τισσαφέρνην αἴτιον εἶναι τοῦ κακῶς φέρεσθαι τὰ ἑαυτοῦ, Τιθραύστην καταπέμψας ἀπέτεμεν αὐτοῦ τὴν κεφαλήν. μετὰ δὲ τοῦτο τὰ μὲν τῶν βαρβάρων ἔτι ἀθυμότερα ἐγένετο, τὰ δὲ Ἀγησιλάου πολὺ ἐρρωμενέστερα. ἀπὸ πάντων γὰρ τῶν ἐθνῶν ἐπρεσβεύοντο περὶ φιλίας, πολλοὶ δὲ καὶ ἀφίσταντο πρὸς αὐτόν, ὀρεγόμενοι τῆς ἐλευθερίας, ὥστε οὐκέτι Ἑλλήνων μόνον ἀλλὰ καὶ βαρβάρων πολλῶν ἡγεμὼν ἦν ὁ Ἀγησίλαος.

36. ἄξιόν γε μὴν καὶ ἐντεῦθεν ὑπερβαλλόντως ἄγασθαι αὐτοῦ, ὅστις ἄρχων μὲν παμπόλλων ἐν τῇ ἠπείρῳ πόλεων, ἄρχων δὲ καὶ νήσων, ἐπεὶ καὶ τὸ ναυτικὸν προσῆψεν αὐτῷ ἡ πόλις, αὐξανόμενος δὲ καὶ εὐκλείᾳ καὶ δυνάμει, παρὸν δ' αὐτῷ πολλοῖς καὶ ἀγαθοῖς χρῆσθαι ὅ τι ἐβούλετο, πρὸς δὲ τούτοις τὸ μέγιστον, ἐπινοῶν καὶ ἐλπίζων καταλύσειν τὴν ἐπὶ τὴν Ἑλλάδα στρατεύσασαν πρότερον ἀρχήν, ὅμως ὑπ' οὐδενὸς τούτων ἐκρατήθη, ἀλλ' ἐπειδὴ ἦλθεν αὐτῷ ἀπὸ τῶν οἴκοι τελῶν βοηθεῖν τῇ πατρίδι, ἐπείθετο τῇ πόλει οὐδὲν διαφερόντως ἢ εἰ

die Umgebung der Stadt, gab aber gleichzeitig durch Herolde bekannt, wen es nach Freiheit verlange, der solle zu ihm als einem Verbündeten kommen. Wenn aber einige Asien für sich beanspruchten, dann sollten sie mit den Befreiern um die Entscheidung kämpfen. 34. Als freilich niemand gegen ihn ausrückte, setzte er von dort ungefährdet seinen Feldzug fort. Dabei sah er, dass die früher zur Proskynese gezwungenen Griechen (jetzt) von denen geehrt wurden, von denen sie übel behandelt worden waren, und brachte die, die göttliche Ehren für sich beansprucht hatten, dazu, dass sie den Griechen nicht einmal mehr ins Gesicht schauen konnten. Auch bewahrte er das Land der Freunde vor Verwüstungen, dasjenige der Feinde aber saugte er so aus, dass er binnen zweier Jahre dem Gott in Delphi einen Zehnt von mehr als 100 Talenten als Opfer darbrachte.

35. Der Perserkönig freilich glaubte, dass Tissaphernes an seiner misslichen Lage schuld sei, schickte Tithraustes an die Küste und ließ Tissaphernes enthaupten. Danach wurde die Lage der Barbaren noch misslicher, die des Agesilaos aber besserte sich stark. Von allen Völkern nämlich kamen Gesandte, um einen Freundschaftsvertrag zu schließen, viele auch gingen, die Freiheit erstrebend, auf seine Seite über, so dass Agesilaos nicht mehr nur Führer der Griechen, sondern auch vieler Barbaren war.

36. Auch dadurch verdient er gewiss außerordentliche Bewunderung, dass er, der Herr über sehr viele Städte auf dem Festland war, zugleich auch Herr über manche Insel wurde, nachdem der Staat ihm auch die Flotte anvertraut hatte, er, der an Ruhm und Macht zunahm, dem viele nützliche Mittel zur Verfügung standen, um sie nach Belieben zu gebrauchen, der zudem – was das größte ist – den Plan verfolgte und die Hoffnung hatte, die Macht, die früher gegen Griechenland gezogen war, zu stürzen, dennoch sich von (diesem Gedanken) in keiner Weise beherrschen ließ, sondern, sobald er von den Behörden zuhause die Weisung erhielt, der Vaterstadt zu Hilfe zu kommen, dem Staat gehorchte, gerade-

ἐν τῷ ἐφορείῳ ἔτυχεν ἑστηκὼς μόνος παρὰ τοὺς πέντε, μάλα ἔνδηλον ποιῶν ὡς οὔτε ἂν πᾶσαν τὴν γῆν δέξαιτο ἀντὶ τῆς πατρίδος οὔτε τοὺς ἐπικτήτους ἀντὶ τῶν ἀρχαίων φίλων οὔτε αἰσχρὰ καὶ ἀκίνδυνα κέρδη μᾶλλον ἢ μετὰ κινδύνων τὰ καλὰ καὶ δίκαια. 37. ὅσον γε μὴν χρόνον ἐπὶ τῇ ἀρχῇ ἔμεινε πῶς οὐκ ἀξιεπαίνου βασιλέως καὶ τοῦτ᾽ ἔργον ἐπεδείξατο, ὅστις παραλαβὼν πάσας πόλεις ἐφ᾽ ἃς ἄρξων ἐξέπλευσε στασιαζούσας διὰ τὸ τὰς πολιτείας κινηθῆναι, ἐπεὶ Ἀθηναῖοι τῆς ἀρχῆς ἔληξαν, ἐποίησεν ὥστ᾽ ἄνευ φυγῆς καὶ θανάτων ἕως αὐτὸς παρῆν ὁμονόως πολιτευομένας καὶ εὐδαίμονας τὰς πόλεις διατελέσαι; 38. τοιγαροῦν οἱ ἐν τῇ Ἀσίᾳ Ἕλληνες οὐχ ὡς ἄρχοντος μόνον ἀλλὰ καὶ ὡς πατρὸς καὶ ἑταίρου ἀπιόντος αὐτοῦ ἐλυποῦντο. καὶ τέλος ἐδήλωσαν ὅτι οὐ πλαστὴν τὴν φιλίαν παρείχοντο. ἐθελούσιοι γοῦν αὐτῷ συνεβοήθησαν τῇ Λακεδαίμονι, καὶ ταῦτα εἰδότες ὅτι οὐ χείροσιν ἑαυτῶν δεήσοι μάχεσθαι. τῶν μὲν δὴ ἐν τῇ Ἀσίᾳ πράξεων τοῦτο τέλος ἐγένετο.

II 1. Διαβὰς δὲ τὸν Ἑλλήσποντον ἐπορεύετο διὰ τῶν αὐτῶν ἐθνῶν ὧνπερ ὁ Πέρσης τῷ παμπληθεῖ στόλῳ· καὶ ἣν ἐνιαυσίαν ὁδὸν ὁ βάρβαρος ἐποιήσατο, ταύτην μεῖον ἢ ἐν μηνὶ καθήνυσεν ὁ Ἀγησίλαος. οὐ γὰρ ὡς ὑστερήσειε τῆς πατρίδος προεθυμεῖτο. 2. ἐπεὶ δὲ ἐξαμείψας Μακεδονίαν εἰς Θετταλίαν ἀφίκετο, Λαρισαῖοι μὲν καὶ Κραννώνιοι καὶ Σκοτουσαῖοι καὶ Φαρσάλιοι σύμμαχοι ὄντες Βοιωτοῖς, καὶ πάντες δὲ Θετταλοὶ πλὴν ὅσοι αὐτῶν φυγάδες τότε ὄντες ἐτύγχανον, ἐκακούργουν αὐτὸν ἐφεπόμενοι. ὁ δὲ τέως μὲν ἦγεν ἐν πλαισίῳ τὸ στράτευμα, τοὺς

so als wenn er im Amtsraum der Ephoren allein vor den Fünfen gestanden hätte, wobei er ganz deutlich machte, dass er weder die gesamte Welt gegen seine Vaterstadt tauschen würde noch die neu erworbenen Freunde gegen die alten noch schändlichen und gefahrlos errungenen Gewinn gegen den unter Gefahren gut und ehrlich erworbenen.

37. Zeigte er sich in der ganzen Zeit, in der er im Besitz der Herrschaft blieb, nicht auch dadurch als ein des Lobes würdiger König, dass er, nachdem er alle Städte, über die zu herrschen er abgesegelt war, in Aufruhr vorfand, weil die Verfassungen nach dem Zusammenbruch der Herrschaft der Athener gestürzt waren, es dahin brachte, dass, solange er selbst anwesend war, die Städte ohne Verbannung und Todesurteil einträchtig verwaltet wurden und sich fortwährend im Wohlstand befanden? 38. Deshalb betrauerten auch die Griechen in Asien ihn, als er wegging, nicht nur wie einen Herrscher, sondern sogar wie einen Vater und Freund. Und schließlich bewiesen sie, dass sie keine geheuchelte Freundschaft zur Schau trugen. Freiwillig nämlich zogen sie mit ihm Sparta zu Hilfe, und das, obwohl sie wussten, dass sie nicht mit minderen Gegnern zu kämpfen hatten. Dies war das Ende seiner Taten in Asien.

II 1. Nachdem (Agesilaos) den Hellespont überschritten hatte, durchzog er dieselben Völkerschaften wie der Perser mit seinem gesamten Heeresaufgebot. Und denselben Weg, den der Barbar in einem Jahr zurückgelegt hatte, den bewältigte Agesilaos in weniger als einem Monat. Er wollte nämlich nicht zu spät kommen (für die Rettung) der Vaterstadt. 2. Als er Makedonien durchzogen hatte und nach Thessalien gekommen war, verfolgten ihn die Bewohner von Larisa, Krannon, Skotussa und Pharsalos, die Bundesgenossen der Boioter waren, und alle Thessalier mit Ausnahme derer, die damals gerade in der Verbannung waren, und fügten ihm Schaden zu. Er hatte bis dahin das Heer im Karree geführt,

ἡμίσεις μὲν ἔμπροσθεν, τοὺς ἡμίσεις δὲ ἐπ' οὐρᾷ ἔχων τῶν ἱππέων· ἐπεὶ δ' ἐκώλυον τῆς πορείας αὐτὸν οἱ Θετταλοὶ ἐπιτιθέμενοι τοῖς ὄπισθεν, παραπέμπει ἐπ' οὐρὰν καὶ τὸ ἀπὸ τοῦ προηγουμένου στρατεύματος ἱππικὸν πλὴν τῶν περὶ ἑαυτόν. 3. ὡς δὲ παρετάξαντο ἀλλήλοις, οἱ μὲν Θετταλοί, νομίσαντες οὐκ ἐν καλῷ εἶναι πρὸς τοὺς ὁπλίτας ἱππομαχεῖν, στρέψαντες βάδην ἀπεχώρουν· οἱ δὲ μάλα σωφρόνως ἐφείποντο. γνοὺς δὲ ὁ Ἀγησίλαος ἃ ἑκάτεροι ἡμάρτανον παραπέμπει τοὺς ἀμφ' αὐτὸν μάλ' εὐρώστους ἱππέας, καὶ κελεύει τοῖς τε ἄλλοις παραγγέλλειν καὶ αὐτοὺς διώκειν κατὰ κράτος καὶ μηκέτι δοῦναι αὐτοῖς ἀναστροφήν. οἱ δὲ Θετταλοὶ ὡς εἶδον παρὰ δόξαν ἐλαύνοντας, οἱ μὲν αὐτῶν οὐδ' ἀνέστρεψαν, οἱ δὲ καὶ ἀναστρέφειν πειρώμενοι πλαγίους ἔχοντες τοὺς ἵππους ἡλίσκοντο. 4. Πολύχαρμος μέντοι ὁ Φαρσάλιος ἱππαρχῶν ἀνέστρεψέ τε καὶ μαχόμενος σὺν τοῖς ἀμφ' αὐτὸν ἀποθνῄσκει. ὡς δὲ τοῦτο ἐγένετο, φυγὴ γίγνεται ἐξαισία· ὥσθ' οἱ μὲν ἀπέθνῃσκον αὐτῶν, οἱ δὲ καὶ ζῶντες ἡλίσκοντο. ἔστησαν δ' οὖν οὐ πρόσθεν πρὶν ἢ ἐπὶ τῷ ὄρει τῷ Ναρθακίῳ ἐγένοντο. 5. καὶ τότε μὲν δὴ ὁ Ἀγησίλαος τρόπαιόν τε ἐστήσατο μεταξὺ Πραντὸς καὶ Ναρθακίου· καὶ αὐτοῦ κατέμεινε, μάλα ἡδόμενος τῷ ἔργῳ, ὅτι τοὺς μέγιστον φρονοῦντας ἐφ' ἱππικῇ ἐνενικήκει σὺν ᾧ αὐτὸς ἐμηχανήσατο ἱππικῷ. τῇ δ' ὑστεραίᾳ ὑπερβάλλων τὰ Ἀχαϊκὰ τῆς Φθίας ὄρη τὴν λοιπὴν ἤδη πᾶσαν διὰ φιλίας ἐπορεύθη είς τὰ Βοιωτῶν ὅρια. 6. ἐνταῦθα δὴ ἀντιτεταγμένους εὑρὼν Θηβαίους, Ἀθηναίους, Ἀργείους, Κορινθίους, Αἰνιᾶνας, Εὐβοέας καὶ Λοκροὺς ἀμφοτέρους, οὐδὲν ἐμέλλησεν, ἀλλ' ἐκ τοῦ φανεροῦ ἀντιπαρέ-

die eine Hälfte der Reiter an der Spitze, die andere am Ende des Zuges. Als aber die Thessalier ihn am Weitermarsch hinderten, indem sie die Nachhut angriffen, schickte er auch die Reiter von der Spitze des Zuges mit Ausnahme der Garde, die er um sich hatte, zur Nachhut. 3. Sie standen sich schon in Schlachtordnung gegenüber, da machten die Thessalier in der Meinung kehrt, es sei nicht zweckmäßig, gegen Schwerbewaffnete eine Reiterschlacht zu schlagen, wandten sich um und zogen sich schrittweise zurück. Jene folgen ihnen ziemlich bedächtig. Als Agesilaos aber erkannte, welche Fehler beide Seiten begingen, ließ er die Reiter seiner Garde, besonders kräftige Leute, vorrücken und gab ihnen den Auftrag, den sie auch den anderen melden sollten, den Feind mit aller Kraft zu verfolgen und ihm keine Gelegenheit zur Umkehr zu lassen. Als aber die Thessalier sie wider Erwarten heranrücken sahen, wandten die einen von ihnen sich nicht einmal um, andere aber wurden, als sie sich umzuwenden versuchten, gefangengenommen, während sie noch in der Schwenkung begriffen waren. 4. Der Reiterführer Polycharmos aus Pharsalos konnte umwenden und fiel zusammen mit seinen Leuten im Kampf. Danach setzte eine wilde Flucht ein. So fielen die einen von ihnen, die anderen gerieten lebend in Gefangenschaft. (Die Fliehenden) machten aber nicht Halt, bevor sie zum Berg Narthakion gekommen waren. 5. Darauf errichtete Agesilaos auch ein Siegeszeichen zwischen Pras und Narthakion. Und er blieb dort und freute sich sehr über diesen Erfolg, weil er die, welche so stolz auf ihre Reiterei waren, mit der Reiterei besiegt hatte, die er selbst erst zusammengestellt hatte. Am nächsten Tag überschritt er das Achaische Gebirge in der Phthia und zog den ganzen übrigen Weg durch befreundetes Gebiet bis zu den Grenzen von Boiotien. 6. Hier nun traf er auf die Thebaner, Athener, Argiver, Korinther, Ainianen, Euboier und beiderlei Lokrer, die ihm gegenüber Aufstellung bezogen hatten. Er zögerte keinen Moment, sondern stellte sich offen gegenüber in Schlachtordnung auf, wobei er anderthalb Morai der Lakedaimo-

ταττε, Λακεδαιμονίων μὲν ἔχων μόραν καὶ ἥμισυ, τῶν δ' αὐτόθεν συμμάχων Φωκέας καὶ Ὀρχομενίους μόνους, τό τ' ἄλλο στράτευμα ὅπερ ἠγάγετο αὐτός.

7. καὶ οὐ τοῦτο λέξων ἔρχομαι, ὡς πολὺ μὲν ἐλάττους πολὺ δὲ χείρονας ἔχων ὅμως συνέβαλεν· εἰ γὰρ ταῦτα λέγοιμι, Ἀγησίλαόν τ' ἂν μοι δοκῶ ἄφρονα ἀποφαίνειν καὶ ἐμαυτὸν μωρόν, εἰ ἐπαινοίην τὸν περὶ τῶν μεγίστων εἰκῇ κινδυνεύοντα· ἀλλὰ μᾶλλον τάδ' αὐτοῦ ἄγαμαι, ὅτι πλῆθός τε οὐδὲν μεῖον ἢ τὸ τῶν πολεμίων παρεσκευάσατο, ὥπλισέν τε οὕτως ὡς ἅπαντα μὲν χαλκόν, ἅπαντα δὲ φοινικᾶ φαίνεσθαι· 8. ἐπεμελήθη δ' ὅπως οἱ στρατιῶται τοὺς πόνους δυνήσοιντο ὑποφέρειν· ἐνέπλησε δὲ καὶ φρονήματος τὰς ψυχὰς αὐτῶν, ὡς ἱκανοὶ εἶεν πρὸς οὕστινας δέοι μάχεσθαι· ἔτι δὲ φιλονικίαν ἐνέβαλε πρὸς ἀλλήλους τοῖς μετ' αὐτοῦ ὅπως ἕκαστοι αὐτῶν ἄριστοι φαίνοιντο. ἐλπίδων γε μὴν πάντας ἐνέπλησεν ὡς πᾶσι πολλὰ κἀγαθὰ ἔσοιτο, εἰ ἄνδρες ἀγαθοὶ γίγνοιντο, νομίζων ἐκ τῶν τοιούτων ἀνθρώπους προθυμότατα τοῖς πολεμίοις μάχεσθαι. 9. καὶ μέντοι οὐκ ἐψεύσθη

διηγήσομαι δὲ καὶ τὴν μάχην· καὶ γὰρ ἐγένετο οἵαπερ οὐκ ἄλλη τῶν ἐφ' ἡμῶν. συνῆσαν μὲν γὰρ εἰς τὸ κατὰ Κορώνειαν πεδίον οἱ μὲν σὺν Ἀγησιλάῳ ἀπὸ τοῦ Κηφισοῦ, οἱ δὲ σὺν τοῖς Θηβαίοις ἀπὸ τοῦ Ἑλικῶνος. ἑώρων δὲ τάς τε φάλαγγας ἀλλήλων μάλα ἰσοπάλους, σχεδὸν δὲ καὶ οἱ ἱππεῖς ἦσαν ἑκατέρων ἰσοπληθεῖς. εἶχε δὲ ὁ Ἀγησίλαος μὲν τὸ δεξιὸν τοῦ μεθ' ἑαυτοῦ, Ὀρχομένιοι δὲ ἔσχατοι ἦσαν αὐτῷ τοῦ εὐωνύμου. οἱ δ' αὖ Θηβαῖοι αὐτοὶ μὲν δεξιοὶ ἦσαν, Ἀργεῖοι δ' αὐτοῖς τὸ εὐώνυμον εἶχον.

10. συνιόντων δὲ τέως μὲν σιγὴ πολλὴ ἦν ἀπ' ἀμφοτέρων· ἡνίκα δὲ ἀπεῖχον ἀλλήλων ὅσον στάδιον, ἀλαλάξαντες οἱ

nier, von den Bundesgenossen aus den dortigen Gegenden allein die Phoker und Orchomenier und dazu das übrige Heer, das er selbst führte, zur Verfügung hatte.

7. Ich will damit nicht behaupten, dass er viel weniger und viel schlechtere Truppen besaß und gleichwohl die Schlacht annahm. Wenn ich dies sagen würde, ließe ich meines Erachtens Agesilaos als unvernünftig erscheinen und mich selbst als einen Dummkopf, insofern ich jemanden loben würde, der unüberlegt alles aufs Spiel setzte. Vielmehr bewundere ich an ihm, dass er ein an Umfang nicht kleineres Heer als das der Feinde ausrüstete und so bewaffnete, dass alles von Bronze und Purpur glänzte 8. Er sorgte dafür, dass die Soldaten in der Lage waren, Strapazen auf sich zu nehmen. Auch verschaffte er ihnen Selbstvertrauen, so dass sie fähig waren, mit jedwedem Feind zu kämpfen. Zudem befeuerte er seine Leute mit einem solchen Wetteifer untereinander, dass sich jeder von ihnen als der Beste zeigen wollte. Er beseelte alle auch mit der Hoffnung, dass ihnen allen viele Vorteile entstünden, wenn sie sich nur als tüchtige Männer erwiesen, weil er glaubte, dass Menschen unter solchen Bedingungen am bereitwilligsten mit den Feinden kämpften. 9. Und er täuschte sich nicht.

Ich will aber auch von der Schlacht berichten. Sie verlief nämlich so wie keine andere in unserer Zeit. In der Ebene von Koroneia trafen nämlich aufeinander die Leute des Agesilaos vom Tal des Kephisos und die Verbündeten der Thebaner vom Helikon-Gebirge her. Sie sahen aber die Schlachtreihen (der Hopliten) ziemlich ebenbürtig, auch die Reiter beider Seiten waren fast von gleicher Zahl. Agesilaos hielt den rechten Flügel, die Orchomenier bildeten den äußersten linken Flügel. Die Thebaner selbst wiederum nahmen den rechten Flügel ein, die Argiver standen auf ihrem linken.

10. Während sie gegeneinander vorrückten, herrschte eine Zeitlang auf beiden Seiten tiefes Schweigen. Als sie aber (nur noch) ein Stadion voneinander entfernt waren, erhoben die Thebaner ein

Θηβαῖοι δρόμῳ ὁμόσε ἐφέροντο. ὡς δὲ τριῶν ἔτι πλέθρων ἐν μέσῳ ὄντων ἀντεξέδραμον ἀπὸ τῆς Ἀγησιλάου φάλαγγος ὧν Ἡριππίδας ἐξενάγει 11. (ἦσαν δ' οὗτοι τῶν τε ἐξ οἴκου αὐτῷ συστρατευσαμένων καὶ τῶν Κυρείων τινές), καὶ Ἴωνες δὲ καὶ Αἰολεῖς καὶ Ἑλλησπόντιοι ἐχόμενοι.

καὶ πάντες οὗτοι τῶν συνεκδραμόντων τε ἐγένοντο καὶ εἰς δόρυ ἀφικόμενοι ἐτρέψαντο τὸ καθ' ἑαυτούς. Ἀργεῖοι μέντοι οὐκ ἐδέξαντο τοὺς ἀμφ' Ἀγησίλαον, ἀλλ' ἔφυγον ἐπὶ τὸν Ἑλικῶνα. κἀνταῦθα οἱ μέν τινες τῶν ξένων ἐστεφάνουν ἤδη τὸν Ἀγησίλαον, ἀγγέλλει δέ τις αὐτῷ ὅτι Θηβαῖοι τοὺς Ὀρχομενίους διακόψαντες ἐν τοῖς σκευοφόροις εἰσί. καὶ ὁ μὲν εὐθὺς ἐξελίξας τὴν φάλαγγα ἦγεν ἐπ' αὐτούς· οἱ δ' αὖ Θηβαῖοι ὡς εἶδον τοὺς συμμάχους πρὸς τῷ Ἑλικῶνι πεφευγότας, διαπεσεῖν βουλόμενοι πρὸς τοὺς ἑαυτῶν ἐχώρουν ἐρρωμένως.

12. ἐνταῦθα δὴ Ἀγησίλαον ἀνδρεῖον μὲν ἔξεστιν εἰπεῖν ἀναμφιλόγως, οὐ μέντοι εἵλετό γε τὰ ἀσφαλέστατα· ἐξὸν γὰρ αὐτῷ παρέντι τοὺς διαπίπτοντας ἑπομένῳ χειροῦσθαι τοὺς ὄπισθεν οὐκ ἐποίησε τοῦτο, ἀλλ' ἀντιμέτωπος συνέρραξε τοῖς Θηβαίοις. καὶ συμβαλόντες τὰς ἀσπίδας ἐωθοῦντο, ἐμάχοντο, ἀπέκτεινον, ἀπέθνῃσκον. καὶ κραυγὴ μὲν οὐδεμία παρῆν, οὐ μὴν οὐδὲ σιγή, φωνὴ δέ τις ἦν τοιαύτη οἵαν ὀργή τε καὶ μάχη παράσχοιτ' ἄν. τέλος δὲ τῶν Θηβαίων οἱ μὲν διαπίπτουσι πρὸς τὸν Ἑλικῶνα, πολλοὶ δ' ἀποχωροῦντες ἀπέθανον.

13. ἐπειδὴ δὲ ἡ μὲν νίκη σὺν Ἀγησιλάῳ ἐγένετο, τετρωμένος δ' αὐτὸς προσηνέχθη πρὸς τὴν φάλαγγα, προσελάσαντές τινες τῶν ἱππέων λέγουσιν αὐτῷ ὅτι τῶν πολεμίων ὀγδοήκοντα σὺν

lautes Geschrei und stürzten im Laufschritt (dem Feind) entgegen. Da ungefähr noch drei Plethren zwischen ihnen lagen, stürmten aus der Schlachtreihe des Agesilaos die Söldner, die Herippidas führte, dagegen an. 11. Sie bestanden aus denen, die von zu Hause (mit Agesilaos) ins Feld gezogen waren und einigen von den Kyreern, dicht gefolgt von den Ioniern, den Aioliern sowie denen vom Hellespont.

Diese alle stürmten zusammen vor und schlugen, als sie auf Speerwurfweite herangekommen waren, die ihnen gegenüber Stehenden in die Flucht. Die Argiver freilich ließen es gar nicht erst zum Kampf mit den Truppen des Agesilaos kommen, sondern flohen gleich in Richtung Helikon. Darauf wollten schon einige der Söldner den Agesilaos bekränzen, als ihm jemand meldete, die Thebaner hätten die Reihen der Orchomenier durchbrochen und seien beim Tross. Und sogleich ließ er die Schlachtreihe eine Kehrtwendung machen und führte sie gegen die Thebaner. Diese wiederum wollten, als sie sahen, dass ihre Verbündeten zum Helikon geflohen waren, sich zu den Ihrigen durchschlagen und zogen sich in fester Haltung zurück.

12. An dieser Stelle lässt sich Agesilaos ohne Widerrede mutig nennen, das Sicherste war es freilich nicht, was er wählte. Es wäre ihm nämlich möglich gewesen, die durchbrechenden (Thebaner) vorbeizulassen, um ihnen dann zu folgen und die Nachhut zu überwältigen, aber er machte dies nicht, sondern drang Front gegen Front gegen die Thebaner vor. Sie wurden handgemein, stießen Schild gegen Schild, kämpften, töteten und wurden getötet. Es gab kein Geschrei, aber es war auch keine Stille, es entstand ein bestimmtes Getöse, wie es Erbitterung und Kampf gewöhnlich mit sich bringen. Schließlich schlug sich ein Teil der Thebaner zum Helikon durch, viele aber starben auf dem Rückzug.

13. Als der Sieg auf Seiten des Agesilaos feststand und er selbst verwundet hinter die Schlachtreihe zurückgetragen worden war, ritten einige Reiter heran und meldeten ihm, dass sich 80 der

τοῖς ὅπλοις ὑπὸ τῷ ναῷ εἰσι, καὶ ἠρώτων τί χρὴ ποιεῖν. ὁ δὲ καίπερ πολλὰ τραύματα ἔχων πάντοσε καὶ παντοίοις ὅπλοις ὅμως οὐκ ἐπελάθετο τοῦ θείου, ἀλλ' ἐᾶν τε ἀπιέναι ὅποι βούλοιντο ἐκέλευε καὶ ἀδικεῖν οὐκ εἴα, καὶ προπέμψαι ἐπέταξε τοὺς ἀμφ' αὐτὸν ἱππεῖς ἔστε ἐν τῷ ἀσφαλεῖ ἐγένοντο.

14. ἐπεί γε μὴν ἔληξεν ἡ μάχη, παρῆν δὴ θεάσασθαι ἔνθα συνέπεσον ἀλλήλοις τὴν μὲν γῆν αἵματι πεφυρμένην, νεκροὺς δὲ κειμένους φιλίους καὶ πολεμίους μετ' ἀλλήλων, ἀσπίδας δὲ διατεθρυμμένας, δόρατα συντεθραυσμένα, ἐγχειρίδια γυμνὰ κολεῶν, τὰ μὲν χαμαί, τὰ δ' ἐν σώματι, τὰ δ' ἔτι μετὰ χεῖρας. 15. τότε μὲν οὖν (καὶ γὰρ ἦν ἤδη ὀψέ) συνελκύσαντες τοὺς τῶν πολεμίων νεκροὺς εἴσω φάλαγγος ἐδειπνοποιήσαντο καὶ ἐκοιμήθησαν· πρῴ δὲ Γῦλιν τὸν πολέμαρχον παρατάξαι τε ἐκέλευσε τὸ στράτευμα καὶ τρόπαιον ἵστασθαι καὶ στεφανοῦσθαι πάντας τῷ θεῷ καὶ τοὺς αὐλητὰς πάντας αὐλεῖν. 16. καὶ οἱ μὲν ταῦτ' ἐποίουν· οἱ δὲ Θηβαῖοι ἔπεμψαν κήρυκα, ὑποσπόνδους τοὺς νεκροὺς αἰτοῦντες θάψαι. καὶ οὕτως δὴ αἵ τε σπονδαὶ γίγνονται καὶ ὁ Ἀγησίλαος οἴκαδε ἀπεχώρει, ἑλόμενος ἀντὶ τοῦ μέγιστος εἶναι ἐν τῇ Ἀσίᾳ οἴκοι τὰ νόμιμα μὲν ἄρχειν, τὰ νόμιμα δὲ ἄρχεσθαι.

17. ἐκ δὲ τούτου κατανοήσας τοὺς Ἀργείους τὰ μὲν οἴκοι καρπουμένους, Κόρινθον δὲ προσειληφότας, ἡδομένους δὲ τῷ πολέμῳ, στρατεύει ἐπ' αὐτούς· καὶ δῃώσας πᾶσαν αὐτῶν τὴν χώραν εὐθὺς ἐκεῖθεν ὑπερβαλὼν κατὰ τὰ στενὰ εἰς Κόρινθον αἱρεῖ τὰ ἐπὶ τὸ Λέχαιον τείνοντα τείχη· καὶ ἀναπετάσας τῆς Πελοποννήσου τὰς πύλας οὕτως οἴκαδε ἀπελθὼν εἰς τὰ Ὑακίν-

Feinde mit ihren Waffen im Tempel aufhielten, und fragten, was zu tun sei. Obwohl er selbst von verschiedensten Waffen am ganzen Körper verwundet war, vergaß er dennoch der Gottheit nicht, sondern gab Befehl, sie abziehen zu lassen, wohin sie wollten, und ließ nicht zu, dass ihnen Unrecht geschah. Auch befahl er den Reitern, die er um sich hatte, sie zu geleiten, bis sie in Sicherheit waren.

14. Als die Schlacht beendet war, konnte man dort, wo sie aufeinanderprallten, sehen, wie die Erde mit Blut getränkt war, wie die Toten, Freund und Feind, nebeneinanderlagen, wie die Schilde zerschlagen, die Speere zerbrochen waren, wie die Dolche ohne Scheide bloß waren, teils auf der Erde lagen, teils in Körper gebohrt waren, teils noch in den Fäusten steckten. 15. Dann, es war nämlich bereits spät, trugen sie die gefallenen Feinde innerhalb ihrer Schlachtlinie zusammen, bereiteten sich ihre Mahlzeit zu und legten sich schlafen. Frühmorgens aber ließ (Agesilaos) den Polemarchen Gylis das Heer aufstellen, ein Siegeszeichen errichten, alle dem Gott zu Ehren bekränzen und alle Flötenspieler aufspielen. 16. Während sie dies taten, schickten die Thebaner einen Herold und baten, im Schutz eines Waffenstillstands ihre Toten begraben zu dürfen. Und so wurde ein Waffenstillstand geschlossen, Agesilaos aber kehrte nach Hause zurück, wobei er es vorzog, anstatt in Asien der Mächtigste zu sein, zu Hause gemäß dem Gesetz zu herrschen und sich gemäß dem Gesetz beherrschen zu lassen.

17. Danach, da er mitansehen musste, dass die Argiver im ruhigen Besitz des Ihrigen waren, Korinth in Besitz genommen und ihre Freude am Krieg hatten, zog er gegen jene. Nachdem er ihr ganzes Land verwüstet hatte und von dort sogleich durch die Engpässe nach Korinth gezogen war, nahm er die nach dem Lechaion sich hinziehenden Mauern. Als somit die Tore zur Peloponnes geöffnet waren, kehrte er zum Fest der Hyakinthien nach

θια ὅπου ἐτάχθη ὑπὸ τοῦ χοροποιοῦ τὸν παιᾶνα τῷ θεῷ συνεπετέλει.

18. ἐκ τούτου δὲ αἰσθανόμενος τοὺς Κορινθίους πάντα μὲν τὰ κτήνη ἐν τῷ Πειραίῳ σῳζομένους, πᾶν δὲ τὸ Πείραιον σπείροντας καὶ καρπουμένους, μέγιστον δὲ ἡγησάμενος ὅτι Βοιωτοὶ ταύτῃ ἐκ Κρεύσιος ὁρμώμενοι εὐπετῶς τοῖς Κορινθίοις παρεγίγνοντο, στρατεύει ἐπὶ τὸ Πείραιον. ἰδὼν δὲ ὑπὸ πολλῶν φυλαττόμενον, ὡς ἐνδιδομένης τῆς πόλεως ἐξ ἀρίστου μετεστρατοπεδεύσατο πρὸς τὸ ἄστυ· 19. αἰσθόμενος δὲ ὑπὸ νύκτα βεβοηθηκότας ἐκ τοῦ Πειραίου εἰς τὴν πόλιν πασσυδίᾳ, ὑποστρέψας ἅμα τῇ ἡμέρᾳ αἱρεῖ τὸ Πείραιον, ἔρημον εὑρὼν φυλακῆς, καὶ τά τε ἄλλα τὰ ἐνόντα λαμβάνει καὶ τὰ τείχη ἃ ἐνετετείχιστο.

20. ταῦτα δὲ ποιήσας οἴκαδε ἀπεχώρησε. μετὰ δὲ ταῦτα προθύμων ὄντων τῶν Ἀχαιῶν εἰς τὴν συμμαχίαν καὶ δεομένων συστρατεύειν αὐτοῖς εἰς Ἀκαρνανίαν ... καὶ ἐπιθεμένων ἐν στενοῖς τῶν Ἀκαρνάνων καταλαβὼν τοῖς ψιλοῖς τὰ ὑπὲρ κεφαλῆς αὐτῶν μάχην συνάπτει καὶ πολλοὺς ἀποκτείνας αὐτῶν τρόπαιον ἐστήσατο, καὶ οὐ πρότερον ἔληξε πρὶν Ἀχαιοῖς μὲν φίλους ἐποίησεν Ἀκαρνᾶνας καὶ Αἰτωλοὺς καὶ Ἀργείους, ἑαυτῷ δὲ καὶ συμμάχους.

21. ἐπειδὴ δὲ εἰρήνης ἐπιθυμήσαντες οἱ πολέμιοι ἐπρεσβεύοντο, Ἀγησίλαος ἀντεῖπε τῇ εἰρήνῃ, ἕως τοὺς διὰ Λακεδαιμονίους φυγόντας Κορινθίων καὶ Θηβαίων ἠνάγκασε τὰς πόλεις οἴκαδε καταδέξασθαι. ὕστερον δ' αὖ καὶ Φλειασίων τοὺς διὰ Λακεδαιμονίους φυγόντας κατήγαγεν, αὐτὸς στρατευσάμενος ἐπὶ Φλειοῦντα. εἰ δέ τις ἄλλῃ πῃ ταῦτα μέμφεται, ἀλλ' οὖν φιλεταιρίᾳ γε πραχθέντα φανερά ἐστι. 22. καὶ γὰρ ἐπεὶ τοὺς ἐν

Hause zurück, wo er, vom Chorführer angewiesen, dem Gott den feierlichen Siegesgesang darbrachte.

18. Als er daraufhin erfuhr, dass die Korinther nicht nur alle ihre Viehherden nach dem Peiraion in Sicherheit brachten, sondern im ganzen Peiraion auch aussäten und ernteten, hielt er es für äußerst bedenklich, dass die Boioter, wenn sie auf diesem Weg von Kreusis aufbrachen, leicht den Korinthern zu Hilfe kommen konnten, und unternahm einen Feldzug gegen das Peiraion. Da er sah, dass es stark besetzt war, verlegte er sogleich nach dem Frühmahl sein Lager vor die Stadt (Korinth), als könne die Stadt durch Verrat genommen werden. 19. Auf die Beobachtung hin, dass sie während der Nacht mit allen Truppen aus dem Peiraion der Stadt zu Hilfe gezogen waren, kehrte er mit Tagesanbruch um, fand das Peiraion frei von Besatzung und nahm nicht nur alles darin Vorgefundene in Besitz, sondern auch die dort erbaute Befestigungsanlage. Danach kehrte er nach Hause zurück.

20. Als danach die Achaier, die eifrige Verbündete waren, darum baten, mit ihnen gegen Akarnanien zu ziehen … und die Akarnanen in den Engpässen einen Angriff machten, besetzte (Agesilaos) mit den Leichtbewaffneten die Höhen über ihnen, begann den Kampf, tötete viele von ihnen, errichtete ein Siegesmal und ließ nicht ab, bevor er die Akarnanen, Aitolier und Argiver den Achaiern zu Freunden, sich aber zu Bundesgenossen gemacht hatte.

21. Als die Feinde den Frieden ersehnten und Gesandte schickten, widersprach Agesilaos dem Frieden, bis er es durchgesetzt hatte, dass die um der Lakedaimonier willen geflüchteten Korinther und Thebaner von ihren Städten wieder zu Hause aufgenommen wurden. Ebenso führte er später auch die wegen der Lakedaimonier verbannten Phleiasier zurück, wozu er selbst einen Feldzug gegen Phleius unternahm. Wenn jemand dies in anderer Hinsicht tadelt, so ist doch offenkundig, dass es aus Verbundenheit mit den Freunden geschah. 22. Denn auch als ihre Gegner die Anhänger

Θήβαις τῶν Λακεδαιμονίων κατέκανον οἱ ἐναντίοι, βοηθῶν αὖ τούτοις στρατεύει ἐπὶ τὰς Θήβας. εὑρὼν δὲ ἀποτεταφρευμένα καὶ ἀπεσταυρωμένα ἅπαντα, ὑπερβὰς τὰς Κυνὸς κεφαλὰς ἐδῄου τὴν χώραν μέχρι τοῦ ἄστεως, παρέχων καὶ ἐν πεδίῳ καὶ ἀνὰ τὰ ὄρη μάχεσθαι Θηβαίοις, εἰ βούλοιντο. ἐστράτευσε δὲ καὶ τῷ ἐπιόντι ἔτει πάλιν ἐπὶ Θήβας· καὶ ὑπερβὰς τὰ κατὰ Σκῶλον σταυρώματα καὶ τάφρους ἐδῄωσε τὰ λοιπὰ τῆς Βοιωτίας.

23. τὰ μὲν δὴ μέχρι τούτου κοινῇ αὐτός τε καὶ ἡ πόλις ηὐτύχει· ὅσα γε μὴν μετὰ τοῦτο σφάλματα ἐγένοντο οὐδεὶς ἂν εἴποι ὡς Ἀγησιλάου ἡγουμένου ἐπράχθη. ἐπεὶ δ' αὖ τῆς ἐν Λεύκτροις συμφορᾶς γεγενημένης κατακαίνουσι τοὺς ἐν Τεγέᾳ φίλους καὶ ξένους αὐτοῦ οἱ ἀντίπαλοι σὺν Μαντινεῦσι, συνεστηκότων ἤδη Βοιωτῶν τε πάντων καὶ Ἀρκάδων καὶ Ἠλείων, στρατεύει σὺν μόνῃ τῇ Λακεδαιμονίων δυνάμει, πολλῶν νομιζόντων οὐδ' ἂν ἐξελθεῖν Λακεδαιμονίους πολλοῦ χρόνου ἐκ τῆς αὐτῶν. δῃώσας δὲ τὴν χώραν τῶν κατακανόντων τοὺς φίλους οὕτως αὖ οἴκαδε ἀπεχώρησεν.

24. ἀπό γε μὴν τούτου ἐπὶ τὴν Λακεδαίμονα στρατευσαμένων Ἀρκάδων τε πάντων καὶ Ἀργείων καὶ Ἠλείων καὶ Βοιωτῶν, καὶ σὺν αὐτοῖς Φωκέων καὶ Λοκρῶν ἀμφοτέρων καὶ Θετταλῶν καὶ Αἰνιάνων καὶ Ἀκαρνάνων καὶ Εὐβοέων, πρὸς δὲ τούτοις ἀφεστηκότων μὲν τῶν δούλων, πολλῶν δὲ περιοικίδων πόλεων, καὶ αὐτῶν Σπαρτιατῶν οὐ μειόνων ἀπολωλότων ἐν τῇ ἐν Λεύκτροις μάχῃ ἢ λειπομένων, ὅμως διεφύλαξε τὴν πόλιν, καὶ ταῦτα ἀτείχιστον οὖσαν, ὅπου μὲν τῷ παντὶ πλέον ἂν εἶχον οἱ πολέμιοι, οὐκ ἐξάγων ἐνταῦθα, ὅπου δὲ οἱ πολῖται πλέον ἕξειν ἔμελλον, εὐρώστως παρατεταγμένος, νομίζων εἰς μὲν τὸ

der Lakedaimonier in Theben getötet hatten, da zog er wiederum, um diese zu rächen, gegen Theben. Als er aber alles durch Gräben verschanzt und Palisaden gesichert vorfand, überstieg er die Höhen von Kynoskephalai und verwüstete das Land bis hin zur Stadt, wobei er den Thebanern in der Ebene und auf den Bergen eine Schlacht nach deren Belieben anbot. Auch im folgenden Jahr zog er wieder gegen Theben. Und nachdem er die Verschanzungen und die Gräben bei Skolos überwunden hatte, verwüstete er das übrige Gebiet Boiotiens.

23. Bis hierher waren beide, er selbst wie auch die Stadt, vom Glück begünstigt. Von den Misserfolgen aber, die danach eintraten, könnte niemand sagen, dass sie unter Agesilaos' Führung geschahen. Als wiederum nach dem Unglück von Leuktra die Gegner im Bund mit den Mantineern seine Freunde in Tegea und seine Gastfreunde getötet hatten, führte er, nachdem sich alle Boioter, Arkader und Eleier bereits zu einem Bündnis vereinigt hatten, allein mit der Heeresmacht der Lakedaimonier einen Feldzug, obwohl viele der Meinung waren, dass die Lakedaimonier auf lange Zeit hin nicht aus ihrem Land ausrücken könnten. Nachdem er aber das Land derer, die seine Freunde getötet hatten, verwüstet hatte, kehrte er wieder nach Hause zurück.

24. Als danach alle Arkader, die Argiver, Eleier und Boioter und mit ihnen die Phoker, beide Lokrer, die Thessalier, Ainianen, Akarnanen und Euboier einen Feldzug gegen Sparta unternahmen, außerdem die Sklaven und viele von den Städten der Perioiken abgefallen waren, von den Spartanern selbst die Zahl der Gefallenen in der Schlacht von Leuktra nicht kleiner war als die der Überlebenden, hat (Agesilaos) dennoch die Stadt bewahrt, und dies, obgleich sie keine Mauern besaß, indem er da, wo der Feind in jeder Beziehung überlegen war, keine Truppen herausführte, und dort, wo seine Bürger im Vorteil sein mussten, sich mutig entgegenstellte, hierbei erwägend, dass er, wenn er auf die Ebene hinaus rücke, von allen Seiten umzingelt werde, dass er

πλατὺ ἐξιὼν πάντοθεν ἂν περιέχεσθαι, ἐν δὲ τοῖς στενοῖς καὶ ὑπερδεξίοις τόποις ὑπομένων τῷ παντὶ κρατεῖν ἄν.

25. ἐπεί γε μὴν ἀπεχώρησε τὸ στράτευμα, πῶς οὐκ ἂν φαίη τις αὐτὸν εὐγνωμόνως χρῆσθαι ἑαυτῷ; ὡς γὰρ τοῦ στρατεύεσθαι αὐτὸν καὶ πεζῇ καὶ ἐφ' ἵππων ἀπεῖργεν ἤδη τὸ γῆρας, χρημάτων δὲ ἑώρα τὴν πόλιν δεομένην, εἰ μέλλοι σύμμαχόν τινα ἕξειν, ἐπὶ τὸ πορίζειν ταῦτα ἑαυτὸν ἔταξε. καὶ ὅσα μὲν ἐδύνατο οἴκοι μένων ἐμηχανᾶτο, ἃ δὲ καιρὸς ἦν οὐκ ὤκνει μετιέναι, οὐδ' ᾐσχύνετο, εἰ μέλλοι τὴν πόλιν ὠφελήσειν, πρεσβευτὴς ἐκπορευόμενος ἀντὶ στρατηγοῦ. 26. ὅμως δὲ καὶ ἐν τῇ πρεσβείᾳ μεγάλου στρατηγοῦ ἔργα διεπράξατο. Αὐτοφραδάτης τε γὰρ πολιορκῶν ἐν Ἄσσῳ Ἀριοβαρζάνην σύμμαχον ὄντα δείσας Ἀγησίλαον φεύγων ᾤχετο· Κότυς δ' αὖ Σηστὸν πολιορκῶν Ἀριοβαρζάνου ἔτι οὖσαν λύσας καὶ οὗτος τὴν πολιορκίαν ἀπηλλάγη· ὥστ' οὐκ ἀλόγως καὶ ἀπὸ τῆς πρεσβείας τρόπαιον τῶν πολεμίων εἱστήκει αὐτῷ. Μαύσωλός γε μὴν κατὰ θάλατταν ἑκατὸν ναυσὶ πολιορκῶν ἀμφότερα τὰ χωρία ταῦτα οὐκέτι δείσας ἀλλὰ πεισθεὶς ἀπέπλευσεν οἴκαδε. 27. κἀνταῦθα οὖν ἄξια θαύματος διεπράξατο· οἵ τε γὰρ εὖ πεπονθέναι νομίζοντες ὑπ' αὐτοῦ καὶ οἱ φεύγοντες αὐτὸν χρήματα ἀμφότεροι ἔδοσαν. Ταχώς γε μὴν καὶ Μαύσωλος, διὰ τὴν πρόσθεν Ἀγησιλάου ξενίαν συμβαλόμενος καὶ οὗτος χρήματα τῇ Λακεδαίμονι, ἀπέπεμψαν αὐτὸν οἴκαδε προπομπὴν δόντες μεγαλοπρεπῆ. 28. ἐκ δὲ τούτου ἤδη μὲν ἔτη ἐγεγόνει ἀμφὶ τὰ ὀγδοήκοντα· κατανενοηκὼς δὲ τὸν Αἰγυπτίων βασιλέα ἐπιθυμοῦντα τῷ Πέρσῃ πολεμεῖν, καὶ πολλοὺς μὲν πεζούς, πολλοὺς δὲ ἱππέας, πολλὰ δὲ χρήματα ἔχοντα, ἄσμενος ἤκουσεν ὅτι μετεπέμπετο αὐτόν, καὶ ταῦτα ἡγεμονίαν ὑπισχνούμενος. 29. ἐνόμιζε γὰρ τῇ

aber, wenn er an engen und hochgelegenen Orten bleibe, in jeder Hinsicht der Stärkere sei.

25. Nachdem das Heer (der Feinde) abgezogen war, wie könnte da jemand bestreiten, dass er sich uneigennützig verhielt? Weil ihm nämlich sein hohes Alter bereits verbot, zu Fuß oder zu Pferd ins Feld zu ziehen, er aber sah, dass die Stadt Geldmittel benötigte, wenn sie irgendeinen Bundesgenossen haben wollte, übernahm er aus freien Stücken deren Beschaffung. Was möglich war, versuchte er zu bewerkstelligen, indem er zu Hause blieb, wo es aber von Vorteil war, auswärts zu wirken, zögerte er nicht und scheute sich nicht, wenn es für die Stadt von Nutzen zu sein versprach, als Gesandter statt als Feldherr die Stadt zu verlassen. 26. Doch auch als Gesandter vollbrachte er die Taten eines großen Feldherrn. Autophradates nämlich, der in Assos den Ariobarzanes, einen Verbündeten (der Spartaner) belagerte, fürchtete Agesilaos und zog sich eilends zurück. Kotys wiederum, der Sestos belagerte, das noch Ariobarzanes gehörte, hob die Belagerung auf und zog ab. Daher wurde (Agesilaos) nicht ohne Grund wegen seiner Gesandtschaftsreise auch ein Siegesmal über seine Feinde errichtet. Mausolos aber, der mit 100 Schiffen jene beiden Plätze zur See belagerte, segelte – sicherlich nicht aus Furcht, aber doch von ihm überzeugt – nach Hause.

27. … Staunenswertes vollbrachte er. Nicht allein die, die glaubten, er habe ihnen einen guten Dienst erwiesen, sondern auch jene, die geflohen waren, gaben ihm beide Geld. Tachos aber und Mausolos, der ebenfalls wegen der früheren Gastfreundschaft mit Agesilaos Geld für Sparta beigesteuert hatte, entließen ihn nach Hause, indem sie ihm einen prächtigen Geleitzug ausrichteten.

28. Inzwischen war er bereits um die achtzig Jahre alt. Als er aber erfuhr, dass der Ägypterkönig Krieg gegen den Perser zu führen trachtete und zahlreiche Fußsoldaten, zahlreiche Reiter und auch viele Geldmittel besäße, hörte er mit Freude, dass er ihn zu sich kommen hieß und ihm zudem den Oberbefehl versprach.

αὐτῇ ὁρμῇ τῷ μὲν Αἰγυπτίῳ χάριν ἀποδώσειν ἀνθ’ ὧν εὐεργετήκει τὴν Λακεδαίμονα, τοὺς δ’ ἐν τῇ Ἀσίᾳ Ἕλληνας πάλιν ἐλευθερώσειν, τῷ δὲ Πέρσῃ δίκην ἐπιθήσειν καὶ τῶν πρόσθεν καὶ ὅτι νῦν σύμμαχος εἶναι φάσκων ἐπέταττε Μεσσήνην ἀφιέναι.

30. ἐπεὶ μέντοι ὁ μεταπεμψάμενος οὐκ ἀπεδίδου τὴν ἡγεμονίαν αὐτῷ, ὁ μὲν Ἀγησίλαος ὡς τὸ μέγιστον ἐξηπατημένος ἐφρόντιζε τί δεῖ ποιεῖν. ἐκ τούτου δὲ πρῶτον μὲν οἱ δίχα στρατευόμενοι τῶν Αἰγυπτίων ἀφίστανται τοῦ βασιλέως, ἔπειτα δὲ καὶ οἱ ἄλλοι πάντες ἀπέλιπον αὐτόν. καὶ αὐτὸς μὲν δείσας ἀπεχώρησε φυγῇ εἰς Σιδῶνα τῆς Φοινίκης, οἱ δ’ Αἰγύπτιοι στασιάζοντες διττοὺς βασιλέας αἱροῦνται. 31. ἐνταῦθα δὴ Ἀγησίλαος γνοὺς ὅτι, εἰ μὲν μηδετέρῳ συλλήψοιτο, μισθὸν οὐδέτερος λύσει τοῖς Ἕλλησιν, ἀγορὰν δὲ οὐδέτερος παρέξει, ὁπότερός τ’ ἂν κρατήσῃ, οὗτος ἐχθρὸς ἔσται, εἰ δὲ τῷ ἑτέρῳ συλλήψοιτο, οὗτός γε εὖ παθὼν ὡς τὸ εἰκὸς φίλος ἔσοιτο, οὕτω δὴ κρίνας ὁπότερος φιλέλλην μᾶλλον ἐδόκει εἶναι, στρατευσάμενος μετὰ τούτου τὸν μὲν μισέλληνα μάχῃ νικήσας χειροῦται, τὸν δ’ ἕτερον συγκαθίστησι· καὶ φίλον ποιήσας τῇ Λακεδαίμονι καὶ χρήματα πολλὰ προσλαβὼν οὕτως ἀποπλεῖ οἴκαδε καίπερ μέσου χειμῶνος ὄντος, σπεύδων ὡς μὴ ἀργὸς ἡ πόλις εἰς τὸ ἐπιὸν θέρος πρὸς τοὺς πολεμίους γένοιτο.

III 1. Καὶ ταῦτα μὲν δὴ εἴρηται ὅσα τῶ?ν ἐκείνου ἔργων μετὰ πλείστων μαρτύρων ἐπράχθη. τὰ γὰρ τοιαῦτα οὐ τεκμηρίων προσδεῖται, ἀλλ’ ἀναμνῆσαι μόνον ἀρκεῖ καὶ εὐθὺς πιστεύεται. νῦν δὲ τὴν ἐν τῇ ψυχῇ αὐτοῦ ἀρετὴν πειράσομαι δηλοῦν, δι’ ἣν ταῦτα ἔπραττε καὶ πάντων τῶν καλῶν ἤρα καὶ πάντα τὰ αἰσχρὰ

29. Er glaubte nämlich, mit diesem Zug einerseits dem Ägypter Dank für dessen Wohltaten gegenüber Sparta abstatten zu können, andererseits aber den Griechen in Asien wieder die Freiheit verschaffen und gleichzeitig am Perser Rache nehmen zu können, und zwar teils für vergangene Dinge, teils, weil er, obwohl er behauptete, ein Bundesgenosse zu sein, dennoch gefordert hatte, Messenien in die Freiheit zu entlassen.

30. Weil (der Ägypterkönig) ihm aber, nachdem er ihn hatte kommen lassen, nicht den Oberbefehl gab, überlegte Agesilaos, da er sich in der Hauptsache getäuscht sah, was er tun sollte. Da nun fiel zuerst das gesondert stehende Heer der Ägypter vom König ab und schließlich verließen ihn auch alle anderen. Er selbst floh aus Angst nach Sidon in Phoinikien, die Ägypter aber, untereinander zerstritten, wählten zwei Könige. 31. Als Agesilaos darauf erkannte, dass er, wenn er keinem beistehe, auch keiner von beiden den Griechen Sold bezahlen und keiner von beiden einen Markt gewähren werde, hingegen aber der, welcher von beiden der Überlegene sein werde, sein Feind sei, wenn er aber einem von ihnen beistehe, wenigstens dieser, dem er gute Dienste leistete, ihm Freund sein werde, unternahm er mit dem, den er für den größeren Griechenfreund hielt, einen Feldzug, bezwang in einer siegreichen Schlacht den Griechenfeind, und verhalf dem anderen zur Herrschaft. Auch gewann er ihn für Sparta als Freund, erhielt reiche Geldmittel und segelte, obgleich es mitten im Winter war, zurück nach Hause. Er beeilte sich, damit die Stadt im kommenden Sommer nicht untätig gegenüber den Feinden sein würde.

III 1. So viel sei gesagt über Agesilaos' Taten, soweit sie im Angesicht sehr vieler Zeugen vollbracht wurden. Solche Taten bedürfen nämlich keiner Beweise, vielmehr genügt es, an sie zu erinnern, und schon werden sie geglaubt. Jetzt aber will ich versuchen, die seiner innersten Natur eigene Rechtschaffenheit offenzulegen, der er seine Taten dankte und alles Gute liebte, alles Schändliche aber

ἐξεδίωκεν. 2. Ἀγησίλαος γὰρ τὰ μὲν θεῖα οὕτως ἐσέβετο ὡς καὶ οἱ πολέμιοι τοὺς ἐκείνου ὅρκους καὶ τὰς ἐκείνου σπονδὰς πιστοτέρας ἐνόμιζον ἢ τὴν ἑαυτῶν φιλίαν· οἳ καὶ πρὸς ἀλλήλους ἔστιν ὅτε μὲν ὤκνουν εἰς ταὐτὸν ἰέναι, Ἀγησιλάῳ δὲ αὑτοὺς ἐνεχείριζον. ὅπως δὲ μή τις ἀπιστῇ, καὶ ὀνομάσαι βούλομαι τοὺς ἐπιφανεστάτους αὐτῶν.

3. Σπιθριδάτης μέν γε ὁ Πέρσης εἰδὼς ὅτι Φαρνάβαζος γῆμαι μὲν τὴν βασιλέως ἔπραττε θυγατέρα, τὴν δ' αὐτοῦ ἄνευ γάμου λαβεῖν ἐβούλετο, ὕβριν νομίσας τοῦτο Ἀγησιλάῳ ἑαυτὸν καὶ τὴν γυναῖκα καὶ τὰ τέκνα καὶ τὴν δύναμιν ἐνεχείρισε. 4. Κότυς δὲ ὁ τῶν Παφλαγόνων ἄρχων βασιλεῖ μὲν οὐχ ὑπήκουσε δεξιὰν πέμποντι, φοβούμενος μὴ ληφθεὶς ἢ χρήματα πολλὰ ἀποτείσειεν ἢ καὶ ἀποθάνοι, Ἀγησιλάου δὲ καὶ οὗτος ταῖς σπονδαῖς πιστεύσας εἰς τὸ στρατόπεδόν τε ἦλθε καὶ συμμαχίαν ποιησάμενος εἵλετο σὺν Ἀγησιλάῳ στρατεύεσθαι, χιλίους μὲν ἱππέας, δισχιλίους δὲ πελτοφόρους ἔχων. 5. ἀφίκετο δὲ καὶ Φαρνάβαζος Ἀγησιλάῳ εἰς λόγους καὶ διωμολόγησεν, εἰ μὴ αὐτὸς πάσης τῆς στρατιᾶς στρατηγὸς κατασταθείη, ἀποστήσεσθαι βασιλέως· ἢν μέντοι ἐγὼ γένωμαι στρατηγός, ἔφη, πολεμήσω σοι, ὦ Ἀγησίλαε, ὡς ἂν ἐγὼ δύνωμαι κράτιστα. καὶ ταῦτα λέγων ἐπίστευε μηδὲν ἂν παράσπονδον παθεῖν. οὕτω μέγα καὶ καλὸν κτῆμα τοῖς τε ἄλλοις ἅπασι καὶ ἀνδρὶ δὴ στρατηγῷ τὸ ὅσιόν τε καὶ πιστὸν εἶναί τε καὶ ὄντα ἐγνῶσθαι. καὶ περὶ μὲν εὐσεβείας ταῦτα.

IV 1. Περί γε μὴν τῆς εἰς χρήματα δικαιοσύνης ποῖα ἄν τις μείζω τεκμήρια ἔχοι τῶνδε; ὑπὸ γὰρ Ἀγησιλάου στέρεσθαι μὲν

verabscheute. 2. Agesilaos brachte nämlich der Gottheit so tiefe Achtung entgegen, dass sogar seine Feinde mehr Vertrauen zu seinen Eiden und seinen Verträgen hatten als zu ihrer eigenen Freundschaft untereinander. … (und während) sie sich scheuten, sich untereinander zu treffen, vertrauten sie sich Agesilaos an. Damit aber jeder dem Glauben schenke, will ich die berühmtesten von ihnen mit Namen nennen.

3. Der Perser Spithridates hatte in Erfahrung gebracht, dass Pharnabazos sich bemühte, die Tochter des Großkönigs zu heiraten, seine eigene Tochter aber als Geliebte haben wollte. Da er dies für eine Ehrverletzung hielt, begab er sich mit seiner Frau, seinen Kindern und allem, was in seinem Besitz war, in die Hände des Agesilaos. 4. Kotys, der Herrscher über die Paphlagonier, leistete dem Ruf des Großkönigs, obwohl dieser ihm Zusicherungen gab, keine Folge, da er fürchtete, festgenommen zu werden und entweder ein hohes Lösegeld zahlen oder gar sterben zu müssen, während er dem Vertrag mit Agesilaos Vertrauen schenkte, in dessen Lager kam, ein Bündnis schloss und es vorzog, mitsamt seinen 1.000 Reitern und 2.000 Leichtbewaffneten einen Feldzug an seiner Seite zu unternehmen. 5. Auch Pharnabazos kam zu einer Unterredung mit Agesilaos und versprach ihm, vom Großkönig abzufallen, wenn er nicht als Oberbefehlshaber über das gesamte Heer eingesetzt würde. »Wenn ich jedoch«, sprach er, »den Oberbefehl erhalte, werde ich dich, Agesilaos, mit allen Kräften bekämpfen.« Und dies äußerte er im Vertrauen darauf, dass ihm nichts, was dem Vertrag zuwiderlief, geschehe. Eine solch große und schöne Sache ist es für alle Menschen, insbesondere aber für einen Feldherrn, sowohl gottesfürchtig als auch zuverlässig zu sein und als solcher bekannt zu werden. Soweit über die Gottesfurcht.

IV 1. Was aber seine Redlichkeit in Gelddingen betrifft, welche besseren Belege hätte denn jemand als die folgenden: Niemand nämlich hat je den Vorwurf erhoben, von Agesilaos beraubt wor-

οὐδεὶς οὐδὲν πώποτε ἐνεκάλεσεν, εὖ δὲ πεπονθέναι πολλοὶ πολλὰ ὡμολόγουν. ὅτῳ δὲ ἡδὺ τὰ αὑτοῦ διδόναι ἐπ' ὠφελείᾳ ἀνθρώπων, πῶς ἂν οὗτος ἐθέλοι τὰ ἀλλότρια ἀποστερεῖν ἐφ' ᾧ κακόδοξος εἶναι; εἰ γὰρ χρημάτων ἐπιθυμοίη, πολὺ ἀπραγμονέστερον τὰ αὑτοῦ φυλάττειν ἢ τὰ μὴ προσήκοντα λαμβάνειν. 2. ὃς δὲ δὴ καὶ χάριτας ἀποστερεῖν μὴ ἐθέλοι, ὧν οὐκ εἰσὶ δίκαι πρὸς τὸν μὴ ἀποδιδόντα, πῶς ἅ γε καὶ νόμος κωλύει ἐθέλοι ἂν ἀποστερεῖν; Ἀγησίλαος δὲ οὐ μόνον τὸ μὴ ἀποδιδόναι χάριτας ἄδικον ἔκρινεν, ἀλλὰ καὶ τὸ μὴ πολὺ μείζους τὸν μείζω δυνάμενον. 3. τά γε μὴν τῆς πόλεως κλέπτειν πῇ ἄν τις αὐτὸν εἰκότως αἰτιάσαιτο, ὃς καὶ τὰς αὑτῷ χάριτας ὀφειλομένας τῇ πατρίδι καρποῦσθαι παρεδίδου; τὸ δ', ὁπότε βούλοιτο εὖ ποιεῖν ἢ πόλιν ἢ φίλους χρήμασι, δύνασθαι παρ' ἑτέρων λαμβάνοντα ὠφελεῖν, οὐ καὶ τοῦτο μέγα τεκμήριον ἐγκρατείας χρημάτων; 4. εἰ γὰρ ἐπώλει τὰς χάριτας ἢ μισθοῦ εὐεργέτει, οὐδεὶς ἂν οὐδὲν ὀφείλειν αὐτῷ ἐνόμισεν· ἀλλ' οἱ προῖκα εὖ πεπονθότες, οὗτοι ἀεὶ ἡδέως ὑπηρετοῦσι τῷ εὐεργέτῃ, καὶ διότι εὖ ἔπαθον καὶ διότι προεπιστεύθησαν ἄξιοι εἶναι παρακαταθήκην χάριτος φυλάττειν. 5. ὅστις δ' ᾑρεῖτο καὶ σὺν τῷ γενναίῳ μειονεκτεῖν ἢ σὺν τῷ ἀδίκῳ πλέον ἔχειν, πῶς οὗτος οὐκ ἂν πολὺ τὴν αἰσχροκέρδειαν ἀποφεύγοι; ἐκεῖνος τοίνυν κριθεὶς ὑπὸ τῆς πόλεως ἅπαντα ἔχειν τὰ Ἄγιδος τὰ ἡμίσεα τοῖς ἀπὸ μητρὸς αὐτῷ ὁμογόνοις μετέδωκεν, ὅτι πενομένους αὐτοὺς ἑώρα. ὡς δὲ ταῦτα ἀληθῆ πᾶσα μάρτυς ἡ τῶν Λακεδαιμονίων πόλις. 6. διδόντος δ' αὐτῷ πάμπολλα δῶρα Τιθραύστου, εἰ ἀπέλθοι ἐκ τῆς χώρας, ἀπεκρίνατο ὁ Ἀγησίλαος· ὦ Τιθραύστα, νομίζεται

den zu sein, während viele übereinstimmten, viel Gutes von ihm erfahren zu haben. Wem es Freude bereitet, das Seinige anderen Menschen zum Nutzen herzugeben, wie sollte der fremdes Eigentum rauben wollen, um sich dadurch in Verruf zu bringen? Wäre er geldgierig gewesen, hätte es ihm viel weniger Mühe bereitet, das Seinige zu bewahren, als sich das anzueignen, was ihm nicht zukam. 2. Wer zudem auch da nicht undankbar sein möchte, wo es keine rechtlichen Schritte gegen Undankbare gibt, wie sollte der es dort an Dank fehlen lassen, wo sogar ein Gesetz (Undankbarkeit) verbietet? Agesilaos aber hielt es nicht nur für ein Unrecht, überhaupt nicht zu danken, sondern auch dies, wenn man es vermochte, nicht in viel größerem Maß (als es das Empfangene verlangte) zu tun. 3. Wie könnte ihn ferner jemand mit Recht bezichtigen, die Vaterstadt bestohlen zu haben, ihn, der es auch der Heimat überließ, den ihm gebührenden Dank zu ernten? Ist nicht auch das, dass er jedes Mal, wenn er eine Stadt oder Freunde mit Geld unterstützen wollte, diesen zu nützen vermochte, indem er (Geld) von anderen erhielt, ein großer Beweis für seine Uneigennützigkeit? 4. Hätte er nämlich seine Gunst verkauft oder Wohltaten um des materiellen Lohnes willen erwiesen, niemand wäre der Meinung gewesen, ihm etwas schuldig zu sein. Wer aber Wohltaten als Geschenk empfängt, der steht stets gerne dem Wohltäter bei, und zwar nicht allein, weil er eine Wohltat empfing, sondern auch, weil er im Voraus für würdig erachtet wurde, ein Pfand des Dankes zu hüten. 5. Wer es aber vorzieht, auf noble Art weniger zu haben als auf unrechte Weise mehr, wie sollte der sich nicht gänzlich der Habgier entziehen. Agesilaos nun, dem vom Staat das gesamte Vermögen des Agis zugesprochen worden war, gab die Hälfte den Verwandten mütterlicherseits, da er sah, dass sie bedürftig waren. Dass dies wahr ist, bezeugt die ganze Stadt der Lakedaimonier. 6. Und als ihm Tithraustes großzügige Geschenke machen wollte, wenn er nur das Land verließe, antwortete Agesilaos: »Tithraustes, bei uns ist es bei den Feldherrn

παρ' ἡμῖν τῷ ἄρχοντι κάλλιον εἶναι τὴν στρατιὰν ἢ ἑαυτὸν πλουτίζειν, καὶ παρὰ τῶν πολεμίων λάφυρα μᾶλλον πειρᾶσθαι ἢ δῶρα λαμβάνειν.

V 1. Ἀλλὰ μὴν καὶ ὅσαι γε ἡδοναὶ πολλῶν κρατοῦσιν ἀνθρώπων, ποίας οἶδέ τις Ἀγησίλαον ἡττηθέντα; ὃς μέθης μὲν ἀποσχέσθαι ὁμοίως ᾤετο χρῆναι καὶ μανίας, σίτων δ' ὑπὲρ καιρὸν ὁμοίως ὡς καὶ ἀργίας. διμοιρίαν γε μὴν λαμβάνων ἐν ταῖς θοίναις οὐχ ὅπως ἀμφοτέραις ἐχρῆτο, ἀλλὰ διαπέμπων οὐδετέραν αὐτῷ κατέλειπε, νομίζων βασιλεῖ τοῦτο διπλασιασθῆναι οὐχὶ πλησμονῆς ἕνεκα, ἀλλ' ὅπως ἔχοι καὶ τούτῳ τιμᾶν εἴ τινα βούλοιτο.

2. οὐ μὴν ὕπνῳ γε δεσπότῃ ἀλλ' ἀρχομένῳ ὑπὸ τῶν πράξεων ἐχρῆτο, καὶ εὐνήν γε εἰ μὴ τῶν συνόντων φαυλοτάτην ἔχοι, αἰδούμενος οὐκ ἄδηλος ἦν· ἡγεῖτο γὰρ ἄρχοντι προσήκειν οὐ μαλακίᾳ ἀλλὰ καρτερίᾳ τῶν ἰδιωτῶν περιεῖναι. 3. τάδε μέντοι πλεονεκτῶν οὐκ ᾐσχύνετο, ἐν μὲν τῷ θέρει τοῦ ἡλίου, ἐν δὲ τῷ χειμῶνι τοῦ ψύχους· καὶ μὴν εἴ ποτε μοχθῆσαι στρατιᾷ συμβαίη, ἑκὼν ἐπόνει παρὰ τοὺς ἄλλους, νομίζων πάντα τὰ τοιαῦτα παραμυθίαν εἶναι τοῖς στρατιώταις. ὡς δὲ συνελόντι εἰπεῖν, Ἀγησίλαος πονῶν μὲν ἠγάλλετο, ῥᾳστώνην δὲ πάμπαν οὐ προσίετο.

4. περί γε μὴν ἀφροδισίων ἐγκρατείας αὐτοῦ ἆρ' οὐχὶ εἰ μή του ἄλλου ἀλλὰ θαύματος ἕνεκα ἄξιον μνησθῆναι; τὸ μὲν γὰρ ὧν μὴ ἐπεθύμησεν ἀπέχεσθαι ἀνθρώπινον ἄν τις φαίη εἶναι· τὸ δὲ Μεγαβάτου τοῦ Σπιθριδάτου παιδὸς ἐρασθέντα ὥσπερ ἂν τοῦ καλλίστου ἡ σφοδροτάτη φύσις ἐρασθείη, ἔπειτα, ἡνίκα ἐπιχωρίου ὄντος τοῖς Πέρσαις φιλεῖν οὓς ἂν τιμῶσιν ἐπεχείρησε καὶ ὁ Μεγαβάτης φιλῆσαι τὸν Ἀγησίλαον, διαμάχεσθαι ἀνὰ

Brauch, lieber das Heer als sich selbst reich zu machen und von den Feinden eher Beute als Geschenke zu erhalten zu suchen.«

V 1. Von welchen sinnlichen Begierden, die viele Menschen beherrschen, weiß da jemand zu sagen, dass Agesilaos ihnen unterlag? Er, der glaubte, von Trunkenheit gelte es sich ebenso fern zu halten wie von Raserei, von allzu üppigen Speisen ebenso wie von Untätigkeit. Da er freilich bei der öffentlichen Bewirtung eine doppelte Portion erhielt, genoss er nicht etwa beide, sondern verteilte sie und behielt nicht einmal eine für sich, da er der Meinung war, der König bekomme das Doppelte nicht zum übermäßigen Genuss, sondern um damit auch zu ehren, wen er wolle.

2. Den Schlaf machte er nicht zum Herrn, sondern ordnete ihn seinen Tätigkeiten unter, und wenn er nicht das dürftigste Lager inmitten seiner Gefährten hatte, so schämte er sich offenkundig. Er meinte nämlich, einem Herrscher stehe es an, nicht durch Weichlichkeit, sondern durch Selbstbeherrschung den Bürger zu übertreffen. 3. Von manchen über Gebühr abzubekommen, schämte er sich freilich nicht, etwa im Sommer mehr Sonnenhitze, im Winter mehr Frost. Und wenn es dazu kam, dass das Heer sich abzumühen hatte, nahm er aus freien Stücken mehr Mühen als die anderen auf sich, weil er glaubte, all dies sei eine Ermutigung für die Soldaten. Um es kurz zu machen, Agesilaos freute sich über Strapazen, Bequemlichkeit billigte er ganz und gar nicht.

4. An seine Enthaltsamkeit in Liebesdingen zu erinnern, ist das nicht der Mühe wert, wenn auch aus keinem anderen Grund als des Staunens wegen? Dass er sich einer Sache enthielt, nach der er kein Begehren hatte, sei, könnte einer sagen, menschliche Eigenart. Aber dass Agesilaos dann, als Megabates, der Sohn des Spithridates, den er liebte, wie nur eine sehr leidenschaftliche Natur einen jungen Mann von größter Schönheit lieben kann, auch ihn entsprechend der Sitte der Perser, den zu küssen, den sie ehren wollen, zu küssen versuchte, sich mit aller Kraft gegen diesen Kuss

κράτος τὸ μὴ φιληθῆναι, ἆρ' οὐ τοῦτό γε ἤδη τὸ σωφρόνημα καὶ λίαν γεννικόν; 5. ἐπεὶ δὲ ὥσπερ ἀτιμασθῆναι νομίσας ὁ Μεγαβάτης τοῦ λοιποῦ οὐκέτι φιλεῖν ἐπειρᾶτο, προσφέρει τινὶ λόγον τῶν ἑταίρων ὁ Ἀγησίλαος πείθειν τὸν Μεγαβάτην πάλιν τιμᾶν αὐτόν. ἐρομένου δὲ τοῦ ἑταίρου, ἢν πεισθῇ ὁ Μεγαβάτης, εἰ φιλήσει, ἐνταῦθα διασιωπήσας ὁ Ἀγησίλαος εἶπεν· οὐ τὼ σιώ, οὐδ' εἰ μέλλοιμί γε αὐτίκα μάλα κάλλιστός τε καὶ ἰσχυρότατος καὶ τάχιστος ἀνθρώπων ἔσεσθαι· μάχεσθαί γε μέντοι πάλιν τὴν αὐτὴν μάχην ὄμνυμι πάντας θεοὺς ἦ μὴν μᾶλλον βούλεσθαι ἢ πάντα μοι ὅσα ὁρῶ χρυσᾶ γενέσθαι.

6. καὶ ὅ τι μὲν δὴ ὑπολαμβάνουσί τινες ταῦτα οὐκ ἀγνοῶ· ἐγὼ μέντοι δοκῶ εἰδέναι ὅτι πολὺ πλέονες τῶν πολεμίων ἢ τῶν τοιούτων δύνανται κρατεῖν. ἀλλὰ ταῦτα μὲν ὀλίγων εἰδότων πολλοῖς ἔξεστιν ἀπιστεῖν· τὰ δὲ πάντες ἐπιστάμεθα ὅτι ἥκιστα μὲν οἱ ἐπιφανέστατοι τῶν ἀνθρώπων λανθάνουσιν ὅ τι ἂν ποιῶσιν· Ἀγησίλαον δέ τι πράξαντα μὲν τοιοῦτον οὔτε ἰδὼν πώποτε οὐδεὶς ἀνήγγειλεν οὔτε εἰκάζων πιστὰ ἂν ἔδοξε λέγειν. 7. καὶ γὰρ εἰς οἰκίαν μὲν οὐδεμίαν ἰδίᾳ ἐν ἀποδημίᾳ κατήγετο, ἀεὶ δὲ ἦν ἢ ἐν ἱερῷ, ἔνθα δὴ ἀδύνατον τὰ τοιαῦτα πράττειν, ἢ ἐν φανερῷ, μάρτυρας τοὺς πάντων ὀφθαλμοὺς τῆς σωφροσύνης ποιούμενος. εἰ δ' ἐγὼ ταῦτα ψεύδομαι ἀντία τῆς Ἑλλάδος ἐπισταμένης ἐκεῖνον μὲν οὐδὲν ἐπαινῶ, ἐμαυτὸν δὲ ψέγω.

VI 1. Ἀνδρείας γε μὴν οὐκ ἀφανῆ τεκμήριά μοι δοκεῖ παρασχέσθαι ὑφιστάμενος μὲν ἀεὶ πολεμεῖν πρὸς τοὺς ἰσχυροτάτους τῶν ἐχθρῶν τῇ τε πόλει καὶ τῇ Ἑλλάδι, ἐν δὲ τοῖς πρὸς

wehrte, ist das nicht ein Beispiel wahrer Selbstbeherrschung? 5. Als aber Megabates, der sich deswegen gleichsam zurückgesetzt fühlte, künftig keinerlei Versuch mehr unternahm, ihn zu küssen, machte Agesilaos einem seiner Gefährten den Vorschlag, Megabates zu bereden, ihm wieder Achtung zu erweisen. Als der Gefährte aber fragte, ob er denn, falls Megabates sich überreden ließe, ihn küssen werde, da antwortete Agesilaos nach langem Schweigen: »Nein, bei den Dioskuren, selbst wenn ich augenblicklich der schönste, stärkste und schnellste unter den Männern sein könnte. Lieber aber will ich, ich schwöre es bei allen Göttern, nochmals den selben Kampf kämpfen, als dass alles, was ich erblicke, sich mir in Gold verwandelte.«

6. Was einige davon halten, weiß ich wohl. Ich freilich meine zu wissen, dass eine weit größere Zahl über Feinde zu siegen versteht als über solche (Begierden). Weil aber nur wenige darüber Bescheid wissen, so mögen dem viele keinen Glauben schenken. Wir alle wissen aber, dass das, was die Bekanntesten unter den Menschen tun, am wenigsten verborgen bleibt. Dass Agesilaos aber etwas dieser Art tat, hat noch niemals einer gesehen oder berichtet; auch würde keiner, der eine derartige Vermutung äußerte, Glauben finden. 7. Niemals nämlich bezog er, wenn er in der Fremde war, für sich allein in einem Haus Quartier, sondern er hielt sich stets entweder in einem Tempel auf, wo es unmöglich ist, dergleichen zu tun, oder er befand sich in der Öffentlichkeit, wo er aller Augen zu Zeugen seiner Zurückhaltung machte. Falls ich aber die Unwahrheit behauptete, während die Griechen das Gegenteil wüssten, würde ich ihn in keiner Weise loben, mich selbst aber herabsetzen.

VI 1. Von seiner Tapferkeit hat er meiner Meinung nach klare Beweise gegeben, indem er es stets auf sich nahm, gegen die stärksten Feinde seiner Heimatstadt und Griechenlands Krieg zu führen, sich selbst aber in den Kämpfen gegen diese in vorderster

τούτους ἀγῶσι πρῶτον μὲν ἑαυτὸν τάττων. 2. ἔνθα γε μὴν ἠθέλησαν αὐτῷ οἱ πολέμιοι μάχην συνάψαι, οὐ φόβῳ τρεψάμενος νίκης ἔτυχεν, ἀλλὰ μάχῃ ἀντιτύπῳ κρατήσας τρόπαιον ἐστήσατο, ἀθάνατα μὲν τῆς ἑαυτοῦ ἀρετῆς μνημεῖα καταλιπών, σαφῆ δὲ καὶ αὐτὸς σημεῖα ἀπενεγκάμενος τοῦ θυμῷ μάχεσθαι· ὥστ' οὐκ ἀκούοντας ἀλλ' ὁρῶντας ἐξῆν αὐτοῦ τὴν ψυχὴν δοκιμάζειν.

3. τρόπαια μὴν Ἀγησιλάου οὐχ ὅσα ἐστήσατο ἀλλ' ὅσα ἐστρατεύσατο δίκαιον νομίζειν. μεῖον μὲν γὰρ οὐδὲν ἐκράτει ὅτε οὐκ ἤθελον αὐτῷ οἱ πολέμιοι μάχεσθαι, ἀκινδυνότερον δὲ καὶ συμφορώτερον τῇ τε πόλει καὶ τοῖς συμμάχοις· καὶ ἐν τοῖς ἀγῶσι δὲ οὐδὲν ἧττον τοὺς ἀκονιτὶ ἢ τοὺς διὰ μάχης νικῶντας στεφανοῦσι.

4. τήν γε μὴν σοφίαν αὐτοῦ ποῖαι τῶν ἐκείνου πράξεων οὐκ ἐπιδεικνύουσιν; ὃς τῇ μὲν πατρίδι οὕτως ἐχρῆτο ὥστε μάλιστα πειθόμενος ... τοῖς δ' ἑταίροις πρόθυμος ὢν ἀπροφασίστους τοὺς φίλους ἐκέκτητο· τοὺς δέ γε στρατιώτας ἅμα πειθομένους καὶ φιλοῦντας αὐτὸν παρεῖχε. καίτοι πῶς ἂν ἰσχυροτέρα γένοιτο φάλαγξ ἢ διὰ τὸ μὲν πείθεσθαι εὔτακτος οὖσα, διὰ δὲ τὸ φιλεῖν τὸν ἄρχοντα πιστῶς παροῦσα; 5. τούς γε μὴν πολεμίους εἶχε ψέγειν μὲν οὐ δυναμένους, μισεῖν δὲ ἀναγκαζομένους. τοὺς γὰρ συμμάχους ἀεὶ πλέον ἔχειν αὐτῶν ἐμηχανᾶτο, ἐξαπατῶν μὲν ὅπου καιρὸς εἴη, φθάνων δὲ ὅπου τάχους δέοι, λήθων δὲ ὅπου τοῦτο συμφέροι, πάντα δὲ τἀναντία πρὸς τοὺς πολεμίους ἢ πρὸς τοὺς φίλους ἐπιτηδεύων. 6. καὶ γὰρ νυκτὶ μὲν ὅσαπερ ἡμέρᾳ ἐχρῆτο, ἡμέρᾳ δὲ ὅσαπερ νυκτί, πολλάκις ἄδηλος

Reihe postierte. 2. Wo die Feinde mit ihm eine Schlacht beginnen wollten, da erlangte er den Sieg nicht über furchtsam in die Flucht Gejagte, sondern er richtete das Siegeszeichen auf, nachdem er sie in offener Feldschlacht niedergerungen hatte. Dabei hinterließ er unsterbliche Zeichen seiner Tapferkeit und trug selbst deutliche Spuren seines Mutes im Kampf davon, so dass (die Feinde) nicht nur vom Hörensagen, sondern auch mit eigenen Augen erfahren konnten, was für eine Art Mann er war.

3. Mit Recht lassen sich für Siegeszeichen des Agesilaos nicht nur die halten, die er errichten ließ, sondern sämtliche Feldzüge, die er führte. Der Sieg war nämlich um nichts geringer, wenn die Feinde nicht mit ihm kämpfen wollten, jedoch gefahrloser und nützlicher für die Heimatstadt und die Bundesgenossen. Auch bei den Wettkämpfen bekränzen sie nicht weniger diejenigen, welche kampflos siegen, als die, welche es im Kampf tun.

4. Was ferner seine Klugheit betrifft, welche von seinen Taten stellt sie nicht unter Beweis? Sein Verhältnis zum Vaterland war so, dass er bei größtmöglichem Gehorsam ...; (gegenüber den) Gefährten war er so bemüht, dass er in ihnen rückhaltlose Freunde gewann; gegenüber den Soldaten (war sein Verhalten so), dass er sowohl ihren Gehorsam als ihre Zuneigung errang. Und doch wie sollte eine Schlachtreihe stärker sein, als wenn sie aus Gehorsam gute Ordnung hält und aus Zuneigung dem Feldherrn treu ergeben ist? 5. Gegenüber den Feinden verhielt er sich so, dass sie keine Veranlassung erhielten, ihm etwas vorzuwerfen, aber ihn zu hassen gezwungen waren. Stets bewerkstelligte er es nämlich, dass seine Bundesgenossen ihnen gegenüber im Vorteil waren, indem er sie täuschte, wo Gelegenheit dazu war, ihnen zuvorkam, wenn Schnelligkeit erforderlich war, sich verbarg, falls es nützlich war, und gegenüber den Feinden in allem das Gegenteil von dem tat, was er gegenüber den Freunden tat. 6. Er machte sich die Nacht wie den Tag zunutze und den Tag wie die Nacht, so dass oft unklar blieb, wo er sich gerade aufhielt, wohin er marschierte oder

γιγνόμενος ὅπου τε εἴη καὶ ὅποι ἴοι καὶ ὅ τι ποιήσοι. ὥστε καὶ τὰ ἐχυρὰ ἀνώχυρα τοῖς ἐχθροῖς καθίστη, τὰ μὲν παριών, τὰ δὲ ὑπερβαίνων, τὰ δὲ κλέπτων. 7. ὁπότε γε μὴν πορεύοιτο εἰδὼς ὅτι ἐξείη τοῖς πολεμίοις μάχεσθαι, εἰ βούλοιντο, συντεταγμένον μὲν οὕτως ἦγε τὸ στράτευμα ὡς ἂν ἐπικουρεῖν μάλιστα ἑαυτῷ δύναιτο, ἡσύχως δ' ὥσπερ ἂν παρθένος ἡ σωφρονεστάτη προβαίνοι, νομίζων ἐν τῷ τοιούτῳ τό τε ἀτρεμὲς καὶ ἀνεκπληκτότατον καὶ ἀθορυβητότατον καὶ ἀναμαρτητότατον καὶ δυσεπιβουλευτότατον εἶναι. 8. τοιγαροῦν τοιαῦτα ποιῶν τοῖς μὲν πολεμίοις δεινὸς ἦν, τοῖς δὲ φίλοις θάρρος καὶ ῥώμην ἐνεποίει. ὥστε ἀκαταφρόνητος μὲν ὑπὸ τῶν ἐχθρῶν διετέλεσεν, ἀζήμιος δ' ὑπὸ τῶν πολιτῶν, ἄμεμπτος δ' ὑπὸ τῶν φίλων, πολυεραστότατος δὲ καὶ πολυεπαινετώτατος ὑπὸ πάντων ἀνθρώπων.

VII 1. Ὡς γε μὴν φιλόπολις ἦν καθ' ἓν μὲν ἕκαστον μακρὸν ἂν εἴη γράφειν· οἴομαι γὰρ οὐδὲν εἶναι τῶν πεπραγμένων αὐτῷ ὅ τι οὐκ εἰς τοῦτο συντείνει. ὡς δ' ἐν βραχεῖ εἰπεῖν, ἅπαντες ἐπιστάμεθα ὅτι Ἀγησίλαος, ὅπου ᾤετο τὴν πατρίδα τι ὠφελήσειν, οὐ πόνων ὑφίετο, οὐ κινδύνων ἀφίστατο, οὐ χρημάτων ἐφείδετο, οὐ σῶμα, οὐ γῆρας προὐφασίζετο, ἀλλὰ καὶ βασιλέως ἀγαθοῦ τοῦτο ἔργον ἐνόμιζε, τὸ τοὺς ἀρχομένους ὡς πλεῖστα ἀγαθὰ ποιεῖν. 2. ἐν τοῖς μεγίστοις δὲ ὠφελήμασι τῆς πατρίδος καὶ τόδε ἐγὼ τίθημι αὐτοῦ, ὅτι δυνατώτατος ὢν ἐν τῇ πόλει φανερὸς ἦν μάλιστα τοῖς νόμοις λατρεύων. τίς γὰρ ἂν ἠθέλησεν ἀπειθεῖν ὁρῶν τὸν βασιλέα πειθόμενον; τίς δ' ἂν ἡγούμενος μειονεκτεῖν νεώτερόν τι ἐπεχείρησε ποιεῖν εἰδὼς τὸν βασιλέα νομίμως καὶ τὸ κρατεῖσθαι φέροντα; 3. ὃς καὶ πρὸς τοὺς διαφόρους ἐν τῇ πόλει ὥσπερ πατὴρ πρὸς παῖδας προσεφέρετο.

was er tun wollte. So bewirkte er, dass auch die festen Plätze sich für die Feinde als unhaltbar erwiesen, indem er an ihnen vorbeizog, sie überstieg oder sie heimlich einnahm. 7. Wenn er sich auf dem Marsch befand, war er sich bewusst, dass die Feinde jederzeit angreifen konnten, wann sie wollten, und er führte sein Heer so geordnet, dass es sich selbst am besten helfen konnte, und in so ruhigem Gang, wie nur immer die sittsamste Jungfrau einherschreitet, denn er war der Meinung, das sei das das beste Mittel, Ruhe zu halten, doch Schrecken, Verwirrung, Fehler oder Überraschungsangriffe zu vermeiden. 8. Indem er dies tat, galt er den Feinden als furchtbar, den Freunden aber schenkte er Mut und Kraft. Daher wurde er niemals von den Gegnern verachtet, niemals von den Mitbürgern mit Strafe bedroht, niemals von seinen Freunden getadelt und erhielt von allen Menschen höchste Zuneigung und höchstes Lob.

VII 1. Im Einzelnen zu beschreiben, wie sehr er seine Vaterstadt liebte, würde zu weit führen. Ich glaube nämlich, dass alles, was er tat, darauf hinzielte. Um es kurz zu sagen, wir alle wissen, dass Agesilaos da, wo er meinte, sich der Vaterstadt nützlich erweisen zu können, keine Mühe scheute, keiner Gefahr aus dem Weg ging, Geld nicht sparte, weder seine körperliche Verfassung noch sein Alter vorschützte, sondern der Überzeugung war, es sei Pflicht eines guten Königs, den Untertanen möglichst viel Gutes zu erweisen. 2. Unter die größten Dienste, die er seiner Vaterstadt erwies, rechne ich auch, dass er sich, obgleich der mächtigste Mann im Staat, doch am bereitwilligsten den Gesetzen unterordnete. Wer nämlich wollte ungehorsam sein, wenn er doch den König gehorsam sah? Wer nämlich wollte, wenn er der Meinung war, er werde benachteiligt, Neuerungen anstreben, da er doch wusste, dass der König sich gesetzestreu der höheren Entscheidungsgewalt beugte? 3. Er verhielt sich doch sogar gegen seine Widersacher in der Stadt wie ein Vater gegenüber seinen Kindern. Er schalt zwar

ἐλοιδορεῖτο μὲν γὰρ ἐπὶ τοῖς ἁμαρτήμασιν, ἐτίμα δ' εἴ τι καλὸν πράττοιεν, παρίστατο δ' εἴ τις συμφορὰ συμβαίνοι, ἐχθρὸν μὲν οὐδένα ἡγούμενος πολίτην, ἐπαινεῖν δὲ πάντας ἐθέλων, σῴζεσθαι δὲ πάντας κέρδος νομίζων, ζημίαν δὲ τιθεὶς εἰ καὶ ὁ μικροῦ ἄξιος ἀπόλοιτο· εἰ δ' ἐν τοῖς νόμοις ἠρεμοῦντες διαμένοιεν, δῆλος ἦν εὐδαίμονα μὲν αἰεὶ ἔσεσθαι τὴν πατρίδα λογιζόμενος, ἰσχυρὰν δὲ τότε ὅταν οἱ Ἕλληνες σωφρονῶσιν.

4. εἴ γε μὴν αὖ καλὸν Ἕλληνα ὄντα φιλέλληνα εἶναι, τίνα τις οἶδεν ἄλλον στρατηγὸν ἢ πόλιν οὐκ ἐθέλοντα αἱρεῖν, ὅταν οἴηται πορθήσειν, ἢ συμφορὰν νομίζοντα τὸ νικᾶν ἐν τῷ πρὸς Ἕλληνας πολέμῳ; 5. ἐκεῖνος τοίνυν, ἀγγελίας μὲν ἐλθούσης αὐτῷ ὡς ἐν τῇ ἐν Κορίνθῳ μάχῃ ὀκτὼ μὲν Λακεδαιμονίων, ἐγγὺς δὲ μύριοι τεθναῖεν τῶν πολεμίων, οὐκ ἐφησθεὶς φανερὸς ἐγένετο, ἀλλ' εἶπεν ἄρα· φεῦ σου, ὦ Ἑλλάς, ὁπότε οἱ νῦν τεθνηκότες ἱκανοὶ ἦσαν ζῶντες νικᾶν μαχόμενοι πάντας τοὺς βαρβάρους. 6. Κορινθίων γε μὴν τῶν φευγόντων λεγόντων ὅτι ἐνδιδοῖτο αὐτοῖς ἡ πόλις, καὶ μηχανὰς ἐπιδεικνύντων αἷς πάντως ἤλπιζον ἂν ἑλεῖν τὰ τείχη, οὐκ ἤθελε προσβάλλειν, λέγων ὅτι οὐκ ἀνδραποδίζεσθαι δέοι Ἑλληνίδας πόλεις ἀλλὰ σωφρονίζειν. εἰ δὲ τοὺς ἁμαρτάνοντας, ἔφη, ἡμῶν αὐτῶν ἀφανιοῦμεν, ὁρᾶν χρὴ μὴ οὐδ' ἕξομεν μεθ' ὅτου τῶν βαρβάρων κρατήσομεν.

7. εἰ δ' αὖ καλὸν καὶ μισοπέρσην εἶναι, ὅτι καὶ ὁ πάλαι ἐξεστράτευσεν ὡς δουλωσόμενος τὴν Ἑλλάδα καὶ ὁ νῦν συμμαχεῖ μὲν τούτοις μεθ' ὁποτέρων ἂν οἴηται μείζω βλάψειν, δωρεῖται δ' ἐκείνοις οὓς ἂν νομίζῃ λαβόντας πλεῖστα κακὰ τοὺς Ἕλληνας ποιήσειν, εἰρήνην δὲ συμπράττει ἐξ ἧς ἂν ἡγῆται

ihr fehlerhaftes Betragen, schätzte es aber auch, wenn sie Gutes taten, und stand ihnen bei, wenn sie irgendein Unglück ereilte; keinen Bürger erachtete er als Feind, wollte vielmehr alle belobigen, hielt es für einen Gewinn, alle zu erhalten und betrachtete es als Verlust, wenn auch nur ein unbedeutender Mann zugrunde ging. Es war seine Überzeugung, dass die Vaterstadt, wenn sie ruhig bei den Gesetzen verharrte, immer glücklich sein werde, stark aber dann, wenn die Griechen zur Vernunft kämen.

4. Sofern es wiederum ehrenwert für einen Griechen ist, ein Griechenfreund zu sein, wer weiß von einem anderen Feldherrn, der eine Stadt einzunehmen unterließ, wenn er meinte, dass sie zerstört werden könnte, oder der es für ein Unglück hielt, in einem Krieg gegen Griechen zu siegen?

5. Als jener nun die Nachricht erhielt, dass in der Schlacht bei Korinth acht Lakedaimonier, aber nahezu 10.000 (Gegner) gefallen seien, sagte er, statt Freude zeigen: »Wehe (dir), Griechenland, die, welche jetzt gefallen sind, hätten ausgereicht, sofern sie am Leben geblieben wären, alle Barbaren im Kampf zu besiegen.« 6. Als die Verbannten aus Korinth erklärten, die Stadt werde sich ihnen ergeben, und auf die Kriegsmaschinen hinwiesen, mit denen sie die Mauern auf jeden Fall zu erobern hofften, verzichtete er auf einen Angriff, da er meinte, es sei nicht vonnöten, griechische Städte zu versklaven, sondern zur Vernunft zu bringen. »Wenn wir die unter uns«, sagte er, »die sich verfehlen, beseitigen, müssen wir darauf achten, dass wir nicht an Leuten Mangel haben, mit denen wir die Barbaren besiegen können.«

7. Wenn es wiederum ehrenvoll ist, ein Feind der Perser zu sein, weil der frühere (König) einen Feldzug zur Unterjochung von Griechenland führte, und der jetzige mit denen ein Bündnis eingeht, mit denen er glaubt, den größten Schaden anrichten zu können, gleichzeitig aber diejenigen begünstigt, von denen er der Meinung ist, sie würden im Gegenzug den Griechen die meisten Übel antun, sowie einen Frieden zu schließen hilft, mittels dessen

μάλιστα ἡμᾶς ἀλλήλοις πολεμήσειν, ὁρῶσι μὲν οὖν ἅπαντες ταῦτα· ἐπεμελήθη δὲ τίς ἄλλος πώποτε πλὴν Ἀγησίλαος ἢ ὅπως φῦλόν τι ἀποστήσεται τοῦ Πέρσου ἢ ὅπως τὸ ἀποστὰν μὴ ἀπόληται ἢ τὸ παράπαν ὡς καὶ βασιλεὺς κακὰ ἔχων μὴ δυνήσεται τοῖς Ἕλλησι πράγματα παρέχειν; ὃς καὶ πολεμούσης τῆς πατρίδος πρὸς Ἕλληνας ὅμως τοῦ κοινοῦ ἀγαθοῦ τῇ Ἑλλάδι οὐκ ἠμέλησεν, ἀλλ' ἐξέπλευσεν ὅ τι δύναιτο κακὸν ποιήσων τὸν βάρβαρον.

VIII 1. Ἀλλὰ μὴν ἄξιόν γε αὐτοῦ καὶ τὸ εὔχαρι μὴ σιωπᾶσθαι· ᾧ γε ὑπαρχούσης μὲν τιμῆς, παρούσης δὲ δυνάμεως, πρὸς δὲ τούτοις βασιλείας, καὶ ταύτης οὐκ ἐπιβουλευομένης ἀλλ' ἀγαπωμένης, τὸ μὲν μεγάλαυχον οὐκ εἶδέ τις, τὸ δὲ φιλόστοργον καὶ θεραπευτικὸν τῶν φίλων καὶ μὴ ζητῶν κατενόησεν ἄν. 2. καὶ μὴν μετεῖχε μὲν ἥδιστα παιδικῶν λόγων, συνεσπούδαζε δὲ πᾶν ὅ τι δέοι φίλοις. διὰ δὲ τὸ εὔελπις καὶ εὔθυμος καὶ ἀεὶ ἱλαρὸς εἶναι πολλοὺς ἐποίει μὴ τοῦ διαπράξασθαί τι μόνον ἕνεκα πλησιάζειν, ἀλλὰ καὶ τοῦ ἥδιον διημερεύειν. ἥκιστα δ' ὢν οἷος μεγαληγορεῖν ὅμως τῶν ἐπαινούντων αὑτοὺς οὐ βαρέως ἤκουεν, ἡγούμενος βλάπτειν οὐδὲν αὐτούς, ὑπισχνεῖσθαι δὲ ἄνδρας ἀγαθοὺς ἔσεσθαι.

3. ἀλλὰ μὴν καὶ τῇ μεγαλογνωμοσύνῃ γε ὡς εὐκαίρως ἐχρῆτο οὐ παραλειπτέον. ἐκεῖνος γὰρ ὅτ' ἦλθεν αὐτῷ ἐπιστολὴ παρὰ βασιλέως, ἣν ὁ μετὰ Καλλία τοῦ Λακεδαιμονίου Πέρσης ἤνεγκε, περὶ ξενίας τε καὶ φιλίας αὐτῷ, ταύτην μὲν οὐκ

er uns am besten untereinander in Kriege verwickeln zu mögen hofft, so können alle dies sehen. Wer anders aber als Agesilaos hat sich je darum bemüht, dass irgendein Volk von den Persern abfalle, oder dass ein bereits abtrünniges nicht zugrunde gehe, oder überhaupt, dass der Großkönig, da er selbst in Bedrängnis ist, den Griechen keine Schwierigkeiten bereiten möge? Ja, sogar als seine Vaterstadt mit den Griechen Krieg führte, ließ er dennoch das gemeinsame Wohl Griechenlands nicht außer Acht, sondern lief mit einer Flotte aus, um dem Barbaren möglichst viel Schaden zu bereiten.

VIII 1. Aber auch seine Liebenswürdigkeit verdient nicht übergangen zu werden. Obwohl er in Ehren stand und obwohl er Macht besaß, dazu die Königsherrschaft innehatte, und zwar eine, die ihm nicht streitig gemacht wurde, die vielmehr beliebt war, bemerkte doch niemand Anzeichen von Hochmut an ihm, während sich seine zärtliche Liebe (für die Seinigen) und seine Aufmerksamkeit gegenüber Freunden, ohne solche suchen zu müssen, erkennen ließ. 2. Sehr gerne beteiligte er sich an heiteren Gesprächen, erörterte aber auch ernsthaft mit seinen Freunden alles, was ihre Bedürfnisse betraf. Weil er aber voll Zuversicht war, guten Mutes und stets froh gestimmt, zog er viele in seine Nähe, nicht nur um etwas durchzusetzen, sondern auch um den Tag angenehmer zu verbringen. Auch wenn er keinerlei Neigung zeigte, groß von sich selbst zu sprechen, hörte er doch ohne Ärger dem Eigenlob anderer zu, da er der Meinung war, sie richteten damit keinen Schaden an und versprächen tüchtige Männer zu werden.

3. Übergangen werden darf aber auch nicht, mit welch edler Gesinnung er zu gegebener Zeit handelte. Als er nämlich einen Brief vom Großkönig erhielt, den ihm der Perser, der den Lakedaimonier Kallias begleitete, mit dem Angebot von Gastrecht und Freundschaft überbrachte, nahm er diesen nicht an, sondern sagte dem Überbringer, er möge dem König ausrichten, dass es nicht

ἐδέξατο, τῷ δὲ φέροντι εἶπεν ἀπαγγεῖλαι βασιλεῖ ὡς ἰδίᾳ μὲν πρὸς αὐτὸν οὐδὲν δέοι ἐπιστολὰς πέμπειν, ἢν δὲ φίλος τῇ Λακεδαίμονι καὶ τῇ Ἑλλάδι εὔνους ὢν φαίνηται, ὅτι καὶ αὐτὸς φίλος ἀνὰ κράτος αὐτῷ ἔσοιτο· ἢν μέντοι, ἔφη, ἐπιβουλεύων ἁλίσκηται, μηδ' ἂν πάνυ πολλὰς ἐπιστολὰς δέχωμαι, φίλον ἕξειν με οἰέσθω.

4. ἐγὼ οὖν καὶ τοῦτο ἐπαινῶ Ἀγησιλάου τὸ πρὸς τὸ ἀρέσκειν τοῖς Ἕλλησιν ὑπεριδεῖν τὴν βασιλέως ξενίαν. ἄγαμαι δὲ κἀκεῖνο, ὅτι οὐχ ὁπότερος πλείω τε χρήματα ἔχοι καὶ πλειόνων ἄρχοι, τούτῳ ἡγήσατο μεῖζον φρονητέον εἶναι, ἀλλ' ὁπότερος αὐτός τε ἀμείνων εἴη καὶ ἀμεινόνων ἡγοῖτο. 5. ἐπαινῶ δὲ κἀκεῖνο τῆς προνοίας αὐτοῦ, ὅτι νομίζων ἀγαθὸν τοὺς τῇ Ἑλλάδι ἀφίστασθαι τοῦ βασιλέως ὡς πλείστους σατράπας, οὐκ ἐκρατήθη οὔθ' ὑπὸ δώρων οὔθ' ὑπὸ τῆς βασιλέως ῥώμης ἐθελήσας ξενωθῆναι αὐτῷ, ἀλλ' ἐφυλάξατο μὴ ἄπιστος γενέσθαι τοῖς ἀφίστασθαι βουλομένοις.

6. ἐκεῖνό γε μὴν αὐτοῦ τίς οὐκ ἂν ἀγασθείη; ὁ μὲν γὰρ Πέρσης, νομίζων, ἢν χρήματα πλεῖστα ἔχῃ, πάνθ' ὑφ' ἑαυτῷ ποιήσεσθαι, διὰ τοῦτο πᾶν μὲν τὸ ἐν ἀνθρώποις χρυσίον, πᾶν δὲ τὸ ἀργύριον, πάντα δὲ τὰ πολυτελέστατα ἐπειρᾶτο πρὸς ἑαυτὸν ἁθροίζειν. ὁ δὲ οὕτως ἀντεσκευάσατο τὸν οἶκον ὥστε τούτων μηδενὸς προσδεῖσθαι. 7. εἰ δέ τις ταῦτα ἀπιστεῖ, ἰδέτω μὲν οἵα οἰκία ἤρκει αὐτῷ, θεασάσθω δὲ τὰς θύρας αὐτοῦ· εἰκάσειε γὰρ ἄν τις ἔτι ταύτας ἐκείνας εἶναι ἅσπερ Ἀριστόδημος ὁ Ἡρακλέους ὅτε κατῆλθε λαβὼν ἐπεστήσατο· πειράσθω δὲ θεάσασθαι τὴν ἔνδον κατασκευήν, ἐννοησάτω δὲ ὡς ἐθοίναζεν ἐν ταῖς θυσίαις, ἀκουσάτω δὲ ὡς ἐπὶ πολιτικοῦ καννάθρου κατῄει εἰς Ἀμύκλας ἡ θυγάτηρ αὐτοῦ. 8. τοιγαροῦν οὕτως ἐφαρμόσας τὰς

nötig sei, an ihn persönlich Briefe zu schicken, denn wenn er sich als Freund Spartas und als Griechenland wohlgesinnt erweise, werde er ihm ohnedies persönlich mit ganzer Überzeugung ein Freund sein. »Wenn sich aber«, sprach er, »herausstellt, dass er Arglistiges im Schilde führt, dann möge er nicht glauben, in mir einen Freund zu haben, auch wenn ich noch so viele Briefe von ihm erhalte.«

4. Ich nun lobe an Agesilaos, dass er den Griechen zuliebe die Gastfreundschaft des Großkönigs geringschätzte, und zugleich bewundere ich an ihm, dass er der Auffassung war, nicht wer mehr Geldmittel besitze und über mehr Untertanen herrsche, dürfe größer von sich denken, sondern wer selbst der Bessere sei und die Besseren führe. 5. An seiner Voraussicht aber lobe ich, dass er im Glauben, es sei ein Vorteil für Griechenland, wenn möglichst viele Satrapen vom Großkönig abfielen, sich weder durch Geschenke noch durch die Macht des Großkönigs dafür gewinnen ließ, mit diesem Gastfreundschaft zu schließen, sondern sich stattdessen hütete, denen, die abfallen wollten, untreu zu werden.

6. Wer freilich sollte nicht an ihm Folgendes bewundern? Der Perser nämlich suchte im Glauben, er könne sich, wenn er sehr viele Geldmittel habe, alles untertan machen, und trachtete deswegen alles Gold, alles Silber und alle Kostbarkeiten der Welt bei sich zu horten. Agesilaos aber hatte ganz im Gegensatz dazu sein Hauswesen so eingerichtet, dass er nichts von all dem bedurfte. 7. Wenn einer das aber nicht glauben möchte, soll er sehen, welches Haus (Agesilaos) genügte; er betrachte sich dessen Türen – es könnte nämlich jemand vermuten, es seien noch dieselben, die Aristodemos, der Abkömmling des Herakles, mit eigener Hand einsetzte, als er ins Land kam –, werfe einen Blick auf die Einrichtung des Innenraums, vernehme, wie er bei Opfern speiste, und höre, wie seine Tochter auf einem Korbwagen, wie ihn die gewöhnlichen Bürger benutzen, nach Amyklai reiste. 8. Da er so die Ausgaben den Einnahmen anpasste, war er nicht gezwungen,

δαπάνας ταῖς προσόδοις οὐδὲν ἠναγκάζετο χρημάτων ἕνεκα ἄδικον πράττειν. καίτοι καλὸν μὲν δοκεῖ εἶναι τείχη ἀνάλωτα κτᾶσθαι ὑπὸ πολεμίων· πολὺ μέντοι ἔγωγε κάλλιον κρίνω τὸ τὴν αὑτοῦ ψυχὴν ἀνάλωτον κατασκευάσαι καὶ ὑπὸ χρημάτων καὶ ὑπὸ ἡδονῶν καὶ ὑπὸ φόβου.

IX 1. Ἀλλὰ μὴν ἐρῶ γε ὡς καὶ τὸν τρόπον ὑπεστήσατο τῇ τοῦ Πέρσου ἀλαζονείᾳ. πρῶτον μὲν γὰρ ὁ μὲν τῷ σπανίως ὁρᾶσθαι ἐσεμνύνετο, Ἀγησίλαος δὲ τῷ ἀεὶ ἐμφανὴς εἶναι ἠγάλλετο, νομίζων αἰσχρουργίᾳ μὲν τὸ ἀφανίζεσθαι πρέπειν, τῷ δὲ εἰς κάλλος βίῳ τὸ φῶς μᾶλλον κόσμον παρέχειν. 2. ἔπειτα δὲ ὁ μὲν τῷ δυσπρόσοδος εἶναι ἐσεμνύνετο, ὁ δὲ τῷ πᾶσιν εὐπρόσοδος εἶναι ἔχαιρε· καὶ ὁ μὲν ἡβρύνετο τῷ βραδέως διαπράττειν, ὁ δὲ τότε μάλιστα ἔχαιρεν ὁπότε τάχιστα τυχόντας ὧν δέοιντο ἀποπέμποι.

3. ἀλλὰ μὴν καὶ τὴν εὐπάθειαν ὅσῳ ῥᾴονα καὶ εὐπορωτέραν Ἀγησίλαος ἐπετήδευσεν ἄξιον κατανοῆσαι. τῷ μὲν γὰρ Πέρσῃ πᾶσαν γῆν περιέρχονται μαστεύοντες τί ἂν ἡδέως πίοι, μυρίοι δὲ τεχνῶνται τί ἂν ἡδέως φάγοι· ὅπως γε μὲν καταδάρθοι οὐδ' ἂν εἴποι τις ὅσα πραγματεύονται. Ἀγησίλαος δὲ διὰ τὸ φιλόπονος εἶναι πᾶν μὲν τὸ παρὸν ἡδέως ἔπινε, πᾶν δὲ τὸ συντυχὸν ἡδέως ἤσθιεν· εἰς δὲ τὸ ἀσμένως κοιμηθῆναι πᾶς τόπος ἱκανὸς ἦν αὐτῷ. 4. καὶ ταῦτα οὐ μόνον πράττων ἔχαιρεν, ἀλλὰ καὶ ἐνθυμούμενος ἠγάλλετο ὅτι αὐτὸς μὲν ἐν μέσαις ταῖς εὐφροσύναις ἀναστρέφοιτο, τὸν δὲ βάρβαρον ἑώρα, εἰ μέλλοι ἀλύπως βιώσεσθαι, συνελκυστέον αὐτῷ ταῖς ἀπὸ περάτων τῆς γῆς τὰ τέρψοντα.

5. ηὔφραινε δὲ αὐτὸν καὶ τάδε, ὅτι αὐτὸς μὲν ᾔδει τῇ τῶν

des Geldes wegen ein Unrecht zu begehen. Zwar gilt es als rühmlich, Mauern zu besitzen, welche die Feinde nicht bezwingen können, doch ich erachte es für viel schöner, die eigene Seele so zu festigen, dass sie Reichtümern, Schwelgerei und Furcht widersteht.

IX 1. Ich will weiterhin darstellen, auf welche Weise er sich in seinem Wesen vom Großtun des Persers abhob. Erstens nämlich hielt dieser es für ein Zeichen seiner Würde, selten in der Öffentlichkeit zu erscheinen, während Agesilaos seine Freude daran hatte, stets in Erscheinung zu treten, da er der Meinung war, schlechten Menschen zieme es, sich zu verbergen, dem aber, der ein vortreffliches Leben führe, verleihe das Licht (der Öffentlichkeit) noch mehr Glanz. 2. Zweitens bildete jener sich etwas darauf ein, dass der Zugang zu ihm schwierig war, während dieser sich freute, jedermann leichten Zugang zu gewähren. Und während jener sich darin gefiel, die Geschäfte langsam zu erledigen, freute sich dieser jedes Mal dann am meisten, wenn er Bittsteller nach Erfüllung ihres Anliegens sehr schnell entlassen konnte.

3. Aber auch das ist bemerkenswert, um wie viel leichter und müheloser Agesilaos für sein Wohlergehen sorgte. Für den Perser nämlich durchziehen Leute die ganze Erde und suchen nach dem, was er gerne trinkt, unzählige (Köche) bereiten zu, was er gerne isst, und welcher Aufwand betrieben wird, damit er einschlafe, lässt sich kaum sagen. Agesilaos aber, der die Anstrengung liebte, trank gerne alles, was gerade da war, und aß gerne, was zur Verfügung stand. Um sich auf angenehme Weise schlafen zu legen, war ihm jeder Ort willkommen. 4. Und nicht nur dies zu tun, bereitete ihm Freude, sondern schon der Gedanke machte ihn stolz, inmitten von Annehmlichkeiten zu leben, während er sah, dass sie für den Barbaren, wenn er leidlich leben wollte, Dinge, die ihn ergötzen konnten, von den Grenzen der Erde herbeischaffen mussten.

5. Ihn erfreute aber auch sein Bewusstsein, sich ungetrübt in

θεῶν κατασκευῇ δυνάμενος ἀλύπως χρῆσθαι, τὸν δὲ ἑώρα φεύγοντα μὲν θάλπη, φεύγοντα δὲ ψύχη, δι' ἀσθένειαν ψυχῆς, οὐκ ἀνδρῶν ἀγαθῶν ἀλλὰ θηρίων τῶν ἀσθενεστάτων βίον μιμούμενον. 6. ἐκεῖνό γε μὴν πῶς οὐ καλὸν καὶ μεγαλογνῶμον, τὸ αὐτὸν μὲν ἀνδρὸς ἔργοις καὶ κτήμασι κοσμεῖν τὸν ἑαυτοῦ οἶκον, κύνας τε πολλοὺς θηρευτὰς καὶ ἵππους πολεμιστηρίους τρέφοντα, Κυνίσκαν δὲ ἀδελφὴν οὖσαν πεῖσαι ἁρματοτροφεῖν καὶ ἐπιδεῖξαι νικώσης αὐτῆς ὅτι τὸ θρέμμα τοῦτο οὐκ ἀνδραγαθίας ἀλλὰ πλούτου ἐπίδειγμά ἐστι; 7. τόδε γε μὴν πῶς οὐ σαφῶς πρὸς τὸ γενναῖον ἔγνω, ὅτι ἅρματι μὲν νικήσας τοὺς ἰδιώτας οὐδὲν ὀνομαστότερος ἂν εἴη γένοιτο, εἰ δὲ φίλην μὲν πάντων μάλιστα τὴν πόλιν ἔχοι, πλείστους δὲ φίλους καὶ ἀρίστους ἀνὰ πᾶσαν τὴν γῆν κεκτῆτο, νικῴη δὲ τὴν μὲν πατρίδα καὶ τοὺς ἑταίρους εὐεργετῶν, τοὺς δὲ ἀντιπάλους τιμωρούμενος, ὅτι οὕτως ἂν εἴη νικηφόρος τῶν καλλίστων καὶ μεγαλοπρεπεστάτων ἀγωνισμάτων καὶ ὀνομαστότατος καὶ ζῶν καὶ τελευτήσας γένοιτ' ἄν;

X 1. Ἐγὼ μὲν οὖν τοιαῦτα ἐπαινῶ Ἀγησίλαον. ταῦτα γὰρ οὐχ ὥσπερ εἰ θησαυρῷ τις ἐντύχοι, πλουσιώτερος μὲν ἂν εἴη, οἰκονομικώτερος δὲ οὐδὲν ἄν, καὶ εἰ νόσου δὲ πολεμίοις ἐμπεσούσης κρατήσειεν, εὐτυχέστερος μὲν ἂν εἴη, στρατηγικώτερος δὲ οὐδὲν ἄν· ὁ δὲ καρτερίᾳ μὲν πρωτεύων ἔνθα πονεῖν καιρός, ἀλκῇ δὲ ὅπου ἀνδρείας ἀγών, γνώμῃ δὲ ὅπου βουλῆς ἔργον, οὗτος ἔμοιγε δοκεῖ δικαίως ἀνὴρ ἀγαθὸς παντελῶς ἂν νομίζεσθαι. 2. εἰ δὲ καλὸν εὕρημα ἀνθρώποις στάθμη καὶ κανὼν πρὸς τὸ ὀρθὰ ἐργάζεσθαι, καλὸν ἄν μοι δοκεῖ εἶναι ἡ Ἀγησιλάου ἀρετὴ παράδειγμα γενέσθαι τοῖς ἀνδραγαθίαν

die göttliche Anordnung (der Jahreszeiten) fügen zu können, während er sah, dass jener bald vor der Hitze, bald vor der Kälte floh und aus Schwäche nicht die Lebensgewohnheiten tapferer Männer, sondern die der schwächsten Tiere nachahmte. 6. Wie aber sollte das nicht von hoher Gesinnung und Selbstgefühl zeugen, dass (Agesilaos) nicht nur seinen eigenen Haushalt mit den Taten und Besitztümern, die eines Mannes würdig sind, schmückte, viele Jagdhunde und Streitrosse hielt, sondern auch seine Schwester Kyniska überredete, Rennpferde für Wettfahrten zu halten, mit deren Sieg sie zeigte, dass diese zu halten kein Beweis für männliche Tapferkeit, sondern bloß ein Beleg von Reichtum ist.

7. Dachte er nicht offenkundig in dem Punkt ehrenhaft, dass ein Sieg im Wagenrennen über einen Bürger seinen Ruhm kein bisschen mehre, wenn er aber die Liebe seiner Stadt von allen am stärksten besitze, die meisten und besten Freunde auf der Erde erwerbe, erfolgreich sei im Erweisen von Wohltaten für die Stadt und die Gefährten sowie in der Bestrafung der Feinde, dass er dann Sieger in den schönsten und glänzendsten Wettkämpfen sei und den größten Ruhm zu Lebzeiten und nach dem Tod genieße?

X 1. Für all solches also lobe ich Agesilaos. Es ist nämlich nicht so, als ob der, welcher aus Zufall einen Schatz fände und reicher würde, dadurch besser haushalten könnte, oder so, als ob der, welcher über die von einer Krankheit geschwächten Feinde siegte und dadurch Erfolge erzielte, auch ein besserer Feldherr wäre. Wer sich aber durch Beharrlichkeit auszeichnet, wo es gilt, Mühen auf sich zu nehmen, wer durch Stärke, wo Tapferkeit erforderlich ist, wer durch Überlegung, wo es auf einen guten Rat ankommt, der wird meines Erachtens mit Recht für einen vollkommenen Mann gehalten. 2. Wenn nun aber Maß und Richtschnur eine schöne Erfindung für die Menschen sind, um gute Werke zu vollbringen, so scheint mir Agesilaos ein Beispiel für diejenigen zu sein, die sich zu einem tüchtigen Menschen heranbilden wollen. Wer näm-

ἀσκεῖν βουλομένοις. τίς γὰρ ἂν ἢ θεοσεβῆ μιμούμενος ἀνόσιος γένοιτο ἢ δίκαιον ἄδικος ἢ σώφρονα ὑβριστὴς ἢ ἐγκρατῆ ἀκρατής; καὶ γὰρ δὴ οὐχ οὕτως ἐπὶ τῷ ἄλλων βασιλεύειν ὡς ἐπὶ τῷ ἑαυτοῦ ἄρχειν ἐμεγαλύνετο, οὐδ' ἐπὶ τῷ πρὸς τοὺς πολεμίους ἀλλ' ἐπὶ τῷ πρὸς πᾶσαν ἀρετὴν ἡγεῖσθαι τοῖς πολίταις.

3. ἀλλὰ γὰρ μὴ ὅτι τετελευτηκὼς ἐπαινεῖται τούτου ἕνεκα θρῆνόν τις τοῦτον τὸν λόγον νομισάτω, ἀλλὰ πολὺ μᾶλλον ἐγκώμιον. πρῶτον μὲν γὰρ ἅπερ ζῶν ἤκουε ταὐτὰ καὶ νῦν λέγεται περὶ αὐτοῦ· ἔπειτα δὲ τί καὶ πλέον θρήνου ἄπεστιν ἢ βίος τε εὐκλεὴς καὶ θάνατος ὡραῖος; ἐγκωμίων δὲ τί ἀξιώτερον ἢ νῖκαί τε αἱ κάλλισται καὶ ἔργα τὰ πλείστου ἄξια; 4. δικαίως δ' ἂν ἐκεῖνός γε μακαρίζοιτο ὃς εὐθὺς μὲν ἐκ παιδὸς ἐρασθεὶς τοῦ εὐκλεὴς γενέσθαι ἔτυχε τούτου μάλιστα τῶν καθ' ἑαυτόν· φιλοτιμότατος δὲ πεφυκὼς ἀήττητος διετέλεσεν, ἐπεὶ βασιλεὺς ἐγένετο. ἀφικόμενος δὲ ἐπὶ τὸ μήκιστον ἀνθρωπίνου αἰῶνος ἀναμάρτητος ἐτελεύτησε καὶ περὶ τούτους ὧν ἡγεῖτο καὶ πρὸς ἐκείνους οἷς ἐπολέμει.

XI 1. Βούλομαι δὲ καὶ ἐν κεφαλαίοις ἐπανελθεῖν τὴν ἀρετὴν αὐτοῦ, ὡς ἂν ὁ ἔπαινος εὐμνημονεστέρως ἔχῃ.

Ἀγησίλαος ἱερὰ μὲν καὶ τὰ ἐν τοῖς πολεμίοις ἐσέβετο, ἡγούμενος τοὺς θεοὺς οὐχ ἧττον ἐν τῇ πολεμίᾳ χρῆναι ἢ ἐν τῇ φιλίᾳ συμμάχους ποιεῖσθαι· ἱκέτας δὲ θεῶν οὐδὲ ἐχθροὺς ἐβιάζετο, νομίζων ἄλογον εἶναι τοὺς μὲν ἐξ ἱερῶν κλέπτοντας ἱεροσύλους καλεῖν, τοὺς δὲ βωμῶν ἱκέτας ἀποσπῶντας

lich könnte gottlos werden, wenn er einen Gottesfürchtigen zum Vorbild hat, wer ungerecht, wenn er einen Gerechten, wer maßlos, wenn er einen Maßvollen, wer unbeherrscht, wenn er einen Selbstbeherrschten (nachahmt)? (Agesilaos) rühmte sich nämlich nicht so sehr, dass er Herrscher über andere war, als dass er sich selbst beherrschte, und nicht dafür, dass er seine Mitbürger gegen die Feinde, sondern auf den Weg zu jeder Art von Tugend führte.

3. Auch wenn Agesilaos nämlich erst nach seinem Tode solche Würdigung erfährt, möge deswegen niemand diese Schrift für eine Wehklage halten, sondern vielmehr für einen Lobpreis. Zunächst wird nämlich auch jetzt über ihn nur gesagt, was er schon zu Lebzeiten hörte. Danach, was ist weiter von einem Klagelied entfernt als ein ruhmreiches Leben und ein Tod zur richtigen Zeit? Was aber ist einer Lobrede angemessener als die schönsten Siege und die verdienstvollsten Taten? 4. Mit Recht kann der glücklich gepriesen werden, der, sogleich von Kindheit an vom Wunsch beseelt, berühmt zu werden, dies wie kein anderer seiner Zeitgenossen erreichte. Von Natur aus von höchstem Ehrgeiz beseelt, blieb er unbesiegt, seit er König geworden war. Nachdem er das höchste menschliche Alter erreicht hatte, starb er, ohne einen Vorwurf auf sich zu ziehen, weder von Seiten derer, die er befehligte, noch derer, die er bekriegte.

XI 1. Ich will aber noch in den Hauptpunkten die Vorzüge des Agesilaos durchgehen, damit sein Lob leichter im Gedächtnis haften bleibt.

Agesilaos ehrte die Heiligtümer auch bei den Feinden, da er glaubte, sich die Götter nicht weniger im Land der Feinde als in dem der Freunde zu Bundesgenossen machen zu müssen. Gegen die bei den Göttern Schutzsuchenden ging er selbst dann nicht mit Zwang vor, wenn es Feinde waren, da er der Meinung war, es sei widersinnig, diejenigen, die in Heiligtümern stahlen, Tempelräuber zu nennen, diejenigen aber, die Schutzflehende von den Altären ris-

εὐσεβεῖς ἡγεῖσθαι. 2. ἐκεῖνός γε μὴν ὑμνῶν οὔποτ' ἔληγεν ὡς τοὺς θεοὺς οἴοιτο οὐδὲν ἧττον ὁσίοις ἔργοις ἢ ἁγνοῖς ἱεροῖς ἥδεσθαι. ἀλλὰ μὴν καὶ ὁπότε εὐτυχοίη, οὐκ ἀνθρώπων ὑπερεφρόνει, ἀλλὰ θεοῖς χάριν ᾔδει. καὶ θαρρῶν πλείονα ἔθυεν ἢ ὀκνῶν ηὔχετο. εἴθιστο δὲ φοβούμενος μὲν ἱλαρὸς φαίνεσθαι, εὐτυχῶν δὲ πρᾷ?ος εἶναι.

3. τῶν γε μὴν φίλων οὐ τοὺς δυνατωτάτους ἀλλὰ τοὺς προθυμοτάτους μάλιστα ἠσπάζετο. ἐμίσει οὐκ εἴ τις κακῶς πάσχων ἠμύνετο, ἀλλ' εἴ τις εὐεργετούμενος ἀχάριστος φαίνοιτο. ἔχαιρε δὲ τοὺς μὲν αἰσχροκερδεῖς πένητας ὁρῶν, τοὺς δὲ δικαίους πλουσίους ποιῶν, βουλόμενος τὴν δικαιοσύνην τῆς ἀδικίας κερδαλεωτέραν καθιστάναι. 4. ἤσκει δὲ ἐξομιλεῖν μὲν παντοδαποῖς, χρῆσθαι δὲ τοῖς ἀγαθοῖς. ὁπότε δὲ ψεγόντων ἢ ἐπαινούντων τινὰς ἀκούοι, οὐχ ἧττον ᾤετο καταμανθάνειν τοὺς τῶν λεγόντων τρόπους ἢ περὶ ὧν λέγοιεν. καὶ τοὺς μὲν ὑπὸ φίλων ἐξαπατωμένους οὐκ ἔψεγε, τοὺς δὲ ὑπὸ πολεμίων πάμπαν κατεμέμφετο, καὶ τὸ μὲν ἀπιστοῦντας ἐξαπατᾶν σοφὸν ἔκρινε, τὸ δὲ πιστεύοντας ἀνόσιον.

5. ἐπαινούμενος δὲ ἔχαιρεν ὑπὸ τῶν καὶ ψέγειν ἐθελόντων τὰ μὴ ἀρεστά, καὶ τῶν παρρησιαζομένων οὐδένα ἤχθραινε, τοὺς δὲ κρυψίνους ὥσπερ ἐνέδρας ἐφυλάττετο. τούς γε μὴν διαβόλους μᾶλλον ἢ τοὺς κλέπτας ἐμίσει, μείζω ζημίαν ἡγούμενος φίλων ἢ χρημάτων στερίσκεσθαι. 6. καὶ τὰς μὲν τῶν ἰδιωτῶν ἁμαρτίας πρᾴως ἔφερε, τὰς δὲ τῶν ἀρχόντων μεγάλας ἦγε, κρίνων τοὺς μὲν ὀλίγα, τοὺς δὲ πολλὰ κακῶς διατιθέναι. τῇ δὲ βασιλείᾳ προσήκειν ἐνόμιζεν οὐ ῥᾳδιουργίαν ἀλλὰ καλοκἀγαθίαν. 7. καὶ

sen, für gottesfürchtig zu halten. 2. Immerfort führte er den Ausspruch im Mund, er glaube, die Götter freuten sich nicht weniger über fromme Taten als über lautere Opfer. Auch wenn er Erfolg hatte, erhob er sich nicht über die Menschen, sondern wusste den Göttern Dank. Und wenn er guten Mutes war, brachte er mehr Opfer, als er in verzweifelter Lage gelobt hatte. Er war gewohnt, sich in der Furcht heiter, im Glück hingegen demütig zu zeigen.

3. Unter den Freunden schätzte er am meisten nicht die mächtigsten, sondern die treuesten. Er verabscheute keinen, der sich, weil er übel behandelt worden war, dafür rächte, sondern den, der sich, obgleich er Wohltaten empfangen hatte, undankbar zeigte. Ihn freute es, wenn er Gewinnsüchtige verarmt sah, aber Redliche reich machen konnte, denn er wollte es dahin bringen, dass Redlichkeit gewinnbringender war als Unredlichkeit. 4. Ihm gefiel es, mit Menschen aller Art Umgang zu haben, auf vertraute Weise aber nur mit den Guten. Jedes Mal wenn er Leute andere tadeln oder loben hörte, meinte er nicht weniger die Wesenszüge der Sprechenden als derjenigen, über die sie sprachen, kennenzulernen. Auch tadelte er nicht die, welche sich von Freunden hintergehen ließen, schalt aber sehr jene, die sich von Feinden (täuschen ließen). Zu täuschen erachtete er gegenüber Misstrauischen für klug, gegenüber denen aber, die Vertrauen schenkten, als ruchlos.

5. Über Lob freute er sich, wenn es von denen kam, die auch Missstände zu tadeln wagten, und niemanden, der freimütig sprach, feindete er an; vor Leuten aber, die ihre Gedanken verbargen, hütete er sich wie vor einem Hinterhalt. Verleumder verabscheute er mehr als Diebe, betrachtete er es doch als einen größeren Verlust, seine Freunde als sein Geld zu verlieren. 6. Fehler von gewöhnlichen Bürgern verzieh er gern, solche von Anführern hingegen betrachtete er als schwerwiegend, da er der Meinung war, die einen richteten geringen, die anderen großen Schaden an. Dem Königtum, so glaubte er, komme nicht Leichtsinn, sondern gewissenhaftes Streben zu.

τοῦ μὲν σώματος εἰκόνα στήσασθαι ἀπέσχετο, πολλῶν αὐτῷ τοῦτο δωρεῖσθαι θελόντων, τῆς δὲ ψυχῆς οὐδέποτε ἐπαύετο μνημεῖα διαπονούμενος, ἡγούμενος τὸ μὲν ἀνδριαντοποιῶν, τὸ δὲ αὑτοῦ ἔργον εἶναι, καὶ τὸ μὲν πλουσίων, τὸ δὲ τῶν ἀγαθῶν.

8. χρήμασί γε μὴν οὐ μόνον δικαίως ἀλλὰ καὶ ἐλευθερίως ἐχρῆτο, τῷ μὲν δικαίῳ ἀρκεῖν ἡγούμενος τὸ ἐᾶν τὰ ἀλλότρια, τῷ δὲ ἐλευθερίῳ καὶ τῶν ἑαυτοῦ προσωφελητέον εἶναι. αἰεὶ δὲ δεισιδαίμων ἦν, νομίζων τοὺς μὲν καλῶς ζῶντας οὔπω εὐδαίμονας, τοὺς δὲ εὐκλεῶς τετελευτηκότας ἤδη μακαρίους. 9. μείζω δὲ συμφορὰν ἔκρινε τὸ γιγνώσκοντα ἢ ἀγνοοῦντα ἀμελεῖν τῶν ἀγαθῶν. δόξης δὲ οὐδεμιᾶς ἤρα ἧς οὐκ ἐξεπόνει τὰ ἴδια. μετ' ὀλίγων δέ μοι ἐδόκει ἀνθρώπων οὐ καρτερίαν τὴν ἀρετὴν ἀλλ' εὐπάθειαν νομίζειν· ἐπαινούμενος γοῦν ἔχαιρε μᾶλλον ἢ χρήματα κτώμενος. ἀλλὰ μὴν ἀνδρείαν γε τὸ πλέον μετ' εὐβουλίας ἢ μετὰ κινδύνων ἐπεδείκνυτο, καὶ σοφίαν ἔργῳ μᾶλλον ἢ λόγοις ἤσκει.

10. πρᾳότατός γε μὴν φίλοις ὢν ἐχθροῖς φοβερώτατος ἦν· καὶ πόνοις μάλιστα ἀντέχων ἑταίροις ἥδιστα ὑπεῖκε, καλῶν ἔργων μᾶλλον ἢ τῶν καλῶν σωμάτων ἐπιθυμῶν. ἔν γε μὴν ταῖς εὐπραξίαις σωφρονεῖν ἐπιστάμενος ἐν τοῖς δεινοῖς εὔθαρσὴς ἐδύνατο εἶναι.

11. καὶ τὸ εὔχαρι οὐ σκώμμασιν ἀλλὰ τρόπῳ ἐπετήδευε, καὶ τῷ μεγαλόφρονι οὐ σὺν ὕβρει ἀλλὰ σὺν γνώμῃ ἐχρῆτο· τῶν γοῦν ὑπεραύχων καταφρονῶν τῶν μετρίων ταπεινότερος ἦν. καὶ γὰρ ἐκαλλωπίζετο τῇ μὲν ἀμφὶ τὸ σῶμα φαυλότητι, τῷ δ' ἀμφὶ τὸ στράτευμα κόσμῳ καὶ τῷ μὲν αὐτὸς ὡς ἐλαχίστων

7. Bildnisse seines Äußeren zu erstellen verbat er sich, auch wenn viele ihm solche zu schenken begehrten. Andererseits hörte er niemals auf, sich um Denkmäler seines Geistes zu bemühen, da er der Meinung war, das eine sei das Werk von Bildhauern, das andere sein eigenes, jenes eine Sache der Reichen, dieses eine der Guten.

8. In Geldangelegenheiten war er nicht nur gerecht, sondern auch freigebig, denn er glaubte, dem Gerechten genüge es, fremdes Eigentum nicht anzutasten, der Freigebige aber müsse auch von seinem eigenen Vermögen aushelfen. Stets fürchtete er die Götter, da er glaubte, dass die, welche gut leben, noch nicht glücklich sind, sondern erst, die ruhmvoll starben, selig zu preisen sind.

9. Für ein größeres Unglück hielt er es, das Gute zu vernachlässigen, wenn jemand es kennt, als wenn er es nicht kennt. Ruhm, den er nicht eigenen Taten verdankte, begehrte er nicht. Er zählte zu den wenigen Menschen, die Tugend nicht für eine beschwerliche Sache, sondern für ein Vergnügen halten. Über Lob freute er sich mehr als über Geld. Mut bewies er mehr in klugem Rat als in überstürztem Wagnis, Klugheit mehr in Taten als in Worten.

10. Äußerst milde zu seinen Freunden, war er den Feinden gegenüber durchaus unerbittlich. Während er im Ertragen von Strapazen höchst ausdauernd war, war er den Gefährten gegenüber sehr nachgiebig, da es ihn mehr nach schönen Taten als nach schönen Körpern verlangte. Bei glücklichen Unternehmungen wusste er sich zu mäßigen, in Gefahren vermochte er zuversichtlich zu sein.

11. Als liebenswürdig wollte er sich nicht durch Scherze, sondern durch seine Lebensart erweisen, und der Stolz, den er besaß, war nicht mit Überheblichkeit, sondern mit Selbstbewusstsein verbunden. Daher verachtete er die Anmaßenden und war anspruchsloser als die Bescheidenen. Auch suchte er nämlich seine Ehre einerseits im schlichten Äußeren, andererseits in der glänzenden Ausrüstung des Heeres und darin, dass er selbst möglichst

δεῖσθαι, τῷ δὲ τοὺς φίλους ὡς πλεῖστα ὠφελεῖν. 12. πρὸς δὲ τούτοις βαρύτατος μὲν ἀνταγωνιστὴς ἦν, κουφότατος δὲ κρατήσας· ἐχθροῖς μὲν δυσεξαπάτητος, φίλοις δὲ εὐπαραπειστότατος. αἰεὶ δὲ τιθεὶς τὰ τῶν φίλων ἀσφαλῶς αἰεὶ ἀμαυροῦν τὰ τῶν πολεμίων ἔργον εἶχεν. 13. ἐκεῖνον οἱ μὲν συγγενεῖς φιλοκηδεμόνα ἐκάλουν, οἱ δὲ χρώμενοι ἀπροφάσιστον, οἱ δ' ὑπουργήσαντές τι μνήμονα, οἱ δ' ἀδικούμενοι ἐπίκουρον, οἵ γε μὴν συγκινδυνεύοντες μετὰ θεοὺς σωτῆρα. 14. δοκεῖ δ' ἔμοιγε καὶ τόδε μόνος ἀνθρώπων ἐπιδεῖξαι, ὅτι ἡ μὲν τοῦ σώματος ἰσχὺς γηράσκει, ἡ δὲ τῆς ψυχῆς ῥώμη τῶν ἀγαθῶν ἀνδρῶν ἀγήρατός ἐστιν. ἐκεῖνος γοῦν οὐκ ἀπεῖπε μεγάλην καὶ καλὴν ἐφιέμενος δόξαν, ἔστε τὸ σῶμα φέρειν ἐδύνατο τὴν τῆς ψυχῆς αὐτοῦ ῥώμην. 15. τοιγαροῦν ποίας οὐ νεότητος κρεῖττον τὸ ἐκείνου γῆρας ἐφάνη; τίς μὲν γὰρ τοῖς ἐχθροῖς ἀκμάζων οὕτω φοβερὸς ἦν ὡς Ἀγησίλαος τὸ μήκιστον τοῦ αἰῶνος ἔχων; τίνος δ' ἐκποδὼν γενομένου μᾶλλον ἥσθησαν οἱ πολέμιοι ἢ Ἀγησιλάου καίπερ γηραιοῦ τελευτήσαντος; τίς δὲ συμμάχοις θάρσος παρέσχεν ὅσον Ἀγησίλαος, καίπερ ἤδη πρὸς τῷ στόματι τοῦ βίου ὤν; τίνα δὲ νέον οἱ φίλοι πλέον ἐπόθησαν ἢ Ἀγησίλαον γηραιὸν ἀποθανόντα;

16. οὕτω δὲ τελέως ὁ ἀνὴρ τῇ πατρίδι ὠφέλιμος ὢν διεγένετο ὡς καὶ τετελευτηκὼς ἤδη ἔτι μεγαλείως ὠφελῶν τὴν πόλιν εἰς τὴν ἀίδιον οἴκησιν κατηγάγετο, μνημεῖα μὲν τῆς ἑαυτοῦ ἀρετῆς ἀνὰ πᾶσαν τὴν γῆν κτησάμενος, τῆς δὲ βασιλικῆς ταφῆς ἐν τῇ πατρίδι τυχών.

weniger Dinge bedurfte, den Freunden aber möglichst viel Nutzen brachte. 12. Zudem war er als Gegner sehr hart, als Sieger äußerst mild; von Feinden war er nur schwer zu hintergehen, von Freunden aber leicht zu bereden. Stets suchte er die Lage der Freunde sicherzustellen und gab sich Mühe, die der Feinde zu schwächen. 13. Seine Verwandten lobten sein liebevolles Wesen, die, die im vertrauten Umgang mit ihm standen, seine Verlässlichkeit, die, die ihm gedient hatten, seine Dankbarkeit, die, die Unrecht erlitten hatten, seinen Beistand und denen, die mit ihm Gefahren durchlitten, galt er nächst den Göttern als ihr Retter. 14. Auch scheint er meiner Meinung nach als einziger von allen Menschen gezeigt zu haben, dass, wenn auch die Körperkraft mit dem Alter nachlässt, die Seelenstärke edler Männer doch alterslos ist. Er jedenfalls gab nie auf, nach großen und schönen Zielen zu streben, bis der Körper seiner Geisteskraft nicht mehr standhielt. 15. Welcher Jugend schien da nicht sein Alter überlegen? Wer wohl flößte in der Blüte seines Lebens den Feinden so viel Furcht ein wie Agesilaos in seinen äußersten Lebensjahren? Wessen Tod erleichterte die Feinde mehr als der des Agesilaos, obwohl er hochbetagt starb? Wer machte den Bundesgenossen so viel Mut wie Agesilaos, obgleich er bereits am Ausgang seines Lebens stand? Welchen jungen Mann vermissten die Freunde mehr als Agesilaos, obwohl er in hohem Alter starb?

16. So sehr machte sich dieser Mann sein ganzes Leben lang der Vaterstadt nützlich, dass er auch nach seinem Tod nicht in die ewigen Wohnungen einging, ohne noch der Vaterstadt in großartiger Weise zu nützen, indem er Denkmäler seiner Tüchtigkeit über die ganze Erde verstreut zurückließ und in der Heimat ein königliches Begräbnis erhielt.

HIERON ODER ÜBER DIE TYRANNIS

EINLEITUNG

Die kleine Schrift über die Tyrannis lässt sich in verschiedene Kategorien einordnen. Der Form nach ist sie ein sokrateischer Dialog, dem Inhalt nach gehört sie in die große Diskussion um den Charakter der Macht, die im 4. Jahrhundert wieder auflebte und geistesgeschichtlich das hellenistische Königtum vorbereitete. *Cum grano salis* darf man das Gespräch über Tyrannis auch als historisches Werk bezeichnen, da der Autor einen Rahmen konstruiert, der dem Dialog eine geschichtliche Dimension geben soll.

Warum Xenophon auf die Idee verfiel, eine Schrift über die Tyrannis zu erstellen, ist schwer zu sagen. Der Sturz der Tyrannenherrschaft in Athen lag eineinhalb Jahrhunderte zurück. Die sogenannten 30 Tyrannen, in deren Reiterei Xenophon diente, bildeten eine oligarchische Regierung, auch wenn das Verhalten einzelner der »Dreißig« an einen Tyrannen erinnerte. Überhaupt agieren in den *Hellenika* gelegentlich Machthaber wie Tyrannen, ohne es jedoch zu sein. Der einzige Tyrann im griechischen Mutterland, mit dem Xenophon in seiner Geschichtsschreibung konfrontiert wurde und dem er sich in den *Hellenika* ausführlich widmet (VI 1.1.–4.37), ist Iason von Pherai. Ob dieser Auslöser einer Diskussion über diese Staatsform war oder gar Xenophon zu seiner Schrift anregte, bleibt unbekannt. In jedem Fall scheute Xenophon jede direkte Beziehung zur Tyrannis in Athen, obgleich sich seine Vorgänger Herodot und Thukydides ausführlich mit ihr beschäftigt hatten. Er entschied sich stattdessen für einen sizilischen Tyrannen, nämlich Hieron, dem er als Gesprächspartner den Dichter Simonides gegenüberstellte. Das war klug gewählt, denn dieser – und so ergibt sich doch noch ein Verweis auf die athenische Vergangenheit – stand einige Zeit im Dienst der Tyrannenfamilie der Peisistratiden, nachdem Hipparchos ihn durch Schenkungen zur Übersiedlung nach Athen veran-

lasst hatte. Er war also mit dem Wesen der Tyrannis gut vertraut. In seinen letzten Lebensjahren kam Simonides nach Sizilien an den Hof des Hieron, vielleicht sogar als dessen Berater. Dieser war ein Bruder des Tyrannen Gelon, dem er zunächst als Herrscher von Gela nachfolgte, bis er dann nach dessen Tod 478 die Tyrannis von Syrakus übernahm. Hieron wie Simonides starben etwa Mitte der sechziger Jahre, das von Xenophon behauptete Gespräch müsste, wenn es denn historisch gewesen wäre, im Jahrzehnt davor stattgefunden haben. Indes enthält die Schrift unbestritten Überlegungen und Vorstellungen Xenophons, sei es, dass sie originär sind, sei es, dass sie der Autor in Werken der Zeit vorfand und sich zu eigen machte. Dass sich Platon kurz vor der Niederschrift des »Hieron« mit der Absicht einer Reform der Herrschaft des jungen Dionysios II. in Sizilien aufhielt (366), könnte das Vorbild für die Gesprächssituation gewesen sein, die Xenophon schließlich wählte.

Datiert wird der »Hieron« in nahezu alle Lebensphasen Xenophons, von 404 bis 357. Da der Autor von *seinen* Athenern in der ersten Person Plural spricht (IX 4), lässt sich aber vermuten, dass er sich mit ihnen (und sie mit ihm) bereits ausgesöhnt hatte. Als Entstehungszeit kämen demnach die sechziger Jahre (*terminus post quem* etwa 368) infrage. Indes weisen die im »Hieron« artikulierten Fragen, so die Notwendigkeit eines gesicherten Einkommens für die ärmere Bevölkerung, die Probleme mit den Söldnern und den außerordentlichen Steuern, den Eisphorai, wie auch das Bemühen, die Erträge der Landwirtschaft zu steigern, in das Athen der fünfziger Jahre. Anklänge an Platons »Staat« und den »Nikokles« des Isokrates (beide ca. 374) wurden angeführt, doch wesentlich bleiben die Übereinstimmungen mit Xenophons letzter Schrift, den »Poroi oder Über Einkünfte« von etwa 355. In dieser wie im »Hieron« geht es u. a. um die Förderung des Handels, die Zwecke der Eisphorai und die Motivierung der Bürger durch das Aussetzen von Preisen. Die späten sechziger Jahre, wahrscheinlich sogar die frühen fünfziger Jahre, scheinen daher der beste zeitliche Ansatz.

Die Schrift umfasst elf Kapitel und gliedert sich in zwei Teile. Der erste, der die Kapitel I–VII umfasst, beschäftigt sich mit dem Leben des Tyrannen, das als in jeder Beziehung – privat und öffentlich lässt sich nicht trennen – als unglücklich erscheint. Der Tyrann kann, was anderen Reichen Freude bereitet – Xenophon nennt raffinierte Speisen, erlesene Getränke, schöne Knaben, Reisen zu Festversammlungen, Spielen oder Sehenswürdigkeiten –, nicht goutieren; die echte Liebe von Freunden, Hetairen und insbesondere der Familie bleibt ihm versagt; ob im Frieden, im Krieg oder im Sieg, nirgends vermag er, obwohl er über Besitztümer, Ehrungen und Macht verfügt, auf die Eudaimonia eines Bürgers zu hoffen, da ihm jegliches Vertrauen und alle Sicherheit fehlen. Schmeichelei, Verrat und Gewalt umgeben ihn, das Gefühl, das ihn beherrscht, ist das der Furcht.

Das sind Tyrannentopoi und jeder Athener kannte sie, denn die Furcht vor der Tyrannis, die ursprünglich eine der Aristokratie war, deren Machtstellung zuerst von den Alleinherrschern erschüttert wurde, gehörte nach deren allmählichen Installation im Gefolge der Perserkriege zu den Konstanten der Demokratie. Die Herrschaft der »Dreißig« hatte sie bestätigt und in der Erinnerung wachgehalten. Neu an den Einwänden gegen die Tyrannis ist etwas anderes. Nicht Simonides erhebt sie, er ist nur der sokrateische Fragesteller. Es ist Hieron selbst, der alles Negative gegen den illegitimen Alleinherrscher vorbringt und es damit auch zugleich teilweise aufhebt. Ihn zeichnen Einsicht in die Verhältnisse und Wahrheitsliebe aus.

Xenophon verzichtet auf jegliche logische und empirische Beweisführung, mit der sich die Tyrannis begründen oder widerlegen lässt. *Sein* Tyrann konterkariert in vielen Punkten das Bild eines Gewaltherrschers, wie es die griechische Öffentlichkeit pflegte. Er lässt mit sich reden, ringt um Verständnis, vermeidet Exzesse, bettelt um Sympathie, giert nach Liebe und gesteht auch unbequeme Wahrheiten ein. Was ihn bedrückt und was er dem Bürger neidet,

sind Wahrnehmungserlebnisse, Genüsse, auf die der Tyrann gleichsam von Amts wegen verzichten muss.

Ist dieser erste Teil also eine Sammlung von Gemeinplätzen, wenn auch, wie gesagt, aus dem Munde eines Tyrannen selbst, so könnte der zweite, kürzere das Ansinnen enthalten, um das es dem Autor in erster Linie geht. Hier zieht Xenophon gleichsam die Konsequenz aus seinen Ausführungen in Kapitel I–VII, so dass diese wie eine überlange Einleitung zur Hauptfrage wirken: Wie kann die Gewaltherrschaft eines Tyrannen in eine gerechte Herrschaft umgewandelt werden, ohne dass dieser durch eine Rebellion von innen oder einen Angriff von außen gestürzt wird. Freilich spricht Xenophon nicht *ex cathedra*. Die Haltung, die er einnimmt, lässt sich nicht ohne weiteres bestimmen. Es reden nur die Dialogpartner Simonides und Hieron, und mit keinem von beiden kann der Autor identifiziert werden. Eine ähnliche Situation bietet nur noch der *Oikonomikos*, doch darf hier hinter dem Gutsbesitzer Ischomachos der Gutsbesitzer Xenophon vermutet werden. Die Wechselrede, die Xenophon als äußere Form gewählt hat, erinnert an Thukydides' Gegenüberstellung von Logos und Antilogia, wobei eine Vielfalt von differierenden Meinungen ausgetauscht wird, ohne dass festgestellt werden kann, zu welcher der Autor in jedem Fall neigt.

Ungefähr zu der Zeit, als Xenophon an seinem »Hieron« schrieb, waren nicht nur wiederum Platon (361), sondern auch die Sokratiker Aischines und Aristipp in Verbindung mit den sizilischen Tyrannen getreten. So liegt auch für diese Schrift nahe, ihren Adressaten dort zu suchen. 367 hatte der junge Dionysios II. die Nachfolge seines Vaters angetreten. Er wurde daher als möglicher Ansprechpartner Xenophons genannt, doch nahm diese Rolle auch dessen Schwager Dion ein, der zu den Mächtigen in Syrakus zählte und Platon an den Tyrannenhof gerufen hatte. Da Dion seit 366 in der Verbannung lebte und sich meistenteils in Athen aufhielt, ergäbe sich zu diesem auch eine räumliche Nähe, die per-

sönliche Gespräche nicht ausschloss. Allerdings sind Xenophon, abgesehen von dieser Schrift, die sizilischen Ereignisse eher fremd. Sie sind im übrigen Werk, namentlich in den *Hellenika*, deutlich unterrepräsentiert. Nahezu abwegig ist es, zu glauben, Xenophon hätte in vergleichsweise hohem Alter nach einem langen Dasein als erfolgreicher Gutsherr, der nun den vermutlich schon länger gehegten Wunsch nach einer Aussöhnung mit seiner Heimatpolis verwirklichen konnte, den gefahrvollen Weg nach Syrakus gesucht. So verbirgt sich hinter den sizilischen Tyrannen – auch Dion wurde es schließlich – vielleicht ein weiterer Adressat, nämlich die Stadt, der auch Xenophons letztes Werk über die Einkünfte galt und in welcher der »Hieron« publiziert wurde: Athen also.

Was aber konnte Xenophon dem athenischen Leser empfehlen? Sicherlich nicht eine Tyrannis, selbst wenn sie sich aufgeklärt gab. Auch das Königtum scheint ausgeschlossen. Dafür gab es kein Beispiel. Das von Xenophon favorisierte Sparta besaß zwar sogar zwei Könige gleichzeitig, doch es war eine Aristokratie, die obendrein im Niedergang begriffen war. Die makedonische Monarchie hatte noch nicht die Strahlkraft, die sie im Hellenismus ausübte. Die Athener kannten das Königtum nur aus dem Mythos oder von den Barbaren. Dort war der König ein *despotes*, ein Herr über Sklaven, nicht aber freie Bürger. So fragt sich, ob nicht mehrere Vorschläge, die Xenophon in Person des Simonides seinem Gegenüber macht, sich nicht auch auf den häufig genannten *idiotes*, den Privatmann, beziehen (unter dem der Autor meist einen eher reichen Athener zu verstehen scheint), um ihn zu einem besseren Bürger zu machen. Er konnte sich fragen, ob nicht die Eigenschaften, die den guten Monarchen auszeichneten, auch für ihn, dem Herrschaftssubjekt der Demokratie, verbindlich waren. Wie der Regent musste der gute Bürger zuerst um das Wohl seiner Stadt besorgt sein. Um es zu fördern, oblag es auch ihm sozusagen von Staats wegen, denn es war *sein* Staat, Preise auszusetzen, um einen Wettbewerb in Gang zu setzen. Durch intensivierte Beteiligung vermochte er Militär, Handel

und Landwirtschaft zu stärken und weiterzuentwickeln. Zu seinen Pflichten gehörte, was Xenophon von dem gewandelten Tyrannen fordert, nämlich Chöre zu finanzieren, in den von den Phylen gestellten Taxeis die Bewaffnung zu verbessern, Kampfmoral und Redlichkeit im Geschäftsverkehr zu erhöhen, die Ausbildung der Reiter eifriger und gewissenhafter zu betreiben, die Eisphorai schneller zu zahlen, die Äcker besser zu bewirtschaften, die Einkünfte zu steigern, noch mehr Kaufleute für Ein- und Ausfuhr von Waren heranzuziehen und so dem allgemeinen Müßiggang zu steuern (IX).

Wenn der Autor sich schließlich dem Söldnertum zuwendet (X), so war auch dies namentlich im 4. Jahrhundert zunächst ein Bürgerproblem. Dass der Tyrann zwar auch *misthophoroi* zu seinem Schutz benötigte, wussten die Athener von den Peisistratiden; dass sie im Kriege nützlich waren, hatte sich im Peloponnesischen erwiesen. Für die Demokratie aber stellte sich die Frage der Finanzierung. Der Krieg ernährte die Söldner, aber in Friedenszeiten fielen sie der Staatskasse zur Last. Genau in diese Diskussion greift auch Xenophon ein, ohne dass Athen erwähnt zu werden braucht. Simonides will wissen, dass auch die Bürger freiwillig für diese Art von Truppen Zahlungen leisten würden, wenn denn ihr »erster Auftrag« wäre, ihnen beizustehen. (Dass sie dann für den Alleinherrscher nutzlos wären, übergeht er.) Sie könnten Feldarbeitern und Herden vor den Toren der Stadt Ruhe und Sicherheit garantieren, die Bürger vor Verbrechen schützen, ihnen Zeit verschaffen, um ihren Angelegenheiten nachzugehen, bei einem Feldzug aber die Hauptlasten »an Strapazen, Gefahren und Wachdienst« tragen. Der Autor sprach damit etwas an, was viele vermögende Athener als Problem empfanden und worauf Xenophon selbst in seiner letzten Schrift (Poroi II 2) direkt anspielt. Selbst als Hoplite ins Feld zu ziehen, heißt es dort, barg Gefahr für »Gewerbe und Haus«. Der Abwesende musste seine Geschäfte ruhen lassen oder verlor sie sogar an die Konkurrenz, er riskierte Verwundung oder gar den Tod.

Die Stellvertreterlösung, die nicht ohne Zynismus schien, war im 4. Jahrhundert griechische Realität, wie Xenophon selbst weiß: In den *Hellenika* (3.4.15; vgl. Ages. I 24) sammelte der Spartaner Agesilaos ein Reiterheer, indem er den auf einer Liste eingetragenen Reichen anbot, nicht selbst am Feldzug teilnehmen zu brauchen, wenn sie ein Pferd, Waffen und einen tüchtigen Mann stellten, »als gelte es jemanden zu suchen, der an eigener Stelle starb.« So musste die Anwerbung von Söldnern auch für manchen Reichen in Athen als vernünftiger Vorschlag erscheinen. Dass er im Gewand eines Rates an den Tyrannen gemacht wurde, brauchte ihn nicht zu kümmern.

Literatur: Breitenbach 1742–1746, Hatzfeld 54–58, Aalders 208–215, Nickel 1979, 58–60, ders. 2016, 96–100, Mueller-Goldingen 10–16, Gray 30–38, Opp 20–46, Strauss 31–144, 195–236, Rohde 122–129.

Ἱέρων ἢ Τυραννικός

I 1. Σιμωνίδης ὁ ποιητὴς ἀφίκετό ποτε πρὸς Ἱέρωνα τὸν τύραννον. σχολῆς δὲ γενομένης ἀμφοῖν εἶπεν ὁ Σιμωνίδης· ἆρ' ἄν μοι ἐθελήσαις, ὦ Ἱέρων, διηγήσασθαι ἃ εἰκὸς εἰδέναι σε βέλτιον ἐμοῦ;

καὶ ποῖα ταῦτ' ἐστίν, ἔφη ὁ Ἱέρων, ὁποῖα δὴ ἐγὼ βέλτιον ἂν εἰδείην σοῦ οὕτως ὄντος σοφοῦ ἀνδρός; 2. οἶδά σε, ἔφη, ἐγὼ καὶ ἰδιώτην γεγενημένον καὶ νῦν τύραννον ὄντα· εἰκὸς οὖν ἀμφοτέρων πεπειραμένον καὶ εἰδέναι σε μᾶλλον ἐμοῦ πῇ διαφέρει ὁ τυραννικός τε καὶ ὁ ἰδιωτικὸς βίος εἰς εὐφροσύνας τε καὶ λύπας ἀνθρώποις.

3. τί οὖν, ἔφη ὁ Ἱέρων, οὐχὶ καὶ σύ, ἐπεὶ νῦν γε ἔτι ἰδιώτης εἶ, ὑπέμνησάς με τὰ ἐν τῷ ἰδιωτικῷ βίῳ; οὕτως γὰρ ἄν σοι οἶμαι μάλιστα ἐγὼ δύνασθαι δηλοῦν τὰ διαφέροντα ἐν ἑκατέρῳ.

4. οὕτω δὴ ὁ Σιμωνίδης εἶπεν· τοὺς μὲν δὴ ἰδιώτας ἔγωγε, ὦ Ἱέρων, δοκῶ μοι καταμεμαθηκέναι διὰ μὲν τῶν ὀφθαλμῶν ὁράμασιν ἡδομένους τε καὶ ἀχθομένους, διὰ δὲ τῶν ὤτων ἀκούσμασι, διὰ δὲ τῶν ῥινῶν ὀσμαῖς, διὰ δὲ τοῦ στόματος σίτοις τε καὶ ποτοῖς, τὰ δ' ἀφροδίσια δι' ὧν δὴ πάντες ἐπιστάμεθα· 5. τὰ δὲ ψύχη καὶ θάλπη καὶ σκληρὰ καὶ μαλακὰ καὶ κοῦφα καὶ βαρέα ὅλῳ τῷ σώματί μοι δοκοῦμεν, ἔφη, κρίνοντες ἥδεσθαί τε καὶ λυπεῖσθαι ἐπ' αὐτοῖς· ἀγαθοῖς δὲ καὶ κακοῖς ἔστι μὲν ὅτε δι' αὐτῆς τῆς ψυχῆς μοι δοκοῦμεν ἥδεσθαι, ὁτὲ δ' αὖ λυπεῖσθαι, ἔστι δ' ὅτε κοινῇ καὶ διά τε τῆς ψυχῆς καὶ διὰ τοῦ σώματος. 6. τῷ δ' ὕπνῳ ὅτι μὲν ἡδόμεθα δοκῶ μοι αἰσθάνεσθαι, ὅπως δὲ καὶ ᾧτινι καὶ ὁπότε, ταῦτα μᾶλλόν πως, ἔφη, δοκῶ μοι ἀγνοεῖν. καὶ οὐδὲν ἴσως τοῦτο θαυμαστόν, εἰ τὰ ἐν τῷ ἐγρηγορέναι σαφεστέρας ἡμῖν τὰς αἰσθήσεις παρέχεται ἢ τὰ ἐν τῷ ὕπνῳ.

Hieron oder Über die Tyrannis

I 1. Der Dichter Simonides kam eines Tages zu Hieron, dem Tyrannen. Da beide Zeit zu (einem Gespräch) fanden, sprach Simonides: »Möchtest Du mir nicht, Hieron, etwas näher auseinandersetzen, was Du wahrscheinlich besser weißt als ich?«

»Und was soll das sein«, antwortete Hieron, »was ich besser wissen sollte als ein solch gebildeter Mann wie du?« 2. »Ich weiß«, sprach Simonides, »dass du ein Mann ohne Amt warst und jetzt als Tyrann herrschst. Da du beides aus Erfahrung kennst, weißt du wahrscheinlich auch besser als ich, was der Unterschied im Leben eines Tyrannen und eines Privatmannes im Hinblick auf die den Menschen beschiedenen Freuden und Leiden ist.«

3. »Warum denn«, sagte Hieron, »rufst du nicht, da du auch jetzt noch ein Privatmann bist, mir ins Gedächtnis, wie die Verhältnisse eines Privatmannes sind? So nämlich, meine ich, dir am besten verdeutlichen zu können, was der Unterschied zwischen beiden ist.«

4. So sprach denn Simonides: »Die Privatleute, Hieron, scheinen sich nach meiner Erfahrung zu freuen oder zu ärgern durch das, was sie mittels der Augen sehen, mittels der Ohren hören, mittels der Nase riechen, mittels des Mundes essen und trinken und in Liebesdingen mittels dessen, was wir alle kennen. 5. Kälte und Hitze, Hartes und Weiches, Schweres und Leichtes scheinen wir«, fuhr er fort, »mit dem gesamten Körper zu unterscheiden und empfinden es als angenehm und unangenehm. An Gutem und Bösen erfreuen oder ärgern wir uns, meine ich, bisweilen allein durch die Seele, bisweilen auch gemeinschaftlich durch Seele und Körper. 6. Dass uns der Schlaf angenehm ist, meine ich zu empfinden, aber wie, wodurch und wann, darüber bin ich schon mehr im Ungewissen. Und niemand darf sich wohl darüber wundern, wenn das im Wachsein (Widerfahrene) uns klarere Wahrnehmungen ermöglicht als das im Schlaf.«

7. πρὸς ταῦτα δὴ ὁ Ἱέρων ἀπεκρίνατο· ἐγὼ μὲν τοίνυν, ἔφη, ὦ Σιμωνίδη, ἔξω τούτων ὧν εἴρηκας σύγε οὐδ' ὅπως ἂν αἴσθοιτό τινος ἄλλου ὁ τύραννος ἔχοιμ' ἂν εἰπεῖν, ὥστε μέχρι γε τούτου οὐκ οἶδ' εἴ τινι διαφέρει ὁ τυραννικὸς βίος τοῦ ἰδιωτικοῦ βίου.

8. καὶ ὁ Σιμωνίδης εἶπεν· ἀλλ' ἐν τοῖσδε, ἔφη, διαφέρει· πολλαπλάσια μὲν δι' ἑκάστου τούτων εὐφραίνεται, πολὺ δὲ μείω τὰ λυπηρὰ ἔχει.

καὶ ὁ Ἱέρων εἶπεν· οὐχ οὕτως ἔχει, ὦ Σιμωνίδη, ταῦτα, ἀλλ' εὖ ἴσθ' ὅτι μείω πολὺ εὐφραίνονται οἱ τύραννοι τῶν μετρίως διαγόντων ἰδιωτῶν, πολὺ δὲ πλείω καὶ μείζω λυποῦνται.

9. ἄπιστα λέγεις, ἔφη ὁ Σιμωνίδης. εἰ γὰρ οὕτως ταῦτ' εἶχε, πῶς ἂν πολλοὶ μὲν ἐπεθύμουν τυραννεῖν, καὶ ταῦτα τῶν δοκούντων ἱκανωτάτων ἀνδρῶν εἶναι; πῶς δὲ πάντες ἐζήλουν ἂν τοὺς τυράννους;

10. ὅτι ναὶ μὰ τὸν Δί', ἔφη ὁ Ἱέρων, ἄπειροι ὄντες ἀμφοτέρων τῶν ἔργων σκοποῦνται περὶ αὐτοῦ. ἐγὼ δὲ πειράσομαί σε διδάσκειν ὅτι ἀληθῆ λέγω, ἀρξάμενος ἀπὸ τῆς ὄψεως· ἐντεῦθεν γὰρ καὶ σὲ δοκῶ μεμνῆσθαι ἀρξάμενον λέγειν. 11. πρῶτον μὲν γὰρ ἐν τοῖς διὰ τῆς ὄψεως θεάμασι λογιζόμενος εὑρίσκω μειονεκτοῦντας τοὺς τυράννους. ἄλλα μέν γε ἐν ἄλλῃ χώρᾳ ἐστὶν ἀξιοθέατα· ἐπὶ δὲ τούτων ἕκαστα οἱ μὲν ἰδιῶται ἔρχονται καὶ εἰς πόλεις ἃς ἂν βούλωνται θεαμάτων ἕνεκα, καὶ εἰς τὰς κοινὰς πανηγύρεις, ἔνθα γ' ἃ ἀξιοθεατότατα δοκεῖ εἶναι ἀνθρώποις συναγείρεται. 12. οἱ δὲ τύραννοι οὐ μάλα ἀμφὶ θεωρίας ἔχουσιν. οὔτε γὰρ ἰέναι αὐτοῖς ἀσφαλὲς ὅπου μὴ κρείττονες τῶν

7. Darauf erwiderte nun Hieron: »Ich freilich, Simonides, könnte mit Ausnahme von dem, was du gesagt hast, nichts anderes benennen, was der Tyrann ansonsten noch empfinden könnte. Insoweit weiß ich nicht, ob sich das Leben eines Tyrannen auf irgendeine Weise von dem eines Privatmannes unterscheidet.«

8. Und Simonides antwortete: »Aber in folgendem gibt es einen Unterschied: die Freuden. Er (der Tyrann) hat vermittels jedes dieser (Organe) viel mehr Freuden, aber viel weniger Unannehmlichkeiten.«

Und Hieron antwortete: »So, Simonides, verhält es sich mitnichten. Wisse vielmehr gut, dass die Tyrannen viel weniger Freude empfinden als die maßvoll lebenden Privatleute, aber viel mehr und größere Unannehmlichkeiten haben.«

9. »Schwer zu glauben ist, was du sagst,« erwiderte Simonides. »Wenn es sich nämlich so verhielte, warum würden dann viele nach der Tyrannis streben, und zwar Leute, die im Rufe stehen, besonders wohlhabend zu sein. Wieso würden dann alle die Tyrannen beneiden?«

10. »Weil sie, bei Zeus«, entgegnete Hieron, »ohne Erfahrung in beiderlei Verhältnissen auf das Leben eines Tyrannen schauen. Ich will aber versuchen, dir auseinanderzusetzen, dass ich die Wahrheit sage. Dabei werde ich den Anfang mit dem Gesichtssinn machen. Du hast nämlich auch, wenn ich mich recht erinnere, dort mit deiner Rede begonnen. 11. Zuerst nämlich, wenn ich es mir überlege, finde ich die Tyrannen bei den mittels des Gesichtssinnes gewonnenen Eindrücken im Nachteil. Ein Land besitzt diese, das andere jene Sehenswürdigkeiten. Zu jeder von ihnen reisen die Privatleute, um sie sich anzuschauen, und zwar in die Städte, in die sie wollen, und sie gehen zu den gemeinsamen Festversammlungen, wo das, was den Menschen besonders sehenswürdig erscheint, versammelt ist. 12. Die Tyrannen befassen sich nicht sonderlich mit dem Schauen. Weder erscheint es ihnen nämlich sicher, dorthin zu gehen, wo sie nicht erwarten können, stärker als

παρόντων μέλλουσιν ἔσεσθαι, οὔτε τὰ οἴκοι κέκτηνται ἐχυρά, ὥστε ἄλλοις παρακαταθεμένους ἀποδημεῖν. φοβερὸν γὰρ μὴ ἅμα τε στερηθῶσι τῆς ἀρχῆς καὶ ἀδύνατοι γένωνται τιμωρήσασθαι τοὺς ἀδικήσαντας. 13. εἴποις οὖν ἂν ἴσως σύ, ἀλλ' ἄρα ἔρχεται αὐτοῖς τὰ τοιαῦ?τα καὶ οἴκοι μένουσι. ναὶ μὰ Δία, ὦ Σιμωνίδη, ὀλίγα γε τῶν πολλῶν καὶ ταῦτα τοιαῦτα ὄντα οὕτω τίμια πωλεῖται τοῖς τυράννοις ὥστε οἱ ἐπιδεικνύμενοι καὶ ὁτιοῦν ἀξιοῦσι πολλαπλάσια λαβόντες ἐν ὀλίγῳ χρόνῳ ἀπιέναι παρὰ τοῦ τυράννου ἢ ὅσα ἐν παντὶ τῷ βίῳ παρὰ πάντων τῶν ἄλλων ἀνθρώπων κτῶνται.

14. καὶ ὁ Σιμωνίδης εἶπεν· ἀλλ' εἰ ἐν τοῖς θεάμασι μειονεκτεῖτε, διά γέ τοι τῆς ἀκοῆς πλεονεκτεῖτε. ἐπεὶ τοῦ μὲν ἡδίστου ἀκροάματος, ἐπαίνου, οὔποτε σπανίζετε· πάντες γὰρ οἱ παρόντες ὑμῖν πάντα καὶ ὅσα ἂν λέγητε καὶ ὅσα ἂν ποιῆτε ἐπαινοῦσι. τοῦ δ' αὖ χαλεπωτάτου ἀκροάματος, λοιδορίας, ἀνήκοοί ἐστε· οὐδεὶς γὰρ ἐθέλει τυράννου κατ' ὀφθαλμοὺς κατηγορεῖν.

15. καὶ ὁ Ἱέρων εἶπε· καὶ τί οἴει, ἔφη, τοὺς μὴ λέγοντας κακῶς εὐφραίνειν, ὅταν εἰδῇ τις σαφῶς ὅτι οἱ σιωπῶντες οὗτοι πάντες κακὰ νοοῦσι τῷ τυράννῳ; ἢ τοὺς ἐπαινοῦντας τί δοκεῖς εὐφραίνειν, ὅταν ὕποπτοι ὦσιν ἕνεκα τοῦ κολακεύειν τοὺς ἐπαίνους ποιεῖσθαι;

16. καὶ ὁ Σιμωνίδης εἶπεν· τοῦτο μὲν δὴ ναὶ μὰ τὸν Δία ἔγωγέ σοι, Ἱέρων, πάνυ συγχωρῶ, τοὺς ἐπαίνους παρὰ τῶν ἐλευθερωτάτων ἡδίστους εἶναι, ἀλλ', ὁρᾷς; ἐκεῖνό γε οὐκ ἂν ἔτι πείσαις ἀνθρώπων οὐδένα ὡς οὐ δι' ὧν τρεφόμεθα οἱ ἄνθρωποι, πολὺ πλείω ὑμεῖς ἐν αὐτοῖς εὐφραίνεσθε.

17. καὶ οἶδά γ', ἔφη, ὦ Σιμωνίδη, ὅτι τούτῳ κρίνουσιν οἱ

die Anwesenden zu sein, noch ist, was sie an Besitz zuhause haben, so gesichert, dass sie es anderen anvertrauen und (dann) außer Landes gehen können. Es stünde nämlich zu befürchten, dass sie ihrer Herrschaft beraubt werden und zugleich nicht in der Lage sind, sich an den Urhebern des Unrechts zu rächen. 13. Du könntest vielleicht entgegnen: ›Aber solches (Sehenswerte) kommt ja zu ihnen, auch wenn sie zu Hause bleiben.‹ Ja, bei Zeus, Simonides, aber nur Weniges von vielem (Sehenswerten), und das, was es an solchem gibt, wird den Tyrannen so teuer verkauft, dass die Leute, die, was auch immer sie zur Schau stellen, in kurzer Zeit mit viel reicheren Geschenken vom Tyrannen zu scheiden wünschen, als sie in ihrem ganzen Leben von allen anderen Menschen erhalten.«

14. Simonides antwortete: »Aber wenn ihr auch bei dem, was ihr zu sehen bekommt, Nachteile habt, so habt ihr doch beim Gehörten Vorteile. Ihr habt nämlich niemals Mangel am angenehmsten Ohrenschmaus, dem Lob. Alle um euch herum nämlich loben, was immer ihr sagt oder tut. Das Unangenehmste wiederum, das man hören kann, Schmähungen, die braucht ihr nicht zu hören. Keiner nämlich möchte dem Tyrannen etwas Schlechtes ins Gesicht sagen.«

15. Darauf sprach Hieron: »Was glaubst du, welches Vergnügen die bereiten, die nichts Arges sagen, wenn man doch genau weiß, dass die, welche schweigen, alles erdenklich Schlechte dem Tyrannen wünschen? Oder, was glaubst du, welche Freude die Lobredner bereiten, wenn doch zu befürchten steht, das sie Lob nur spenden, um zu schmeicheln?«

16. Simonides antwortete: »Hierin stimme ich, bei Zeus, völlig mit dir überein, Hieron, dass das Lob, das von den Freiesten kommt, das angenehmste ist, aber sieh, darin kannst du doch keinen Menschen überzeugen, dass ihr nicht an dem, womit wir uns Menschen ernähren, eine viel größere Freude habt.«

17. »Auch ich weiß, Simonides«, sprach Hieron, »dass die meisten daher zur Auffassung kommen, dass wir mit größerem Genuss

πλεῖστοι ἥδιον ἡμᾶς καὶ πίνειν καὶ ἐσθίειν τῶν ἰδιωτῶν, ὅτι δοκοῦσι καὶ αὐτοὶ ἥδιον ἂν δειπνῆσαι τὸ ἡμῖν παρατιθέμενον δεῖπνον ἢ τὸ ἑαυτοῖς· τὸ γὰρ τὰ εἰωθότα ὑπερβάλλον, τοῦτο παρέχει τὰς ἡδονάς. 18. διὸ καὶ πάντες ἄνθρωποι ἡδέως προσδέχονται τὰς ἑορτὰς πλὴν οἱ τύραννοι· ἔκπλεῳ γὰρ αὐτοῖς ἀεὶ παρεσκευασμέναι οὐδεμίαν ἐν ταῖς ἑορταῖς ἔχουσιν αἱ τράπεζαι αὐτῶν ἐπίδοσιν· ὥστε ταύτῃ πρῶτον τῇ εὐφροσύνῃ τῆς ἐλπίδος μειονεκτοῦσι τῶν ἰδιωτῶν. 19. ἔπειτα δ', ἔφη, ἐκεῖνο εὖ οἶδ' ὅτι καὶ σὺ ἔμπειρος εἶ ὅτι ὅσῳ ἂν πλείω τις παραθῆται τὰ περιττὰ τῶν ἱκανῶν, τοσούτῳ καὶ θᾶττον κόρος ἐμπίπτει τῆς ἐδωδῆς· ὥστε καὶ τῷ χρόνῳ τῆς ἡδονῆς μειονεκτεῖ ὁ παρατιθέμενος πολλὰ τῶν μετρίως διαιτωμένων.

20. ἀλλὰ ναὶ μὰ Δί', ἔφη ὁ Σιμωνίδης, ὅσον ἂν χρόνον ἡ ψυχὴ προσίηται, τοῦτον πολὺ μᾶλλον ἥδονται οἱ ταῖς πολυτελεστέραις παρασκευαῖς τρεφόμενοι τῶν τὰ εὐτελέστερα παρατιθεμένων.

21. οὐκοῦν, ἔφη ὁ Ἱέρων, ὦ Σιμωνίδη, τὸν ἑκάστῳ ἡδόμενον μάλιστα, τοῦτον οἴει καὶ ἐρωτικώτατα ἔχειν τοῦ ἔργου τούτου;

πάνυ μὲν οὖν, ἔφη.

ἦ οὖν ὁρᾷς τι τοὺς τυράννους ἥδιον ἐπὶ τὴν ἑαυτῶν παρασκευὴν ἰόντας ἢ τοὺς ἰδιώτας ἐπὶ τὴν ἑαυτῶν;

οὐ μὰ τὸν Δί', ἔφη, οὐ μὲν οὖν, ἀλλὰ καὶ ἀγλευκέστερον, ὡς πολλοῖς ἂν δόξειεν.

22. τί γάρ, ἔφη ὁ Ἱέρων, τὰ πολλὰ ταῦτα μηχανήματα κατανενόηκας ἃ παρατίθεται τοῖς τυράννοις, ὀξέα καὶ δριμέα καὶ στρυφνὰ καὶ τὰ τούτων ἀδελφά;

πάνυ μὲν οὖν, ἔφη ὁ Σιμωνίδης, καὶ πάνυ γέ μοι δοκοῦντα παρὰ φύσιν εἶναι ταῦτα ἀνθρώποις.

23. ἄλλο τι οὖν οἴει, ἔφη ὁ Ἱέρων, ταῦτα τὰ ἐδέσματα εἶναι ἢ

trinken und speisen als die Privatleute, weil sie des Glaubens sind, dass auch sie selbst mit höherem Genuss das Mahl verzehren würden, das uns vorgesetzt wird, als dasjenige, das ihnen vorgesetzt wird. Denn (nur) das, was das Gewohnte übertrifft, schafft Freude. 18. Deshalb erwarten auch alle Menschen gerne die Feste, bloß die Tyrannen nicht. Die ihnen stets reichlich gedeckten Tafeln bieten ihnen an den Festtagen nämlich keinen Zuwachs. Daher sind sie erstens bei diesem Vergnügen in puncto Vorfreude im Nachteil gegenüber den Privatleuten. 19. Zweitens«, sprach er, »weiß ich gut, dass auch du bereits die Erfahrung gemacht hast, je mehr an Überflüssigem als an Erforderlichem jemandem vorgesetzt wird, desto schneller befällt ihn der Überdruss am Essen. So ist auch im Hinblick auf die Dauer des Genusses derjenige, dem vieles vorgesetzt wird, im Nachteil gegenüber denen, die eine mäßige Lebensweise pflegen.«

20. »Aber gewiss, bei Zeus«, sprach Simonides, »solange es der Appetit erlaubt, haben doch die, die an kostspieligeren Tafeln ihre Speisen einnehmen, mehr Freude als die, die einfacheres Essen vorgesetzt bekommen.«

21. »Glaubst du also nicht, Simonides«, sprach Hieron, »dass derjenige, der sich an einer Sache am meisten erfreut, auch am meisten danach verlangt?«

»Sicherlich«, antwortete er.

»Siehst du nun etwa, dass die Tyrannen mit größerem Vergnügen zu ihrem Mahl gehen als die Privatleute zu ihrem?«

»Nein, bei Zeus, bestimmt nicht«, sprach er, »sondern sogar missvergnügter, wie es vielen scheinen könnte.«

22. »Hast du denn«, sagte Hieron, »die vielen kunstvoll bereiteten Speisen schon bemerkt, welche den Tyrannen aufgetischt werden, die scharfen, herben, sauren und die diesen ähnlichen?« »Gewiss«, erwiderte Simonides, »und mir scheinen diese ganz gegen die Natur des Menschen.«

23. »Hältst du nun« sagte Hieron, »diese Speisen für etwas

μαλακῆς καὶ ἀσθενούσης ψυχῆς ἐπιθυμήματα; ἐπεὶ εὖ οἶδ' ἔγωγε ὅτι οἱ ἡδέως ἐσθίοντες καὶ σύ που οἶσθα ὅτι οὐδὲν προσδέονται τούτων τῶν σοφισμάτων.

24. ἀλλὰ μέντοι, ἔφη ὁ Σιμωνίδης, τῶν γε πολυτελῶν ὀσμῶν τούτων, αἷς χρίεσθε, τοὺς πλησιάζοντας οἶμαι μᾶλλον ἀπολαύειν ἢ αὐτοὺς ὑμᾶς, ὥσπερ γε καὶ τῶν ἀχαρίτων ὀσμῶν οὐκ αὐτὸς ὁ βεβρωκὼς αἰσθάνεται, ἀλλὰ μᾶλλον οἱ πλησιάζοντες.

25. οὕτω μέντοι, ἔφη ὁ Ἱέρων, καὶ τῶν σίτων ὁ μὲν ἔχων παντοδαπὰ ἀεὶ οὐδὲν μετὰ πόθου αὐτῶν λαμβάνει· ὁ δὲ σπανίσας τινός, οὗτός ἐστιν ὁ μετὰ χαρᾶς πιμπλάμενος, ὅταν αὐτῷ προφανῇ τι.

26. κινδυνεύουσιν, ἔφη ὁ Σιμωνίδης, αἱ τῶν ἀφροδισίων μόνον ὑμῖν ἀπολαύσεις τοῦ τυραννεῖν τὰς ἐπιθυμίας παρέχειν· ἐν γὰρ τούτῳ ἔξεστιν ὑμῖν ὅ τι ἂν κάλλιστον ἴδητε τούτῳ συνεῖναι.

27. νῦν δή, ἔφη ὁ Ἱέρων, εἴρηκας ἐν ᾧ γε, σάφ' ἴσθι, μειονεκτοῦμεν τῶν ἰδιωτῶν. πρῶτον μὲν γὰρ γάμος ὁ μὲν ἐκ μειζόνων δήπου καὶ πλούτῳ καὶ δυνάμει κάλλιστος δοκεῖ εἶναι καὶ παρέχειν τινὰ τῷ γήμαντι φιλοτιμίαν μεθ' ἡδονῆς· δεύτερος δ' ὁ ἐκ τῶν ὁμοίων· ὁ δ' ἐκ τῶν φαυλοτέρων πάνυ ἄτιμός τε καὶ ἄχρηστος νομίζεται. 28. τῷ τοίνυν τυράννῳ, ἂν μὴ ξένην γήμῃ, ἀνάγκη ἐκ μειόνων γαμεῖν, ὥστε τὸ ἀγαπητὸν οὐ πάνυ αὐτῷ παραγίγνεται. πολὺ δὲ καὶ αἱ θεραπεῖαι αἱ ἀπὸ τῶν μέγιστον φρονουσῶν γυναικῶν εὐφραίνουσι μάλιστα, αἱ δ' ὑπὸ δούλων παροῦσαι μὲν οὐδέν τι ἀγαπῶνται, ἐὰν δέ τι ἐλλείπωσι, δεινὰς ὀργὰς καὶ λύπας ἐμποιοῦσιν. 29. ἐν δὲ τοῖς παιδικοῖς ἀφροδισίοις ἔτι αὖ πολὺ μᾶλλον ἢ ἐν τοῖς τεκνοποιοῖς μειονεκτεῖ τῶν

anderes als das Begehren eines kränklichen und durch Schwelgerei verweichlichten Geschmacks? Ich weiß nämlich gut und auch du weißt das, dass die, welche mit Lust speisen, nicht dieser ausgesucht zubereiteten Speisen bedürfen.«

24. »Die kostbaren wohlriechenden Essenzen aber«, sprach Simonides, »mit denen ihr euch salbt, genießen, glaube ich, die, die in eurer Nähe sind, mehr als ihr selbst, wie auch von den unangenehmen Gerüchen der, der gegessen hat, nichts wahrnimmt, sondern mehr die, die in seiner Nähe sind.«

25. »Bestimmt«, antwortete Hieron, »und so nimmt der, der stets die Auswahl unter vielerlei Speisen hat, nichts von ihnen mit Verlangen zu sich. Wer aber Mangel an etwas hat, der isst sich mit Freuden voll, wenn ihm etwas vor Augen kommt.«

26. »Es scheint«, sprach Simonides, »allein der Liebesgenuss in euch die Begierde nach der Tyrannenherrschaft zu wecken. Dabei ist es euch nämlich möglich, mit dem Schönsten, das ihr irgend seht, zusammen zu sein.«

27. »Nun hast du etwas gesagt«, antwortete Hieron, »bei dem, wisse das gut, wir gegenüber den Privatleuten am meisten im Nachteil sind. Denn zuerst gilt doch wohl die Ehe mit einer Frau aus einer reicheren und mächtigeren Familie als die schönste und scheint dem Ehemann Ehre, gepaart mit Lust, zu bringen. Danach kommt die Ehe mit einer Frau aus ebenbürtigen Kreisen. Eine Ehe mit einer Frau aus geringerem Stand wird als ganz und gar ehr- und nutzlos angesehen. 28. Nun ist aber der Tyrann, will er nicht eine Frau aus der Fremde heiraten, gezwungen, eine Frau aus niederen Verhältnissen zu heiraten, so dass ihm keinerlei Zufriedenheit zuteilwird. Auch erfreut die Gunst von hochgestellten Frauen am meisten, während sie, wenn sie von Sklavinnen geschenkt wird, in keinerlei Weise befriedigt, wenn sie aber ausbleiben sollte, (sogar) heftigen Zorn und Verdruss hervorbringt. 29. In Liebesangelegenheiten mit schönen Knaben hat der Tyrann wiederum noch weniger Freuden als in Liebesbeziehungen zur Zeugung von

εὐφροσυνῶν ὁ τύραννος. ὅτι μὲν γὰρ τὰ μετ' ἔρωτος ἀφροδίσια πολὺ διαφερόντως εὐφραίνει πάντες δήπου ἐπιστάμεθα· 30. ὁ δὲ ἔρως πολὺ αὖ ἐθέλει ἥκιστα τῷ τυράννῳ ἐγγίγνεσθαι. οὐ γὰρ τῶν ἑτοίμων ἥδεται ὁ ἔρως ἐφιέμενος, ἀλλὰ τῶν ἐλπιζομένων. ὥσπερ οὖν εἴ τις ἄπειρος ὢν δίψους τοῦ πιεῖν οὐκ ἂν ἀπολαύοι, οὕτω καὶ ὁ ἄπειρος ὢν ἔρωτος ἄπειρός ἐστι τῶν ἡδίστων ἀφροδισίων.

31. ὁ μὲν οὖν Ἱέρων οὕτως εἶπεν. ὁ δὲ Σιμωνίδης ἐπιγελάσας, Πῶς λέγεις, ἔφη, ὦ Ἱέρων; τυράννῳ οὐ φῂς παιδικῶν ἔρωτας ἐμφύεσθαι; πῶς μὴν σύ, ἔφη, ἐρᾷς Δαϊλόχου τοῦ καλλίστου ἐπικαλουμένου;

32. ὅτι μὰ τὸν Δί', ἔφη, ὦ Σιμωνίδη, οὐ τοῦ ἑτοίμου παρ' αὐτοῦ δοκοῦντος εἶναι τυχεῖν τούτου μάλιστα ἐπιθυμῶ, ἀλλὰ τοῦ ἥκιστα τυράννῳ προσήκοντος κατεργάσασθαι. 33. ἐγὼ γὰρ δὴ ἐρῶ μὲν Δαϊλόχου ὧνπερ ἴσως ἀναγκάζει ἡ φύσις ἀνθρώπου δεῖσθαι παρὰ τῶν καλῶν, τούτων δὲ ὧν ἐρῶ τυχεῖν, μετὰ μὲν φιλίας καὶ παρὰ βουλομένου πάνυ ἰσχυρῶς ἐπιθυμῶ τυγχάνειν, βίᾳ δὲ λαμβάνειν παρ' αὐτοῦ ἧττον ἄν μοι δοκῶ ἐπιθυμεῖν ἢ ἐμαυτὸν κακόν τι ποιεῖν· 34. παρὰ μὲν γὰρ πολεμίων ἀκόντων λαμβάνειν πάντων ἥδιστον ἔγωγε νομίζω εἶναι, παρὰ δὲ παιδικῶν βουλομένων ἥδισται οἶμαι αἱ χάριτές εἰσιν. 35. εὐθὺς γὰρ παρὰ τοῦ ἀντιφιλοῦντος ἡδεῖαι μὲν αἱ ἀντιβλέψεις, ἡδεῖαι δὲ αἱ ἐρωτήσεις, ἡδεῖαι δὲ αἱ ἀποκρίσεις, ἥδισται δὲ καὶ ἐπαφροδιτόταται αἱ μάχαι τε καὶ ἔριδες· 36. τὸ δὲ ἀκόντων παιδικῶν ἀπολαύειν λεηλασίᾳ, ἔφη, ἔμοιγε δοκεῖ ἐοικέναι μᾶλλον ἢ ἀφροδισίοις. καίτοι τῷ μὲν λῃστῇ παρέχει τινὰς ὅμως

Kindern. Denn dass leidenschaftliche Liebesbeziehungen außergewöhnliche Freuden verschaffen, wissen wir doch alle. 30. Leidenschaftliche Liebe wiederum will am allerwenigsten beim Tyrannen aufkommen. Denn nicht das Verlangen, das nach leicht Erlangbarem giert, verschafft Freude, sondern dasjenige nach dem, was erhofft wird. Wie also einer, der den Durst nicht kennt, das Trinken nicht genießen kann, so weiß auch der, der keine Liebesleidenschaft kennt, nichts von den höchsten Liebesgenüssen.« So also sprach Hieron.

31. Simonides aber lachte. »Was sagst du da, Hieron?«, sprach er. »In einem Tyrannen, sagst du, erwachse nicht die Leidenschaft für schöne Knaben? Inwiefern begehrst du dann«, sagte er, »den Dailochos, der den Beinamen ›der Schönste‹ trägt?«

32. »Weil ich, bei Zeus, Simonides«, antwortete er, »von diesem nicht das am meisten begehre, was sich von ihm anscheinend bereitwillig erhalten lässt, sondern das, was zu bekommen einem Tyrannen am wenigsten gebührt. 33. Denn ich liebe zwar leidenschaftlich an Dailochos dasjenige, was jedenfalls die menschliche Natur von schönen Knaben zu erbitten fordert; was ich aber von ihm zu erhalten ersehne, wünsche ich brennendst aus Freundschaft und mit seinem Einverständnis von ihm zu erhalten. Aber es mir gewaltsam von ihm zu holen, wünschte ich, wie mir scheint, noch weniger, als mir selbst ein Leid zuzufügen. 34. Den Feinden nämlich gegen ihren erklärten Willen etwas zu entreißen, das halte ich für das Allerangenehmste, im Falle schöner Knaben aber, glaube ich, bereitet die freiwillig bezeugte Gunst das größte Vergnügen. 35. Denn, um sogleich ein Beispiel anzuführen, die Blicke von jemandem, der einen wiederliebt, sind angenehm, angenehm sind die Fragen, angenehm die Antworten, am angenehmsten aber und voller Liebreiz die Kämpfe und Streitigkeiten. 36. Liebesgenuss gegen den Willen des Geliebten aber scheint mir«, sprach er, »mehr einem Beutezug zu gleichen als einem Liebesverhältnis. Und doch verschaffen der Gewinn und die Kränkung seines Gegners dem

ἡδονὰς τό τε κέρδος καὶ τὸ ἀνιᾶν τὸν ἐχθρόν· τὸ δὲ οὗ ἂν ἐρᾷ τις τούτῳ ἥδεσθαι ἀνιωμένῳ καὶ φιλοῦντα μισεῖσθαι καὶ ἅπτεσθαι ἀχθομένου, πῶς οὐχὶ τοῦτο ἤδη δυσχερὲς τὸ πάθημα καὶ οἰκτρόν;

37. καὶ γὰρ δὴ τῷ μὲν ἰδιώτῃ εὐθὺς τεκμήριόν ἐστιν, ὅταν ὁ ἐρώμενός τι ὑπουργῇ, ὅτι ὡς φιλῶν χαρίζεται, διὰ τὸ εἰδέναι ὅτι οὐδεμιᾶς ἀνάγκης οὔσης ὑπηρετεῖ, τῷ δὲ τυράννῳ οὔποτ' ἔστι πιστεῦσαι ὡς φιλεῖται. 38. ἐπιστάμεθα γὰρ δὴ τοὺς διὰ φόβον ὑπηρετοῦντας ὡς ᾗ μάλιστ' ἂν δύνωνται ἐξεικάζουσιν αὑτοὺς ταῖς τῶν φιλούντων ὑπουργίαις. καὶ τοίνυν αἱ ἐπιβουλαὶ ἐξ οὐδένων πλέονες τοῖς τυράννοις εἰσὶν ἢ ἀπὸ τῶν μάλιστα φιλεῖν αὐτοὺς προσποιησαμένων.

II 1. Πρὸς ταῦτα εἶπεν ὁ Σιμωνίδης· ἀλλὰ ταῦτα μὲν πάνυ ἔμοιγε μικρὰ δοκεῖ εἶναι ἃ σὺ λέγεις. πολλοὺς γάρ, ἔφη, ἔγωγε ὁρῶ τῶν δοκούντων ἀνδρῶν εἶναι ἑκόντας μειονεκτοῦντας καὶ σίτων καὶ ποτῶν καὶ ὄψων καὶ ἀφροδισίων γε ἀπεχομένους. 2. ἀλλ' ἐκείνῃ γε πολὺ διαφέρετε τῶν ἰδιωτῶν, ὅτι μεγάλα μὲν ἐπινοεῖτε, ταχὺ δὲ κατεργάζεσθε, πλεῖστα δὲ τὰ περιττὰ ἔχετε, κέκτησθε δὲ διαφέροντας μὲν ἀρετῇ ἵππους, διαφέροντα δὲ κάλλει ὅπλα, ὑπερέχοντα δὲ κόσμον γυναιξί, μεγαλοπρεπεστάτας δ' οἰκίας, καὶ ταύτας κατεσκευασμένας τοῖς πλείστου ἀξίοις, ἔτι δὲ πλήθει καὶ ἐπιστήμαις θεράποντας ἀρίστους κέκτησθε, ἱκανώτατοι δ' ἐστὲ κακῶσαι μὲν ἐχθρούς, ὀνῆσαι δὲ φίλους.

3. πρὸς ταῦτα δὲ ὁ Ἱέρων εἶπεν· ἀλλὰ τὸ μὲν τὸ πλῆθος τῶν ἀνθρώπων, ὦ Σιμωνίδη, ἐξαπατᾶσθαι ὑπὸ τῆς τυραννίδος οὐδέν τι θαυμάζω· μάλα γὰρ ὁ ὄχλος μοι δοκεῖ δοξάζειν ὁρῶν καὶ εὐδαίμονάς τινας εἶναι καὶ ἀθλίους· 4. ἡ δὲ τυραννὶς τὰ μὲν δοκοῦντα πολλοῦ ἄξια κτήματα εἶναι ἀνεπτυγμένα θεᾶσθαι φανερὰ πᾶσι παρέχεται, τὰ δὲ χαλεπὰ ἐν ταῖς ψυχαῖς τῶν τυράννων κέκτηται ἀποκεκρυμμένα, ἔνθαπερ καὶ τὸ εὐδαιμο-

Räuber etwas Freude. Sich aber zu freuen, wenn der gekränkt wird, den man liebt, als Liebender gehasst zu werden und beim Berühren auf Widerwillen zu stoßen, dies ist sicherlich eine widrige und jammervolle Erfahrung.

37. Der Privatmann nämlich besitzt sogleich einen Beweis, wenn der Geliebte ihm zu Willen ist, dass er ihm aus Liebe seine Gunst erweist, weil er weiß, dass er ihm ganz ohne Zwang nachgibt, der Tyrann aber kann niemals darauf vertrauen, dass er geliebt wird. 38. Wir wissen nämlich, dass die, die (nur) aus Furcht nachgeben, sich soweit als möglich dem Verhalten derer anpassen, die aus Zuneigung gefällig sind. Und so werden von niemandem mehr Anschläge auf das Leben der Tyrannen verübt als von denen, die vorschützen, sie am meisten zu lieben.«

II 1. Darauf antwortete Simonides: »Was du da sagst, scheint mir wenig Bedeutung zu haben. Ich sehe nämlich«, sprach er, »dass viele Männer von Rang sich freiwillig beim Essen, beim Trinken und der Zukost beschränken und sich des Liebesgenusses enthalten. 2. Aber darin unterscheidet ihr euch doch sehr von den Privatleuten, dass ihr große Pläne im Sinn habt, diese schnell umsetzt und dass ihr alles im Übermaß habt: Ihr besitzt ausgesucht rassige Pferde, überaus schöne Waffen, kostbaren Schmuck für Frauen, prächtige Paläste, die aufs kostspieligste eingerichtet sind; weiterhin habt ihr die meisten Diener und die mit den besten Fertigkeiten. Ihr seid am ehesten in der Lage, euren Feinden zu schaden und euren Freunden zu nutzen.«

3. Darauf sprach Hieron: »Dass sich freilich die Menge, Simonides, von der Tyrannis täuschen lässt, verwundert mich kein bisschen. Die Masse bildet sich nämlich, wie mir scheint, ihre Meinung darüber, ob jemand glücklich oder unglücklich ist, gar sehr nach dem Augenschein. 4. Die Tyrannis stellt die Besitztümer, soweit sie als wertvoll gelten, offen und sichtbar allen vor Augen, das Unangenehme aber hält sie in den Seelen der Tyrannen ver-

νεῖν καὶ τὸ κακοδαιμονεῖν τοῖς ἀνθρώποις ἀπόκειται. 5. τὸ μὲν οὖν τὸ πλῆθος περὶ τούτου λεληθέναι, ὥσπερ εἶπον, οὐ θαυμάζω· τὸ δὲ καὶ ὑμᾶς ταῦτ᾽ ἀγνοεῖν, οἳ διὰ τῆς γνώμης δοκεῖτε θεᾶσθαι κάλλιον ἢ διὰ τῶν ὀφθαλμῶν τὰ πλεῖστα τῶν πραγμάτων, τοῦτό μοι δοκεῖ θαυμαστὸν εἶναι.

6. ἐγὼ δὲ πεπειραμένος σαφῶς οἶδα, ὦ Σιμωνίδη, καὶ λέγω σοι ὅτι οἱ τύραννοι τῶν μεγίστων ἀγαθῶν ἐλάχιστα μετέχουσι, τῶν δὲ μεγίστων κακῶν πλεῖστα κέκτηνται. 7. αὐτίκα γὰρ εἰ μὲν εἰρήνη δοκεῖ μέγα ἀγαθὸν τοῖς ἀνθρώποις εἶναι, ταύτης ἐλάχιστον τοῖς τυράννοις μέτεστιν· εἰ δὲ πόλεμος μέγα κακόν, τούτου πλεῖστον μέρος οἱ τύραννοι μετέχουσιν. 8. εὐθὺς γὰρ τοῖς μὲν ἰδιώταις, ἂν μὴ ἡ πόλις αὐτῶν κοινὸν πόλεμον πολεμῇ, ἔξεστιν ὅποι ἂν βούλωνται πορεύεσθαι μηδὲν φοβουμένους μή τις αὐτοὺς ἀποκτείνῃ, οἱ δὲ τύραννοι πάντες πανταχῇ ὡς διὰ πολεμίας πορεύονται. αὐτοί τε γοῦν ὡπλισμένοι οἴονται ἀνάγκην εἶναι διάγειν καὶ ἄλλους ὁπλοφόρους ἀεὶ συμπεριάγεσθαι.

9. ἔπειτα δὲ οἱ μὲν ἰδιῶται, ἐὰν καὶ στρατεύωνταί που εἰς πολεμίαν, ἀλλ᾽ οὖν ἐπειδάν γε ἔλθωσιν οἴκαδε, ἀσφάλειαν σφίσιν ἡγοῦνται εἶναι, οἱ δὲ τύραννοι ἐπειδὰν εἰς τὴν ἑαυτῶν πόλιν ἀφίκωνται, τότε ἐν πλείστοις πολεμίοις ἴσασιν ὄντες.

10. ἐὰν δὲ δὴ καὶ ἄλλοι στρατεύωσιν εἰς τὴν πόλιν κρείττονες, ἐὰν ἔξω τοῦ τείχους ὄντες οἱ ἥττονες ἐν κινδύνῳ δοκῶσιν εἶναι, ἀλλ᾽ ἐπειδάν γε εἴσω τοῦ ἐρύματος ἔλθωσιν, ἐν ἀσφαλείᾳ πάντες νομίζουσι καθεστάναι, ὁ δὲ τύραννος οὐδ᾽ ἐπειδὰν εἴσω τῆς οἰκίας παρέλθῃ ἐν ἀκινδύνῳ ἐστίν, ἀλλ᾽ ἐνταῦθα δὴ καὶ μάλιστα φυλακτέον οἴεται εἶναι.

11. ἔπειτα τοῖς μὲν ἰδιώταις καὶ διὰ σπονδῶν καὶ δι᾽ εἰρήνης

borgen, dort wo auch das Glück und Unglück der Menschen aufbewahrt liegen. 5. Wenn der Menge dies also, wie ich schon sagte, verborgen bleibt, wundere ich mich nicht. Dass aber auch ihr darüber in Unkenntnis seid, die ihr mit eurem Verstand die meisten Dinge klarer zu betrachten scheint als mit den Augen, das scheint mir verwunderlich.

6. Aus eigener Erfahrung aber weiß ich gut, Simonides, und sage es dir auch, dass die Tyrannen an den größten Gütern am wenigsten Anteil haben, an den größten Übeln aber den meisten. 7. Wenn nämlich zum Beispiel der Frieden den Menschen als ein großes Gut erscheint, dann haben die Tyrannen den geringsten Anteil daran. Wenn aber der Krieg ein großes Übel ist, haben die Tyrannen den meisten Anteil daran. 8. Zum Beispiel ist es nämlich, sofern ihre Stadt nicht gerade einen Krieg führt, in den alle verwickelt sind, den Privatleuten (ohne Umstände) möglich, dorthin zu reisen, wohin sie auch immer wollen, ohne fürchten müssen, einer trachte ihnen nach dem Leben. Alle Tyrannen aber reisen überall wie durch feindliches Gebiet. Zumindest halten sie es für erforderlich, stets selbst bewaffnet zu sein und immer andere Bewaffnete mit sich herumzuführen.

9. Ferner wähnen sich die Privatleute, wenn sie auch einen Feldzug in Feindesland unternehmen, wenigstens dann in Sicherheit, sobald sie nach Hause kommen. Sobald aber die Tyrannen in ihre eigene Stadt kommen, wissen sie, dass sie jetzt unter den meisten Feinden leben.

10. Ziehen nun auch andere mit überlegenen Kräften gegen die Stadt zu Feld, so meinen die Unterlegenen, sich in Gefahr zu befinden, wenn sie sich außerhalb der Mauern aufhalten. Aber alle glauben sich in Sicherheit, wenn sie innerhalb der Befestigung angekommen sind. Der Tyrann aber ist nicht einmal außer Gefahr, wenn er sich in sein Haus zurückgezogen hat, vielmehr meint er, er müsse sich gerade hier am meisten vorsehen.

11. Weiterhin gönnen ein Waffenstillstand und ein Friedens-

γίγνεται πολέμου ἀνάπαυσις, τοῖς δὲ τυράννοις οὔτε εἰρήνη ποτὲ πρὸς τοὺς τυραννευομένους γίγνεται οὔτε σπονδαῖς ἄν ποτε πιστεύσας ὁ τύραννος θαρρήσειε.

12. καὶ πόλεμοι μὲν δή εἰσιν οὕς τε αἱ πόλεις πολεμοῦσι καὶ οὓς οἱ τύραννοι πρὸς τοὺς βεβιασμένους· τούτων δὴ τῶν πολέμων ὅσα μὲν ἔχει χαλεπὰ ὁ ἐν ταῖς πόλεσι, ταῦτα καὶ ὁ τύραννος ἔχει· 13. καὶ γὰρ ἐν ὅπλοις δεῖ εἶναι ἀμφοτέρους καὶ φυλάττεσθαι καὶ κινδυνεύειν, καὶ ἄν τι πάθωσι κακὸν ἡττηθέντες, λυποῦνται ἐπὶ τούτοις ἑκάτεροι. 14. μέχρι μὲν δὴ τούτου ἴσοι οἱ πόλεμοι· ἃ δὲ ἔχουσιν ἡδέα οἱ †συνόντες ταῖς πόλεσι πρὸς τὰς πόλεις, ταῦτα οὐκέτι ἔχουσιν οἱ τύραννοι. 15. αἱ μὲν γὰρ πόλεις δήπου ὅταν κρατήσωσι μάχῃ τῶν ἐναντίων, οὐ ῥᾴδιον εἰπεῖν ὅσην μὲν ἡδονὴν ἔχουσιν ἐν τῷ τρέψασθαι τοὺς πολεμίους, ὅσην δ' ἐν τῷ διώκειν, ὅσην δ' ἐν τῷ ἀποκτείνειν τοὺς πολεμίους, ὡς δὲ γαυροῦνται ἐπὶ τῷ ἔργῳ, ὡς δὲ δόξαν λαμπρὰν ἀναλαμβάνουσιν, ὡς δ' εὐφραίνονται τὴν πόλιν νομίζοντες ηὐξηκέναι. 16. ἕκαστος δέ τις προσποιεῖται καὶ τῆς βουλῆς μετεσχηκέναι καὶ πλείστους ἀπεκτονέναι, χαλεπὸν δὲ εὑρεῖν ὅπου οὐχὶ καὶ ἐπιψεύδονται, πλέονας φάσκοντες ἀπεκτονέναι ἢ ὅσοι ἂν τῷ ὄντι ἀποθάνωσιν· οὕτω καλόν τι αὐτοῖς δοκεῖ εἶναι τὸ πολὺ νικᾶν.

17. ὁ δὲ τύραννος ὅταν ὑποπτεύσῃ καὶ αἰσθανόμενος τῷ ὄντι ἀντιπραττομένους τινὰς ἀποκτείνῃ, οἶδεν ὅτι οὐκ αὔξει ὅλην τὴν πόλιν, ἐπίσταταί τε ὅτι μειόνων ἄρξει, φαιδρός τε οὐ δύναται εἶναι οὐδὲ μεγαλύνεται ἐπὶ τῷ ἔργῳ, ἀλλὰ καὶ μειοῖ καθ' ὅσον ἂν δύνηται τὸ γεγενημένον, καὶ ἀπολογεῖται ἅμα

schluss den Privatleuten eine Erholung vom Krieg, für die Tyrannen aber gibt es weder Frieden mit den von ihnen Beherrschten noch kann der Tyrann im Vertrauen auf einen Waffenstillstand Zuversicht schöpfen.

12. Es gibt auch Kriege, welche die Städte (untereinander) und welche die Tyrannen gegen die von ihnen Unterdrückten führen. Von diesen Kriegen nun hat auch der Tyrann alles Schwere zu tragen, was der (Bürger) in den Städten trägt. 13. Beide nämlich müssen unter Waffen stehen, sich vorsehen und sich in Gefahr begeben und, wenn ihnen im Falle einer Niederlage etwas Übles widerfährt, grämen sich beide darüber. 14. Bis dahin sind die Kriege gleich. Was aber die, die an Kriegen von Städten gegen Städte teilnehmen, an Angenehmen haben, das gilt nicht für die Tyrannen. 15. Wenn nämlich Städte im Kampf über ihre Gegner siegen, so lässt sich nicht leicht beschreiben, welch große Freude (die Bürger) empfinden, ihre Feinde in die Flucht zu schlagen, welche Freude, wenn sie sie verfolgen und welche Freude, wenn sie sie niedermetzeln, wie sie mit ihren Taten prahlen, wie sie glänzenden Ruhm für sich in Anspruch nehmen und wie sie sich freuen, da sie der Meinung sind, das Wohl der Stadt vermehrt zu haben. 16. Jeder beansprucht für sich, am Kriegsplan teilgenommen und die meisten Feinde getötet zu haben; und schwerlich ist ein Fall zu finden, wo sie nicht auch noch (Weiteres) dazu erdichten, indem sie damit aufschneiden, mehr Männer umgebracht zu haben, als tatsächlich gefallen sind: So schön dünkt ihnen ein ruhmreicher Sieg.

17. Wenn aber der Tyrann einen Verdacht fasst und einige hinrichten lässt, von denen er die sichere Kunde hat, dass sie ihm zuwiderhandeln, so ist er sich bewusst, dass er die Stadt als Ganzes nicht stärken wird, und er ist sich bewusst, dass er nur über weniger (Untertanen) herrschen wird. Er kann (darüber) nicht froh sein und mit seiner Tat auch nicht prahlen, sondern er redet das Geschehen, so gut er kann, klein; und noch, während er handelt,

πράττων ὡς οὐκ ἀδικῶν πεποίηκεν. οὕτως οὐδ' αὐτῷ δοκεῖ καλὰ τὰ ποιούμενα εἶναι. 18. καὶ ὅταν ἀποθάνωσιν οὓς ἐφοβήθη, οὐδέν τι μᾶλλον τοῦτο θαρρεῖ, ἀλλὰ φυλάττεται ἔτι μᾶλλον ἢ τὸ πρόσθεν. καὶ πόλεμον μὲν δὴ τοιοῦτον ἔχων διατελεῖ ὁ τύραννος ὃν ἐγὼ δηλῶ.

III 1. Φιλίας δ' αὖ καταθέασαι ὡς κοινωνοῦσιν οἱ τύραννοι. πρῶτον μὲν εἰ μέγα ἀγαθὸν ἀνθρώποις ἡ φιλία, τοῦτο ἐπισκεψώμεθα. 2. ὃς γὰρ ἂν φιλῆται δήπου ὑπό τινων, ἡδέως μὲν τοῦτον οἱ φιλοῦντες παρόντα ὁρῶσιν, ἡδέως δ' εὖ ποιοῦσι, ποθοῦσι δέ, ἥν που ἀπῇ, ἥδιστα δὲ πάλιν προσιόντα δέχονται, συνήδονται δ' ἐπὶ τοῖς αὐτοῦ ἀγαθοῖς, συνεπικουροῦσι δέ, ἐάν τι σφαλλόμενον ὁρῶσιν. 3. οὐ μὲν δὴ λέληθεν οὐδὲ τὰς πόλεις ὅτι ἡ φιλία μέγιστον ἀγαθὸν καὶ ἥδιστον ἀνθρώποις ἐστί· μόνους γοῦν τοὺς μοιχοὺς νομίζουσι πολλαὶ τῶν πόλεων νηποινεὶ ἀποκτείνειν, δῆλον ὅτι διὰ ταῦτα ὅτι λυμαντῆρας αὐτοὺς νομίζουσι τῆς τῶν γυναικῶν φιλίας πρὸς τοὺς ἄνδρας εἶναι. 4. ἐπεὶ ὅταν γε ἀφροδισιασθῇ κατὰ συμφοράν τινα γυνή, οὐδὲν ἧττον τούτου ἕνεκεν τιμῶσιν αὐτὰς οἱ ἄνδρες, ἐάνπερ ἡ φιλία δοκῇ αὐταῖς ἀκήρατος διαμένειν· 5. τοσοῦτον δέ τι ἀγαθὸν κρίνω ἔγωγε τὸ? φιλεῖσθαι εἶναι ὥστε νομίζω τῷ ὄντι αὐτόματα τἀγαθὰ τῷ φιλουμένῳ γίγνεσθαι καὶ παρὰ θεῶν καὶ παρὰ ἀνθρώπων· 6. καὶ τούτου τοίνυν τοῦ κτήματος τοιούτου ὄντος μειονεκτοῦσιν οἱ τύραννοι πάντων μάλιστα. εἰ δὲ βούλει, ὦ Σιμωνίδη, εἰδέναι ὅτι ἀληθῆ λέγω, ὧδε ἐπίσκεψαι. 7. βεβαιόταται μὲν γὰρ δήπου δοκοῦσι φιλίαι εἶναι γονεῦσι πρὸς παῖδας καὶ παισὶ πρὸς γονέας καὶ ἀδελφοῖς πρὸς ἀδελφοὺς καὶ γυναιξὶ πρὸς ἄνδρας καὶ ἑταίροις πρὸς ἑταίρους· 8. εἰ τοίνυν ἐθέλεις κατανοεῖν, εὑρήσεις τοὺς μὲν ἰδιώτας ὑπὸ τούτων μάλιστα

verteidigt er sich, er habe kein Unrecht getan. So wenig ehrenvoll scheint sogar ihm sein Tun zu sein. 18. Und wenn die, die er fürchtete, tot sind, so gewinnt er nicht etwa an Sicherheit, sondern nimmt sich noch mehr in Acht als vorher. Und einen solchen Kampf, wie ich ihn schildere, muss der Tyrann unentwegt führen.

III 1. Erwäge nun, welche Teilhabe die Tyrannen an der Liebe haben. Zuerst wollen wir untersuchen, ob Liebe dem Menschen ein hohes Gut ist. 2. Den nämlich, der von anderen geliebt wird, den sehen doch die, die ihn lieben, gerne in ihrer Mitte, tun ihm bereitwillig Gutes, sehnen sich nach ihm, wenn er abwesend ist, und nehmen ihn, wenn er zurückkommt, mit größter Freude auf. Sie freuen sich mit ihm über das, was ihm glückt, und sie unterstützen ihn gemeinschaftlich, wenn sie ihn irgendwie im Unglück sehen. 3. Auch in den Städten ist es nicht verborgen geblieben, dass die Liebe das höchste und teuerste Gut der Menschen ist. In vielen Städten lassen sie daher allein die Ehebrecher ungestraft töten, offenbar aus dem Grund, weil sie glauben, dass jene die Verderber der Liebe der Frauen zu ihren Männern sind. 4. Wenn einer Frau durch ein unglückliches Geschick Gewalt angetan wird, behandeln die Männer sie deswegen nicht weniger ehrenvoll, sofern nur ihre Liebe unversehrt Bestand zu haben scheint. 5. Geliebt zu werden halte ich wenigstens für ein so hohes Gut, dass nach meiner Meinung dem, der geliebt wird, wirklich von selbst alle Güter von Seiten der Götter und der Menschen zufallen. 6. Von einem so vortrefflichen Gut besitzen nun die Tyrannen am allerwenigsten. Wenn du aber wissen willst, Simonides, ob ich die Wahrheit sage, dann überlege Folgendes: 7. Als besonders unverbrüchlich wird doch wohl die Liebe der Eltern zu ihren Kindern erachtet, diejenige der Kinder zu ihren Eltern, der Geschwister untereinander, der Frauen zu ihren Männern und der Freunde untereinander. 8. Wenn du nun deine Aufmerksamkeit darauf lenken willst, wirst du finden, dass die Privatleute von diesen am meisten

φιλουμένους, τοὺς δὲ τυράννους πολλοὺς μὲν παῖδας ἑαυτῶν ἀπεκτονότας, πολλοὺς δ' ὑπὸ παίδων αὐτοὺς ἀπολωλότας, πολλοὺς δὲ ἀδελφοὺς ἐν τυραννίσιν ἀλληλοφόνους γεγενημένους, πολλοὺς δὲ καὶ ὑπὸ γυναικῶν τῶν ἑαυτῶν τυράννους διεφθαρμένους καὶ ὑπὸ ἑταίρων γε τῶν μάλιστα δοκούντων φίλων εἶναι.

9. οἵτινες οὖν ὑπὸ τῶν φύσει πεφυκότων μάλιστα φιλεῖν καὶ νόμῳ συνηναγκασμένων οὕτω μισοῦνται, πῶς ὑπ' ἄλλου γέ τινος οἴεσθαι χρὴ αὐτοὺς φιλεῖσθαι;

IV 1. Ἀλλὰ μὴν καὶ πίστεως ὅστις ἐλάχιστον μετέχει, πῶς οὐχὶ μεγάλου ἀγαθοῦ μειονεκτεῖ; ποία μὲν γὰρ ξυνουσία ἡδεῖα ἄνευ πίστεως τῆς πρὸς ἀλλήλους, ποία δ' ἀνδρὶ καὶ γυναικὶ τερπνὴ ἄνευ πίστεως ὁμιλία, ποῖος δὲ θεράπων ἡδὺς ἀπιστούμενος;

2. καὶ τούτου τοίνυν τοῦ πιστῶς πρός τινας ἔχειν ἐλάχιστον μέτεστι τυράννῳ· ὁπότε γε οὐδὲ σιτίοις καὶ ποτοῖς πιστεύων διάγει, ἀλλὰ καὶ τούτων πρὶν ἀπάρχεσθαι τοῖς θεοῖς τοὺς διακόνους πρῶτον κελεύουσιν ἀπογεύεσθαι διὰ τὸ ἀπιστεῖν μὴ καὶ ἐν τούτοις κακόν τι φάγωσιν ἢ πίωσιν· 3. ἀλλὰ μὴν καὶ αἱ πατρίδες τοῖς μὲν ἄλλοις ἀνθρώποις πλείστου ἄξιαι. πολῖται γὰρ δορυφοροῦσι μὲν ἀλλήλους ἄνευ μισθοῦ ἐπὶ τοὺς δούλους, δορυφοροῦσι δ' ἐπὶ τοὺς κακούργους, ὑπὲρ τοῦ μηδένα τῶν πολιτῶν βιαίῳ θανάτῳ ἀποθνῄσκειν. 4. οὕτω δὲ πόρρω προεληλύθασι φυλακῆς ὥστε πεποίηνται πολλοὶ νόμον τῷ μιαιφόνῳ μηδὲ τὸν συνόντα καθαρεύειν· ὥστε διὰ τὰς πατρίδας ἀσφαλῶς ἕκαστος βιοτεύει τῶν πολιτῶν. 5. τοῖς δὲ τυράννοις καὶ τοῦτο ἔμπαλιν ἀνέστραπται. ἀντὶ γὰρ τοῦ τιμωρεῖν αἱ πόλεις αὐτοῖς μεγάλως τιμῶσι τὸν ἀποκτείναντα τὸν τύραννον, καὶ ἀντί γε

geliebt werden, während viele Tyrannen ihre eigenen Kinder umgebracht haben, viele selbst von ihren Kindern ermordet worden sind, viele Brüder aus Tyrannendynastien sich gegenseitig getötet haben und viele Tyrannen auch von ihren eigenen Ehefrauen zu Tode gebracht worden sind, wie auch von Gefährten, die als die besten Freunde galten.

9. Wie soll da jemand glauben, dass der von jemand anderem geliebt wird, der von denen, die von Natur aus oder durch Gesetz verpflichtet sind, ihn am stärksten zu lieben, in solcher Weise gehasst wird?

IV 1. Aber geht nun der, der am Vertrauen den geringsten Anteil hat, nicht eines hohen Gutes verlustig? Denn welches Zusammensein bringt ohne gegenseitiges Vertrauen Freude, welcher Umgang von Mann und Frau ist ohne Vertrauen angenehm, welcher Diener, dem kein Vertrauen entgegengebracht wird, ergeben?

2. Und nun hat der Tyrann an diesem Vertrauen zu anderen den geringsten Anteil, kann er doch zeit seines Lebens weder Speisen noch Getränken trauen, sondern, bevor sie noch den Göttern davon das Opfer darbringen, geben die Tyrannen ihren Dienern zuerst den Befehl zu kosten, und dies aus Misstrauen, dass sie dabei etwas Schädliches essen oder trinken. 3. Weiterhin ist auch den übrigen Menschen das Vaterland am teuersten. Die Bürger nämlich beschützen einander ohne Sold vor den Sklaven und sie beschützen einander vor Schurken, damit kein Bürger eines gewaltsamen Todes sterbe. 4. So weit aber sind sie in der Frage der Sicherheit gegangen, dass viele ein Gesetz gemacht haben, dass auch der, der mit einem Mörder verkehrt, nicht rein ist. Daher genießt jeder Bürger dank seines Vaterlandes Sicherheit. 5. Den Tyrannen ist auch dies wieder ins Gegenteil verkehrt. Statt sie nämlich zu bestrafen, erstatten die Städte den Tyrannenmördern hohe Ehren, und anstatt sie von den Heiligtümern fernzuhalten

τοῦ εἴργειν ἐκ τῶν ἱερῶν, ὥσπερ τοὺς τῶν ἰδιωτῶν φονέας, ἀντὶ τούτου καὶ εἰκόνας ἐν τοῖς ἱεροῖς ἱστᾶσιν αἱ πόλεις τῶν τοιοῦτόν τι ποιησάντων.

6. εἰ δὲ σὺ οἴει ὡς πλείω ἔχων τῶν ἰδιωτῶν κτήματα ὁ τύραννος διὰ τοῦτο καὶ πλείω ἀπ' αὐτῶν εὐφραίνεται, οὐδὲ τοῦτο οὕτως ἔχει, ὦ Σιμωνίδη, ἀλλ' ὥσπερ οἱ ἀθληταὶ οὐχ ὅταν ἰδιωτῶν γένωνται κρείττονες, τοῦτ' αὐτοὺς εὐφραίνει, ἀλλ' ὅταν τῶν ἀνταγωνιστῶν ἥττους, τοῦτ' αὐτοὺς ἀνιᾷ, οὕτω καὶ ὁ τύραννος οὐχ ὅταν τῶν ἰδιωτῶν πλείω φαίνηται ἔχων, τότ' εὐφραίνεται, ἀλλ' ὅταν ἑτέρων τυράννων ἐλάττω ἔχῃ, τούτῳ λυπεῖται· τούτους γὰρ ἀνταγωνιστὰς ἡγεῖται αὑτῷ τοῦ πλούτου εἶναι. 7. οὐδέ γε θᾶττόν τι γίγνεται τῷ τυράννῳ ἢ τῷ ἰδιώτῃ ὧν ἐπιθυμεῖ. ὁ μὲν γὰρ ἰδιώτης οἰκίας ἢ ἀγροῦ ἢ οἰκέτου ἐπιθυμεῖ, ὁ δὲ τύραννος ἢ πόλεων ἢ χώρας πολλῆς ἢ λιμένων ἢ ἀκροπόλεων ἰσχυρῶν, ἅ ἐστι πολὺ χαλεπώτερα καὶ ἐπικινδυνότερα κατεργάσασθαι τῶν ἰδιωτικῶν ἐπιθυμημάτων.

8. ἀλλὰ μέντοι καὶ πένητας ὄψει οὐχ οὕτως ὀλίγους τῶν ἰδιωτῶν ὡς πολλοὺς τῶν τυράννων. οὐ γὰρ τῷ ἀριθμῷ οὔτε τὰ πολλὰ κρίνεται οὔτε τὰ ὀλίγα, ἀλλὰ πρὸς τὰς χρήσεις· ὥστε τὰ μὲν ὑπερβάλλοντα τὰ ἱκανὰ πολλά ἐστι, τὰ δὲ τῶν ἱκανῶν ἐλλείποντα ὀλίγα. 9. τῷ οὖν τυράννῳ τὰ πολλαπλάσια ἧττον ἱκανά ἐστιν εἰς τὰ ἀναγκαῖα δαπανήματα ἢ τῷ ἰδιώτῃ. τοῖς μὲν γὰρ ἰδιώταις ἔξεστι τὰς δαπάνας συντέμνειν εἰς τὰ καθ' ἡμέραν ὅπῃ βούλονται, τοῖς δὲ τυράννοις οὐκ ἐνδέχεται. αἱ γὰρ μέγισται αὐτοῖς δαπάναι καὶ ἀναγκαιόταται εἰς τὰς τῆς ψυχῆς φυλακάς εἰσι· τὸ δὲ τούτων τι συντέμνειν ὄλεθρος δοκεῖ εἶναι.

10. ἔπειτα δὲ ὅσοι μὲν δύνανται ἔχειν ἀπὸ τοῦ δικαίου ὅσων δέονται, τί ἂν τούτους οἰκτίροι τις ὡς πένητας; ὅσοι δ' ἀναγκά-

wie die Mörder von Privatleuten, stellen die Städte sogar Statuen von den Tätern in den Heiligtümern auf.

6. Wenn du aber meinst, der Tyrann habe, weil er mehr Besitztümer als die Privatleute sein eigen nennt, deswegen auch mehr Freude daran, so verhält sich auch das nicht so, Simonides. Wie vielmehr die Wettkämpfer dies nicht erfreut, wenn sie sich Laien überlegen zeigen, sondern es sie kränkt, wenn sie (gleichwertigen) Konkurrenten unterliegen, so empfindet auch der Tyrann keine Freude, wenn er mehr als die Privatleute zu besitzen scheint, sondern er leidet daran, wenn er weniger besitzt als andere Tyrannen. Denn von diesen glaubt er, dass sie seine Konkurrenten im Reichtum sind. 7. Der Tyrann erhält auch nicht schneller das, was er begehrt, als der Privatmann. Der Privatmann nämlich begehrt ein Haus, einen Acker oder einen Sklaven, der Tyrann aber Städte, viel Land, Häfen oder befestigte Burgen und das ist wesentlich schwerer und (nur) unter größeren Gefahren zu verwirklichen als die Wünsche der Privatleute.

8. Weiterhin wirst du doch unter den Privatleuten nicht so wenige Arme sehen wie deren viele unter den Tyrannen. Was viel ist und was wenig, wird nämlich nicht nach der Zahl geschätzt, sondern nach den Bedürfnissen. Daher ist das viel, was das Hinreichende übersteigt, wenig aber das, was an ihm fehlt. 9. Dem Tyrannen nun genügen vielfach höhere Geldmittel weniger, um seine erforderlichen Ausgaben zu bestreiten, als dem Privatmann die seinigen (geringeren Geldmittel). Den Privatleuten ist es nämlich möglich, die Ausgaben nach Belieben für die täglichen Bedürfnisse zu beschränken, den Tyrannen ist das verwehrt. Die größten Ausgaben und zudem die notwendigsten sind nämlich die zum Schutz ihres Lebens. Diese aber irgendwie einzuschränken erscheint als verderblich.

10. Weiterhin, warum sollte einer die als arme Leute bedauern, die in der Lage sind, auf gerechte Weise das zu erhalten, wessen sie bedürfen? Diejenigen aber, die aus Mangel gezwungen sind, mit

ζονται δι' ἔνδειαν κακόν τι καὶ αἰσχρὸν μηχανώμενοι ζῆν, πῶς οὐ τούτους ἀθλίους ἄν τις καὶ πένητας δικαίως νομίζοι; 11. οἱ τύραννοι τοίνυν ἀναγκάζονται πλεῖστα συλᾶν ἀδίκως καὶ ἱερὰ καὶ ἀνθρώπους διὰ τὸ εἰς τὰς ἀναγκαίας δαπάνας ἀεὶ προσδεῖσθαι χρημάτων. ὥσπερ γὰρ πολέμου ὄντος ἀεὶ ἀναγκάζονται στράτευμα τρέφειν ἢ ἀπολωλέναι.

V 1. Χαλεπὸν δ' ἐρῶ σοι καὶ ἄλλο πάθημα, ὦ Σιμωνίδη, τῶν τυράννων. γιγνώσκουσι μὲν γὰρ οὐδὲν ἧττον τῶν ἰδιωτῶν τοὺς ἀλκίμους τε καὶ σοφοὺς καὶ δικαίους. τούτους δ' ἀντὶ τοῦ ἄγασθαι φοβοῦνται, τοὺς μὲν ἀνδρείους, μή τι τολμήσωσι τῆς ἐλευθερίας ἕνεκεν, τοὺς δὲ σοφούς, μή τι μηχανήσωνται, τοὺς δὲ δικαίους, μὴ ἐπιθυμήσῃ τὸ πλῆθος ὑπ' αὐτῶν προστατεῖσθαι. 2. ὅταν δὲ τοὺς τοιούτους διὰ τὸν φόβον ὑπεξαιρῶνται, τίνες ἄλλοι αὐτοῖς καταλείπονται χρῆσθαι ἀλλ' ἢ οἱ ἄδικοί τε καὶ ἀκρατεῖς καὶ ἀνδραποδώδεις; οἱ μὲν ἄδικοι πιστευόμενοι, διότι φοβοῦνται ὥσπερ οἱ τύραννοι τὰς πόλεις μήποτε ἐλεύθεραι γενόμεναι ἐγκρατεῖς αὐτῶν γένωνται, οἱ δ' ἀκρατεῖς τῆς εἰς τὸ παρὸν ἐξουσίας ἕνεκα, οἱ δ' ἀνδραποδώδεις, διότι οὐδ' αὐτοὶ ἀξιοῦσιν ἐλεύθεροι εἶναι. χαλεπὸν οὖν καὶ τοῦτο τὸ πάθημα ἔμοιγε δοκεῖ εἶναι, τὸ ἄλλους μὲν ἡγεῖσθαι ἀγαθοὺς ἄνδρας, ἄλλοις δὲ χρῆσθαι ἀναγκάζεσθαι.

3. ἔτι δὲ φιλόπολιν μὲν ἀνάγκη καὶ τὸν τύραννον εἶναι· ἄνευ γὰρ τῆς πόλεως οὔτ' ἂν σῴζεσθαι δύναιτο οὔτ' εὐδαιμονεῖν· ἡ δὲ τυραννὶς ἀναγκάζει καὶ ταῖς ἑαυτῶν πατρίσιν ἐνοχλεῖν. οὔτε γὰρ ἀλκίμους οὔτ' εὐόπλους χαίρουσι τοὺς πολίτας παρασκευάζοντες, ἀλλὰ τοὺς ξένους δεινοτέρους τῶν πολιτῶν ποιοῦντες

Ränken und Schandtaten ihr Leben zu fristen, wie sollte jemand sie nicht zurecht für unglücklich und arm halten? 11. Die Tyrannen nun sind nicht selten in der Zwangslage, Heiligtümer und Menschen zu Unrecht auszuplündern, weil sie für ihre notwendigen Ausgaben ständig Geld benötigen. Als ob Krieg herrschte, stehen sie ständig unter dem Druck, ein Heer zu unterhalten oder zu Grunde zu gehen.«

V 1. »Ich will dir aber, Simonides, noch von einer anderen unangenehmen Lage der Tyrannen berichten. Nicht weniger als die Privatleute kennen sie nämlich die Mutigen, Klugen und Gerechten. Diese aber fürchten sie, anstatt sie zu schätzen, und zwar die Tapferen (aus dem Grund), weil sie um der Freiheit willen etwas wagen könnten, die Klugen, weil sie etwas planen könnten, die Gerechten aber, weil das Volk wünschen könnte, von ihnen geführt zu werden. 2. Wenn (die Tyrannen) aber aus Furcht solche Männer heimlich beseitigen, welche anderen Leute bleiben ihnen dann noch zum Umgang als Ungerechte, Ausschweifende und Sklavenseelen? Den Ungerechten wird Vertrauen entgegengebracht, weil sie, gleichwie die Tyrannen, in der Furcht leben, die Städte würden, einmal frei geworden, ihrer Herr werden; den Ausschweifenden wegen ihrer Machtfülle, die sie für den Augenblick genießen; den Sklavenseelen aber, da sie es nicht einmal selbst für wert erachten, frei zu sein. Bedenklich scheint mir nun auch die Situation, die einen für vortreffliche Männer zu halten, auf die anderen aber zählen zu müssen.

3. Weiterhin ist auch der Tyrann gezwungen, seine Stadt zu lieben. Ohne die Stadt nämlich könnte er sich weder behaupten noch wohlhabend sein. Die Tyrannis aber zwingt, selbst die eigene Vaterstadt in Unruhe zu versetzen. (Der Tyrann) hat nämlich keine Freude daran, seine Bürger wehrhaft zu machen und gut mit Waffen zu versehen, sondern es ist ihm lieber, die Söldner tüchtiger als die eigenen Bürger zu machen und sie als Leibwache zu

ἥδονται μᾶλλον καὶ τούτοις χρῶνται δορυφόροις. 4. ἀλλὰ μὴν οὐδ' ἂν εὐετηριῶν γενομένων ἀφθονία τῶν ἀγαθῶν γίγνηται, οὐδὲ τότε συγχαίρει ὁ τύραννος. ἐνδεεστέροις γὰρ οὖσι ταπεινοτέροις αὐτοῖς οἴονται χρῆσθαι.

VI 1. Βούλομαι δέ σοι, ἔφη, ὦ Σιμωνίδη, κἀκείνας τὰς εὐφροσύνας δηλῶσαι ὅσαις ἐγὼ χρώμενος ὅτ' ἦν ἰδιώτης, νῦν ἐπειδὴ τύραννος ἐγενόμην, αἰσθάνομαι στερόμενος αὐτῶν. 2. ἐγὼ γὰρ ξυνῆν μὲν ἡλικιώταις ἡδόμενος ἡδομένοις ἐμοί, συνῆν δὲ ἐμαυτῷ, ὁπότε ἡσυχίας ἐπιθυμήσαιμι, διῆγον δ' ἐν συμποσίοις πολλάκις μὲν μέχρι τοῦ ἐπιλαθέσθαι πάντων εἴ τι χαλεπὸν ἐν ἀνθρωπίνῳ βίῳ ἦν, πολλάκις δὲ μέχρι τοῦ ᾠδαῖς τε καὶ θαλίαις καὶ χοροῖς τὴν ψυχὴν συγκαταμιγνύναι, πολλάκις δὲ μέχρι κοίτης ἐπιθυμίας ἐμῆς τε καὶ τῶν παρόντων. 3. νῦν δὲ ἀπεστέρημαι μὲν τῶν ἡδομένων ἐμοὶ διὰ τὸ δούλους ἀντὶ φίλων ἔχειν τοὺς ἑταίρους, ἀπεστέρημαι δ' αὖ τοῦ ἡδέως ἐκείνοις ὁμιλεῖν διὰ τὸ μηδεμίαν ἐνορᾶν εὔνοιαν ἐμοὶ παρ' αὐτῶν· μέθην δὲ καὶ ὕπνον ὁμοίως ἐνέδρᾳ φυλάττομαι. 4. τὸ δὲ φοβεῖσθαι μὲν ὄχλον, φοβεῖσθαι δ' ἐρημίαν, φοβεῖσθαι δὲ ἀφυλαξίαν, φοβεῖσθαι δὲ καὶ αὐτοὺς τοὺς φυλάττοντας, καὶ μήτ' ἀόπλους ἔχειν ἐθέλειν περὶ αὑτὸν μήθ' ὡπλισμένους ἡδέως θεᾶσθαι, πῶς οὐκ ἀργαλέον ἐστὶ πρᾶγμα; 5. ἔτι δὲ ξένοις μὲν μᾶλλον ἢ πολίταις πιστεύειν, βαρβάροις δὲ μᾶλλον ἢ Ἕλλησιν, ἐπιθυμεῖν δὲ τοὺς μὲν ἐλευθέρους δούλους ἔχειν, τοὺς δὲ δούλους ἀναγκάζεσθαι ποιεῖν ἐλευθέρους, οὐ πάντα σοι ταῦτα δοκεῖ ψυχῆς ὑπὸ φόβων καταπεπληγμένης τεκμήρια εἶναι; 6. ὅ γέ τοι φόβος οὐ μόνον αὐτὸς ἐνὼν ταῖς ψυχαῖς λυπηρός ἐστιν, ἀλλὰ καὶ πάντων τῶν ἡδέων συμπαρακολουθῶν λυμεὼν γίγνεται. 7. εἰ δὲ καὶ σὺ πολεμικῶν ἔμπειρος εἶ, ὦ Σιμωνίδη, καὶ ἤδη ποτὲ πολεμίᾳ φάλαγγι πλησίον ἀντετάξω, ἀναμνήσθητι ποῖον μέν τινα σῖτον ᾑροῦ ἐν ἐκείνῳ τῷ χρόνῳ,

benutzen. 4. Weiterhin, auch wenn fruchtbare Jahre kommen und es einen Überfluss an Gütern gibt, selbst dann kann sich der Tyrann nicht mitfreuen, glaubt er doch, an (Bürgern) desto gehorsamere Untertanen zu haben, je bedürftiger sie sind.«

VI 1. »Ich will dir nun, Simonides«, sprach er, »jene Freuden erklären, die ich besaß, als ich ein Privatmann war, die ich aber jetzt, wie ich sehe, entbehre, da ich ein Tyrann geworden bin. 2. Ich verkehrte nämlich mit Altersgenossen, freute mich mit ihnen und sie mit mir; ich war allein für mich, wann immer es mich nach Ruhe verlangte; ich brachte meine Zeit mit Trinkgelagen hin, oft bis zum Vergessen von allem, was beschwerlich im Leben des Menschen ist, oft bis mein Herz völlig in Gesang, Tafelfreude und Tanz aufging, oft bis das Verlangen nach Schlaf mich und die Anwesenden überkam. 3. Jetzt aber habe ich die verloren, die sich mit mir freuten, weil ich anstelle von Freunden Sklaven als Vertraute habe, verloren habe ich auch die Freude im Umgang mit jenen, weil ich keinerlei Zuneigung mir gegenüber bei ihnen sehe. Vor Trunkenheit und Schlaf muss ich mich wie vor einem Hinterhalt in Acht nehmen. 4. Die Menschenmasse zu fürchten, die Einsamkeit zu fürchten, die Schutzlosigkeit zu fürchten, ebenso auch die Wächter selbst zu fürchten, weder Unbewaffnete in seiner Nähe dulden zu wollen noch Bewaffnete gern zu sehen, wie kann das keine missliche Lage sein? 5. Weiterhin, mehr den Söldnern als den (eigenen) Bürgern zu vertrauen, mehr den Barbaren als den Griechen, danach zu streben, freie Menschen als Sklaven zu haben, aus Not die Sklaven zu Freien zu machen, scheint dir dies alles nicht Beweis für eine von Furcht zerrüttete Seele? 6. Nicht nur die Angst selbst bereitet Qualen, da sie die Seele befällt, sie verdirbt auch als ständige Begleiterin alle Freuden. 7. Wenn auch du, Simonides, eigene Erfahrung mit dem Krieg hast und auch schon einmal nahe einer feindlichen Schlachtreihe standest, erinnere dich, wie dir die Speise, die du aßt, in dieser Lage schmeckte und

ποῖον δέ τινα ὕπνον ἐκοιμῶ. 8. οἷα μέντοι σοὶ τότ' ἦν τὰ λυπηρά, τοιαῦτά ἐστι τὰ τῶν τυράννων καὶ ἔτι δεινότερα· οὐ γὰρ ἐξ ἐναντίας μόνον, ἀλλὰ καὶ πάντοθεν πολεμίους ὁρᾶν νομίζουσιν οἱ τύραννοι.

9. ταῦτα δ' ἀκούσας ὁ Σιμωνίδης ὑπολαβὼν εἶπεν· ὑπέρευ μοι δοκεῖς ἔνια λέγειν. ὁ γὰρ πόλεμος φοβερὸν μέν, ἀλλ' ὅμως, ὦ Ἱέρων, ἡμεῖς γε ὅταν ὦμεν ἐν στρατείᾳ, φύλακας προκαθιστάμενοι θαρραλέως δείπνου τε καὶ ὕπνου λαγχάνομεν.

10. καὶ ὁ Ἱέρων ἔφη· ναὶ μὰ Δία, ὦ Σιμωνίδη· αὐτῶν μὲν γὰρ προφυλάττουσιν οἱ νόμοι, ὥστε περὶ ἑαυτῶν φοβοῦνται καὶ ὑπὲρ ὑμῶν· οἱ δὲ τύραννοι μισθοῦ φύλακας ἔχουσιν ὥσπερ θεριστάς. 11. καὶ δεῖ μὲν δήπου τοὺς φύλακας μηδὲν οὕτω ποιεῖν δύνασθαι ὡς πιστοὺς εἶναι· πιστὸν δὲ ἕνα πολὺ χαλεπώτερον εὑρεῖν ἢ πάνυ πολλοὺς ἐργάτας ὁποίου βούλει ἔργου, ἄλλως τε καὶ ὁπόταν χρημάτων μὲν ἕνεκα παρῶσιν οἱ φυλάττοντες, ἐξῇ δ' αὐτοῖς ἐν ὀλίγῳ χρόνῳ πολὺ πλείω λαβεῖν ἀποκτείνασι τὸν τύραννον ἢ ὅσα πολὺν χρόνον φυλάττοντες παρὰ τοῦ τυράννου λαμβάνουσιν. 12. ὃ δ' ἐζήλωσας ἡμᾶς ὡς τοὺς μὲν φίλους μάλιστα εὖ ποιεῖν δυνάμεθα, τοὺς δὲ ἐχθροὺς πάντων μάλιστα χειρούμεθα, οὐδὲ ταῦθ' οὕτως ἔχει. 13. φίλους μὲν γὰρ πῶς ἂν νομίσαις ποτὲ εὖ ποιεῖν, ὅταν εὖ εἰδῇς ὅτι ὁ τὰ πλεῖστα λαμβάνων παρὰ σοῦ ἥδιστ' ἂν ὡς τάχιστα ἐξ ὀφθαλμῶν σου γένοιτο; ὅ τι γὰρ ἄν τις λάβῃ παρὰ τυράννου, οὐδεὶς οὐδὲν ἑαυτοῦ νομίζει πρὶν ἂν ἔξω τῆς τούτου ἐπικρατείας γένηται. 14. ἐχθροὺς δ' αὖ πῶς ἂν φαίης μάλιστα τοῖς τυράννοις ἐξεῖναι χειροῦσθαι, ὅταν εὖ εἰδῶσιν ὅτι ἐχθροὶ αὐτῶν εἰσι πάντες οἱ τυραννούμενοι, τούτους δὲ μήτε κατακαίνειν ἅπαντας μήτε δεσμεύειν οἷόν τε ᾖ (τίνων γὰρ ἔτι ἄρξει;) ἀλλ' εἰδότα ὅτι ἐχθροί εἰσι, 15. τούτους ἅμα μὲν φυλάττεσθαι δέῃ, καὶ χρῆσθαι

wie der Schlaf war, den du fandest. 8. So quälend freilich, wie das damals für dich war, so ist dies für die Tyrannen und noch schlimmer. Denn nicht nur ihnen direkt gegenüber, sondern auch von allen Seiten vermeinen die Tyrannen Feinde zu sehen.«

9. Als Simonides dies gehört hatte, ergriff er das Wort und sprach: »Du scheinst mir einiges ganz Vortreffliche zu sagen. Der Krieg nämlich ist etwas Furchtbares, aber dennoch, Hieron, können wir, wenn wir auf einem Feldzug sind, guten Mutes essen und schlafen, indem wir im Vorfeld Wachen aufstellen.«

10. Und Hieron erwiderte: »Ja, bei Zeus, Simonides, die Gesetze nämlich halten Wache über sie, so dass sie für sich wie auch für euch in Furcht sind. Die Tyrannen aber mieten Wächter, wie sie Erntearbeiter mieten. 11. Auch muss man bei den Wachen nichts so gut verstehen, als sich ihrer Zuverlässigkeit zu versichern. Einen einzigen zuverlässigen Menschen zu finden ist weit schwerer als sehr viele Arbeiter für jedes beliebige Werk, besonders auch weil die Wächter um des Geldes wegen ihren Dienst ableisten und die Möglichkeit haben, in kurzer Zeit für den Mord an dem Tyrannen viel mehr zu bekommen, als sie in langer Zeit als Wächter von dem Tyrannen erhalten.

12. Solltest Du aber uns beneiden, dass wir den Freunden am meisten Gutes tun können, mit den Feinden aber am allerbesten fertig werden, so verhält sich auch das nicht so. 13. Wie könntest du denn jemals glauben, den Freunden Wohltaten zu erweisen, wenn du wohl weißt, dass der, der am meisten von dir empfangen hat, dir am liebsten sobald als möglich aus den Augen geht? Was nämlich einer von einem Tyrannen empfangen hat, hält niemand für seinen Besitz, bevor er aus dessen Machtbereich verschwunden ist. 14. Wie könntest du wiederum behaupten, den Tyrannen sei es am leichtesten möglich, ihre Feinde zu bezwingen, wenn sie genau wissen, dass alle von ihnen Unterdrückten ihre Feinde sind, diese aber alle zu töten oder gefangen zu nehmen unmöglich ist? Über wen nämlich kann (der Tyrann) dann noch herrschen? 15. Viel-

δ' αὐτοῖς ἀναγκάζηται; εὖ δ' ἴσθι καὶ τοῦτο, ὦ Σιμωνίδη, ὅτι καὶ οὓς τῶν πολιτῶν δεδίασι χαλεπῶς μὲν αὐτοὺς ζῶντας ὁρῶσι, χαλεπῶς δ' ἀποκτείνουσιν· ὥσπερ γε καὶ ἵππος εἰ ἀγαθὸς μὲν εἴη, φοβερὸς δὲ μὴ ἀνήκεστόν τι ποιήσῃ, χαλεπῶς μὲν ἄν τις αὐτὸν ἀποκτείναι διὰ τὴν ἀρετήν, 16. χαλεπῶς δὲ ζῶντι χρῷτο, εὐλαβούμενος μή τι ἀνήκεστον ἐν τοῖς κινδύνοις ἐργάσηται, καὶ τἆλλά γε κτήματα ὅσα χαλεπὰ μὲν χρήσιμα δ' ἐ?στίν, ὁμοίως ἅπαντα λυπεῖ μὲν τοὺς κεκτημένους, λυπεῖ δὲ ἀπαλλαττομένους.

VII 1. Επεὶ δὲ ταῦτα αὐτοῦ ἤκουσεν ὁ Σιμωνίδης, εἶπεν· ἔοικεν, ἔφη, ὦ Ἱέρων, μέγα τι εἶναι ἡ τιμή, ἧς ὀρεγόμενοι οἱ ἄνθρωποι πάντα μὲν πόνον ὑποδύονται, πάντα δὲ κίνδυνον ὑπομένουσι. 2. καὶ ὑμεῖς, ὡς ἔοικε, τοσαῦτα πράγματα ἐχούσης ὁπόσα λέγεις τῆς τυραννίδος, ὅμως προπετῶς φέρεσθε εἰς αὐτήν, ὅπως τιμᾶσθε καὶ ὑπηρετῶσι μὲν ὑμῖν πάντες πάντα τὰ προστattόμενα ἀπροφασίστως, περιβλέπωσι δὲ πάντες, ὑπανιστῶνται δ' ἀπὸ τῶν θάκων ὁδῶν τε παραχωρῶσι, γεραίρωσι δὲ καὶ λόγοις καὶ ἔργοις πάντες οἱ παρόντες ἀεὶ ὑμᾶς· τοιαῦτα γὰρ δὴ ποιοῦσι τοῖς τυράννοις οἱ ἀρχόμενοι καὶ ἄλλον ὅντιν' ἂν ἀεὶ τιμῶντες τυγχάνωσι. 3. καὶ γάρ μοι δοκεῖ, ὦ Ἱέρων, τούτῳ διαφέρειν ἀνὴρ τῶν ἄλλων ζῴων, τῷ τιμῆς ὀρέγεσθαι. ἐπεὶ σιτίοις γε καὶ ποτοῖς καὶ ὕπνοις καὶ ἀφροδισίοις πάντα ὁμοίως ἥδεσθαι ἔοικε τὰ ζῷα· ἡ δὲ φιλοτιμία οὔτ' ἐν τοῖς ἀλόγοις ζῴοις ἐμφύεται οὔτ' ἐν ἅπασιν ἀνθρώποις· οἷς δ' ἂν ἐμφύῃ τιμῆς τε καὶ ἐπαίνου ἔρως, οὗτοί εἰσιν ἤδη οἱ πλεῖστον

mehr muss er, wenn er sich bewusst ist, dass sie seine Feinde sind, sich deshalb vor ihnen in Acht nehmen und sich notgedrungen gleichzeitig ihrer bedienen? Wisse auch dies gut, Simonides, dass er die Bürger, die er fürchtet, zwar ungern am Leben sieht, aber dennoch ungern tötet. Wie nämlich auch jemand ein Pferd, wenn es gut ist, aber doch zur Befürchtung Anlass gibt, es möchte heillosen Schaden anrichten, wegen seiner Vorzüge nicht gerne töten will, 16. es aber auch ungern am Leben lassen und verwenden möchte, da er besorgt ist, es könnte in Gefahr etwas Unheil anrichten, so bedrücken auch alle anderen Besitztümer, die Ärger machen und doch nützlich sind, in gleicher Weise sowohl die, welche sie ihr eigen nennen, als auch die, die ihrer verlustig gehen.«

VII 1. Nachdem er dies von ihm vernommen hatte, antwortete Simonides: »Hieron«, sprach er, »die Ehre scheint etwas Bedeutendes zu sein, unterziehen sich doch die Menschen im Verlangen nach ihr jeder Mühe und nehmen jede Gefahr auf sich. 2. Auch ihr, obwohl die Tyrannis, wie es scheint, so große Schwierigkeiten birgt, wie du sagst, stürzt ihr dennoch kopfüber nach, damit ihr geehrt werdet und alle bereitwillig euch bei allen euren Aufträgen behilflich sind, damit alle ringsum zu euch aufschauen, sich von ihren Sitzen erheben, euch auf den Straßen Platz machen und damit alle, wer auch immer anwesend ist, euch in Wort und Tat ehren; solches nämlich machen die Untertanen den Tyrannen gegenüber und jedem anderen, den sie jeweils gerade preisen. 3. Darin nämlich scheint mir, Hieron, der Mensch sich von den anderen Lebewesen zu unterscheiden, dass es ihn nach Ehre verlangt. Denn an Speise, Trank, Schlaf und Liebesvergnügen scheinen alle Lebewesen sich gleichermaßen zu erfreuen. Ehrgeiz aber besitzen weder die unvernünftigen Lebewesen noch alle Menschen. Diejenigen aber, die von Natur aus ein heftiges Verlangen nach Ehre und Lob besitzen, die unterscheiden sich am meisten

μὲν τῶν βοσκημάτων διαφέροντες, ἄνδρες δὲ καὶ οὐκέτι ἄνθρωποι μόνον νομιζόμενοι. 4. ὥστε ἐμοὶ μὲν εἰκότως δοκεῖτε ταῦτα πάντα ὑπομένειν ἃ φέρετε ἐν τῇ τυραννίδι, ἐπείπερ τιμᾶσθε διαφερόντως τῶν ἄλλων ἀνθρώπων. καὶ γὰρ οὐδεμία ἀνθρωπίνη ἡδονὴ τοῦ θείου ἐγγυτέρω δοκεῖ εἶναι ἢ ἡ περὶ τὰς τιμὰς εὐφροσύνη. 5. πρὸς ταῦτα δὴ εἶπεν ὁ Ἱέρων· ἀλλ', ὦ Σιμωνίδη, καὶ αἱ τιμαὶ τῶν τυράννων ὅμοιαι ἐμοὶ δοκοῦσιν εἶναι οἷάπερ ἐγώ σοι τὰ ἀφροδίσια ὄντα αὐτῶν ἀπέδειξα. 6. οὔτε γὰρ αἱ μὴ ἐξ ἀντιφιλούντων ὑπουργίαι χάριτες ἡμῖν ἐδόκουν εἶναι οὔτε τὰ ἀφροδίσια τὰ βίαια ἡδέα ἐφαίνετο. ὡσαύτως τοίνυν οὐδὲ αἱ ὑπουργίαι αἱ ὑπὸ τῶν φοβουμένων τιμαί εἰσι. 7. πῶς γὰρ ἂν φαίημεν ἢ τοὺς βίᾳ ἐξανισταμένους θάκων διὰ τὸ τιμᾶν τοὺς ἀδικοῦντας ἐξανίστασθαι, ἢ τοὺς ὁδῶν παραχωροῦντας τοῖς κρείττοσι διὰ τὸ τιμᾶν τοὺς ἀδικοῦντας παραχωρεῖν; 8. καὶ δῶρά γε διδόασιν οἱ πολλοὶ τούτοις οὓς μισοῦσι, καὶ ταῦτα ὅταν μάλιστα φοβῶνται μή τι κακὸν ὑπ' αὐτῶν πάθωσιν. ἀλλὰ ταῦτα μὲν οἶμαι δουλείας ἔργα εἰκότως ἂν νομίζοιτο· αἱ δὲ τιμαὶ ἔμοιγε δοκοῦσιν ἐκ τῶν ἐναντίων τούτοις γίγνεσθαι.

9. ὅταν γὰρ ἄνθρωποι ἄνδρα ἡγησάμενοι εὐεργετεῖν ἱκανὸν εἶναι, καὶ ἀπολαύειν αὐτοῦ ἀγαθὰ νομίσαντες, ἔπειτα τοῦτον ἀνὰ στόμα τε ἔχωσιν ἐπαινοῦντες, θεῶνταί τ' αὐτὸν ὡς οἰκεῖον ἕκαστος ἀγαθόν, ἑκόντες τε παραχωρῶσι τούτῳ ὁδῶν καὶ θάκων ὑπανιστῶνται φιλοῦντές τε καὶ μὴ φοβούμενοι, καὶ στεφανῶσι κοινῆς ἀρετῆς καὶ εὐεργεσίας ἕνεκα, καὶ δωρεῖσθαι ἐθέλωσιν, οἱ αὐτοὶ οὗτοι ἔμοιγε δοκοῦσι τιμᾶν τε τοῦτον ἀληθῶς οἳ ἂν τοιαῦτα ὑπουργήσωσι καὶ ὁ τούτων ἀξιούμενος τιμᾶσθαι τῷ ὄντι. 10. καὶ ἔγωγε τὸν μὲν οὕτω τιμώμενον

vom Herdenvieh und gelten als Männer und nicht mehr nur als Menschen. 4. Daher scheint ihr mir mit gutem Grund dies alles auf euch zu nehmen, was ihr als Tyrannen zu ertragen habt, da ihr doch weit mehr als die übrigen Menschen geehrt werdet. Keine Freude der Menschen scheint nämlich der Gottheit näher als die Freude an Ehrungen.«

5. Darauf antwortete Hieron: »Indes, Simonides, scheint es mir auch mit den Ehren für Tyrannen ähnlich dem zu sein, was ich dir über ihre Liebesangelegenheiten berichtet habe. 6. Es schienen uns nämlich weder die Gefälligkeiten von denen, die keine Gegenliebe empfinden, wirkliche Gunst zu sein noch erwies sich erzwungene Liebe als angenehm. Ebenso sind nun auch Gefälligkeiten von Menschen, die sich fürchten, keine Ehrungen. 7. Wie könnten wir nämlich behaupten, dass die Leute, die gezwungenermaßen von ihren Sitzen aufstehen, sich aus Achtung vor ihren Unterdrückern erheben oder dass die, die den Mächtigeren auf den Straßen ausweichen, dies aus Achtung vor ihren Unterdrückern tun? 8. Auch bringt die Menge denen Geschenke, die sie hasst, und zwar gerade dann, wenn sie die größte Furcht hat, etwas Übles von ihnen zu erleiden. Dies aber kann mit Recht, meine ich, als Zwangsdienst gelten; die Ehrungen aber scheinen mir aus dem Gegenteil davon zu erwachsen.

9. Wenn nämlich Menschen meinen, ein Mann sei in der Lage, ihnen Gutes zu tun, wenn sie glauben, von ihm Vorteile zu erfahren, und wenn sie dessen Lob dann im Mund führen, wenn sie zu ihm aufschauen, als sei er für jeden ein persönliches Glück, wenn sie diesem freiwillig auf den Straßen ausweichen und ihm zuliebe von den Sitzen aufstehen, ohne ihn zu fürchten, wenn sie ihn wegen seiner Verdienste um das gemeinsame Wohl und für seine Freigebigkeit bekränzen und wenn sie den Willen haben, ihn zu beschenken, dann scheinen mir diese, die ihm auf solche Weise zu Diensten sind, ihn wahrhaft zu ehren und der, der damit ausgezeichnet wird, wirklich geehrt zu werden. 10. Ich nun preise

μακαρίζω· αἰσθάνομαι γὰρ αὐτὸν οὐκ ἐπιβουλευόμενον ἀλλὰ φροντιζόμενον μή τι πάθῃ καὶ ἀφόβως καὶ ἀνεπιφθόνως καὶ ἀκινδύνως καὶ εὐδαιμόνως τὸν βίον διάγοντα· ὁ δὲ τύραννος ὡς ὑπὸ πάντων ἀνθρώπων κατακεκριμένος δι' ἀδικίαν ἀποθνήσκειν, οὕτως, ὦ Σιμωνίδη, εὖ ἴσθι, καὶ νύκτα καὶ ἡμέραν διάγει.

11. ἐπεὶ δὲ ταῦτα πάντα διήκουσεν ὁ Σιμωνίδης, Καὶ πῶς, ἔφη, ὦ Ἱέρων, εἰ οὕτως πονηρόν ἐστι τὸ τυραννεῖν καὶ τοῦτο σὺ ἔγνωκας, οὐκ ἀπαλλάττῃ οὕτω μεγάλου κακοῦ, ἀλλ' οὔτε σὺ οὔτε ἄλλος μὲν δὴ οὐδεὶς πώποτε ἑκὼν εἶναι τυραννίδος ἀφεῖτο, ὅσπερ ἂν ἅπαξ κτήσαιτο; 12. ὅτι, ἔφη, ὦ Σιμωνίδη, καὶ ταύτῃ ἀθλιώτατόν ἐστιν ἡ τυραννίς· οὐδὲ γὰρ ἀπαλλαγῆναι δυνατὸν αὐτῆς ἐστι. πῶς γὰρ ἄν τίς ποτε ἐξαρκέσειε τύραννος ἢ χρήματα ἐκτίνων ὅσους ἀφείλετο ἢ δεσμοὺς ἀντιπάσχων ὅσους δὴ ἐδέσμευσεν, ἢ ὅσους κατέκανε πῶς ἂν ἱκανὰς ψυχὰς ἀντιπαράσχοιτο ἀποθανουμένας; 13. ἀλλ' εἴπερ τῳ ἄλλῳ, ὦ Σιμωνίδη, λυσιτελεῖ ἀπάγξασθαι, ἴσθι, ἔφη, ὅτι τυράννῳ ἔγωγε εὑρίσκω μάλιστα τοῦτο λυσιτελοῦν ποιῆσαι. μόνῳ γὰρ αὐτῷ οὔτε ἔχειν οὔτε καταθέσθαι τὰ κακὰ λυσιτελεῖ.

VIII 1. Καὶ ὁ Σιμωνίδης ὑπολαβὼν εἶπεν· ἀλλὰ τὸ μὲν νῦν, ὦ Ἱέρων, ἀθύμως ἔχειν σε πρὸς τὴν τυραννίδα οὐ θαυμάζω, ἐπείπερ ἐπιθυμῶν φιλεῖσθαι ὑπ' ἀνθρώπων ἐμποδών σοι τούτου νομίζεις αὐτὴν εἶναι. ἐγὼ μέντοι ἔχειν μοι δοκῶ διδάξαι σε ὡς τὸ ἄρχειν οὐδὲν ἀποκωλύει τοῦ φιλεῖσθαι, ἀλλὰ καὶ πλεονεκτεῖ γε τῆς ἰδιωτείας. 2. ἐπισκοποῦντες δὲ αὐτὸ εἰ οὕτως ἔχει μήπω ἐκεῖνο σκοπῶμεν, εἰ διὰ τὸ μεῖζον δύνασθαι ὁ ἄρχων καὶ

einen, der so geehrt wird, glücklich; ich sehe nämlich, dass ihm nicht nachgestellt wird, sondern im Gegenteil Sorge getragen wird, dass ihm nichts geschieht und er ohne Furcht, ohne Neid, ohne Gefahr und glücklich sein Leben verbringt. Der Tyrann aber, wisse dies gut, Simonides, lebt Tag und Nacht wie ein wegen seiner Ungerechtigkeit von allen Menschen zum Tode Verurteilter.«

11. Als Simonides dies alles gehört hatte, fragte er: »Wenn die Herrschaft eines Tyrannen etwas Schlimmes ist und du dies auch erkannt hast, Hieron, warum befreist du dich nicht von so einem großen Übel, warum ist es vielmehr so, dass weder du noch sonst einer aus freien Stücken die Tyrannis aufgab, wenn er sie einmal in Händen hielt?« 12. »Weil, Simonides,« antwortete er, »die Tyrannenherrschaft auch darin etwas ganz Unseliges ist. Unmöglich ist es nämlich, sich davon zu befreien. Wie nämlich sollte ein Tyrann jemals imstande sein, denen die Gelder zurückzuzahlen, denen er sie geraubt hat, oder den Kerker für die erdulden, die er in den Kerker warf, oder für alle, die er getötet hat, eine entsprechende Zahl von Menschen zu bieten, um (als Sühne) zu sterben. 13. Vielmehr, Simonides, wenn es für irgendjemand von Vorteil ist, sich zu erhängen, wisse wohl,« sprach er, »finde ich es für den Tyrannen am vorteilhaftesten, dies zu tun. Für ihn allein nämlich ist es weder von Nutzen, die Übel zu behalten, noch von Nutzen, sie aufzugeben.«

VIII 1. Darauf ergriff Simonides das Wort und antwortete: »Jetzt wundere ich mich nicht, Hieron, dass du der Tyrannenherrschaft überdrüssig bist, da du danach begehrst, von Menschen geliebt zu werden, aber der Meinung bist, sie sei dir dabei hinderlich. Ich freilich meine, dir zeigen zu können, dass das Herrschen nicht im Geringsten daran hindert, geliebt zu werden, sondern sogar den Vorzug vor dem Dasein eines Privatmannes hat. 2. Wenn wir aber untersuchen, ob sich das so verhält, wollen wir die Frage noch außer Acht lassen, ob der Herrscher, da er größere Macht besitzt,

χαρίζεσθαι πλείω δύναιτ’ ἄν, ἀλλ’ ἂν τὰ ὅμοια ποιῶσιν ὅ τε ἰδιώτης καὶ ὁ τύραννος, ἐννόει πότερος μείζω ἀπὸ τῶν ἴσων κτᾶται χάριν. ἄρξομαι δέ σοι ἀπὸ τῶν μικροτάτων παραδειγμάτων. 3. ἰδὼν γὰρ πρῶτον προσειπάτω τινὰ φιλικῶς ὅ τε ἄρχων καὶ ὁ ἰδιώτης· ἐν τούτῳ τὴν ποτέρου πρόσρησιν μᾶλλον εὐφραίνειν τὸν ἀκούσαντα νομίζεις; ἴθι δὴ ἐπαινεσάντων ἀμφότεροι τὸν αὐτόν· τὸν ποτέρου δοκεῖς ἔπαινον ἐξικνεῖσθαι μᾶλλον εἰς εὐφροσύνην; θύσας δὲ τιμησάτω ἑκάτερος· τὴν παρὰ ποτέρου τιμὴν μείζονος ἂν χάριτος δοκεῖς τυγχάνειν; 4. κάμνοντα θεραπευσάτωσαν ὁμοίως· οὐκοῦν τοῦτο σαφὲς ὅτι αἱ ἀπὸ τῶν δυνατωτάτων θεραπεῖαι καὶ χαρὰν ἐμποιοῦσι μεγίστην; δότωσαν δὴ τὰ ἴσα· οὐ καὶ ἐν τούτῳ σαφὲς ὅτι αἱ ἀπὸ τῶν δυνατωτάτων ἡμίσειαι χάριτες πλέον ἢ ὅλον τὸ παρὰ τοῦ ἰδιώτου δώρημα δύνανται; 5. ἀλλ’ ἔμοιγε δοκεῖ καὶ ἐκ θεῶν τιμή τις καὶ χάρις συμπαρέπεσθαι ἀνδρὶ ἄρχοντι. μὴ γὰρ ὅτι καλλίονα ποιεῖ ἄνδρα, ἀλλὰ καὶ τὸν αὐτὸν τοῦτον ἥδιον θεώμεθά τε ὅταν ἄρχῃ ἢ ὅταν ἰδιωτεύῃ, διαλεγόμενοί τε ἀγαλλόμεθα τοῖς προτετιμημένοις μᾶλλον ἢ τοῖς ἐκ τοῦ ἴσου ἡμῖν οὖσι. 6. καὶ μὴν παιδικά γε, ἐν οἷς δὴ καὶ σὺ μάλιστα κατεμέμψω τὴν τυραννίδα, ἥκιστα μὲν γῆρας ἄρχοντος δυσχεραίνει, ἥκιστα δ’ αἶσχος, πρὸς ὃν ἂν τυγχάνῃ ὁμιλῶν, τούτου ὑπολογίζεται. αὐτὸ γὰρ τὸ τετιμῆσθαι μάλιστα συνεπικοσμεῖ, ὥστε τὰ μὲν δυσχερῆ ἀφανίζειν, τὰ δὲ καλὰ λαμπρότερα ἀναφαίνειν. 7. ὁπότε γε μὴν ἐκ τῶν ἴσων ὑπουργημάτων μειζόνων χαρίτων ὑμεῖς τυγχάνετε, πῶς οὐκ ἐπειδάν γε ὑμεῖς πολλαπλάσια μὲν διαπράττοντες

auch größere Gefälligkeiten erweisen könnte. Bedenke aber, wenn der Privatmann und der Tyrann das Gleiche tun, wer von beiden für das Gleiche den größeren Dank erhält. Ich will mit den unbedeutendsten Beispielen anfangen. 3. Es sollen nämlich der Herrscher und der Privatmann jemanden sehen und ihn zuerst auf freundliche Weise ansprechen. Wessen Anrede, glaubst du, wird dabei den Angeredeten mehr erfreuen? Ferner, beide sollen demselben Menschen ein Lob aussprechen. Wessen Lob bringt deiner Meinung nach mehr Freude? Beide sollen, indem sie ihn zum Opfer einladen, jemanden ehren. Wessen Einladung, meinst du, stößt auf größeren Dank? 4. Beide sollen auf gleiche Weise einen Kranken pflegen. Ist es nicht offenkundig, dass die Pflege von Seiten des Mächtigsten auch die größte Freude einflößt? Beide sollen dieselben Geschenke machen. Ist es dabei nicht auch offenkundig, dass halb so viel Gunst des Mächtigsten mehr ausrichtet als das gesamte Geschenk des Privatmannes? 5. Ja, mir scheint sogar eine gewisse Ehre und Gunst von Seiten der Götter dem Herrscher zuzukommen. Nicht, dass sie einen Mann schöner macht, aber wir sehen doch auf ein und denselben Mann mit mehr Vergnügen, wenn er herrscht, als wenn er sein Leben als Privatmann fristet, und wenn wir uns mit Höhergestellten unterhalten, empfinden wir mehr Stolz, als wenn wir uns mit Leuten unterhalten, die mit uns auf einer Stufe stehen. 6. Auch die schönen Knaben, bei deren Erwähnung du die Tyrannis am stärksten tadeltest, nehmen überhaupt keinen Anstoß am (fortgeschrittenen) Alter eines Herrschers und sie stellen überhaupt nicht die Hässlichkeit dessen, mit dem sie gerade verkehren, in Rechnung. Denn gerade die Ehre, die ihm widerfährt, zeichnet (den Herrscher) am meisten aus, so dass das Abstoßende verschwindet, das Ehrenvolle aber noch leuchtender zum Vorschein kommt. 7. Da ihr also durch die gleichen Dienste größeren Dank erlangt, wie sollte euch da nicht viel mehr an Liebe gebühren als den Privatleuten, wenn ihr doch durch euer

ὠφελεῖν δύνησθε, πολλαπλάσια δὲ δωρεῖσθαι ἔχητε, ὑμᾶς καὶ πολὺ μᾶλλον φιλεῖσθαι τῶν ἰδιωτῶν προσήκει;

8. καὶ ὁ Ἱέρων εὐθὺς ὑπολαβών, Ὅτι νὴ Δί', ἔφη, ὦ Σιμωνίδη, καὶ ἐξ ὧν ἀπεχθάνονται ἄνθρωποι, ἡμᾶς πολὺ πλείω τῶν ἰδιωτῶν ἀνάγκη ἐστὶ πραγματεύεσθαι. 9. πρακτέον μέν γε χρήματα, εἰ μέλλομεν ἕξειν δαπανᾶν εἰς τὰ δέοντα, ἀναγκαστέον δὲ φυλάττειν ὅσα δεῖται φυλακῆς, κολαστέον δὲ τοὺς ἀδίκους, κωλυτέον δὲ τοὺς ὑβρίζειν βουλομένους· καὶ ὅταν γε τάχους καιρὸς παραστῇ ἢ πεζῇ ἢ κατὰ θάλατταν ἐξορμᾶσθαι, οὐκ ἐπιτρεπτέον τοῖς ῥᾳδιουργοῦσιν. 10. ἔτι δὲ μισθοφόρων μὲν ἀνδρὶ τυράννῳ δεῖ· τούτου δὲ βαρύτερον φόρημα οὐδέν ἐστι τοῖς πολίταις. οὐ γὰρ τυράννοις σωτηρίας, ἀλλὰ πλεονεξίας ἕνεκα νομίζουσι τούτους τρέφεσθαι.

IX 1. Πρὸς ταῦτα δὴ πάλιν εἶπεν ὁ Σιμωνίδης· ἀλλ' ὅπως μὲν οὐ πάντων τούτων ἐπιμελητέον, ὦ Ἱέρων, οὐ λέγω. ἐπιμέλειαι μέντοι μοι δοκοῦσιν αἱ μὲν πάνυ πρὸς ἔχθραν ἄγειν, αἱ δὲ πάνυ διὰ χαρίτων εἶναι. 2. τὸ μὲν γὰρ διδάσκειν ἅ ἐστι βέλτιστα καὶ τὸν κάλλιστα ταῦτα ἐξεργαζόμενον ἐπαινεῖν καὶ τιμᾶν, αὕτη μὲν ἡ ἐπιμέλεια διὰ χαρίτων γίγνεται, τὸ δὲ τὸν ἐνδεῶς τι ποιοῦντα λοιδορεῖν τε καὶ ἀναγκάζειν καὶ ζημιοῦν καὶ κολάζειν, ταῦτα δὲ ἀνάγκη δι' ἀπεχθείας μᾶλλον γίγνεσθαι. 3. ἐγὼ οὖν φημι ἀνδρὶ ἄρχοντι τὸν μὲν ἀνάγκης δεόμενον ἄλλοις προστακτέον εἶναι κολάζειν, τὸ δὲ τὰ ἆθλα ἀποδιδόναι δι' αὑτοῦ ποιητέον. ὡς δὲ ταῦτα καλῶς ἔχει μαρτυρεῖ τὰ γιγνόμενα. 4. καὶ γὰρ ὅταν χοροὺς ἡμῖν βουλώμεθα ἀγωνίζεσθαι, ἆθλα μὲν ὁ ἄρχων προτίθησιν, ἁθροίζειν δὲ αὐτοὺς προστέτακται χορηγοῖς καὶ ἄλλοις διδάσκειν καὶ ἀνάγκην προστιθέναι τοῖς ἐνδεῶς τι

Tun ein Vielfaches an Nutzen bringen könnt und ein Vielfaches zu schenken habt?«

8. Sogleich ergriff Hieron das Wort und sprach: »Bei Zeus, Simonides, wir sind auch gezwungen, mehr Dinge zu tun, durch welche die Menschen verhasst werden, als die Privatleute. 9. Gelder müssen wir eintreiben, wenn wir die Mittel für den nötigen Aufwand haben wollen; wir müssen jemanden das bewachen lassen, was der Bewachung bedarf; wir müssen die Ungerechten bestrafen und wir müssen die Frevler an ihrem Tun hindern. Und wenn der Augenblick für einen schnellen Aufbruch zu Wasser und zu Land kommt, dürfen wir sorgloses Handeln nicht zulassen. 10. Weiterhin bedarf der Tyrann der Söldner, und es gibt für die Bürger keine drückendere Last als diese. Sie glauben nämlich nicht, dass diese zum Schutz für die Tyrannen unterhalten werden, sondern um ihrer Habsucht wegen.«

IX 1. Darauf erwiderte nun Simonides: »Dass man sich um alles dies nicht kümmern muss, Hieron, sage ich gar nicht. Einige Geschäfte scheinen mir freilich unausweichlich Feindschaft nach sich zu ziehen, andere durchaus Dank zu erzeugen. 2. Das nämlich zu lehren, was das Beste ist und den, der dieses am schönsten umsetzt, zu loben und zu ehren, ein solches Bemühen weckt Dank; den aber, der dies mangelhaft macht, zu schelten, zu nötigen, zu bestrafen und zu züchtigen, dies erzeugt notwendigerweise mehr Hass. 3. Ich behaupte nun, dass der Herrscher andere damit beauftragen muss, den zu bestrafen, bei dem Zwang erforderlich ist, die Preise aber in eigener Person vergeben sollte. Die Erfahrung bestätigt, dass dies richtig ist. 4. Wenn wir nämlich Chöre im Wettkampf auftreten lassen wollen, setzt der Herrscher (*archon*) die Preise aus, die Choregen aber werden beauftragt, die Chöre zusammenzustellen, und wieder andere erhalten den Auftrag, sie einzustudieren und Zwang auf die auszuüben, die etwas mangelhaft

ποιοῦσιν. οὐκοῦν εὐθὺς ἐν τούτοις τὸ μὲν ἐπίχαρι διὰ τοῦ ἄρχοντος ἐγένετο, τὰ δ' ἀντίτυπα δι' ἄλλων.

5. τί οὖν κωλύει καὶ τἆλλα τὰ πολιτικὰ οὕτως περαίνεσθαι; διῄρηνται μὲν γὰρ ἅπασαι αἱ πόλεις αἱ μὲν κατὰ φυλάς, αἱ δὲ κατὰ μόρας, αἱ δὲ κατὰ λόχους, καὶ ἄρχοντες ἐφ' ἑκάστῳ μέρει ἐφεστήκασιν. 6. οὐκοῦν εἴ τις καὶ τούτοις ὥσπερ τοῖς χοροῖς ἆθλα προτιθείη καὶ εὐοπλίας καὶ εὐταξίας καὶ ἱππικῆς καὶ ἀλκῆς τῆς ἐν πολέμῳ καὶ δικαιοσύνης τῆς ἐν συμβολαίοις, εἰκὸς καὶ ταῦτα πάντα διὰ φιλονικίαν ἐντόνως ἀσκεῖσθαι. 7. καὶ ναὶ μὰ Δία ὁρμῷντό γ' ἂν θᾶττον ὅποι δέοι, τιμῆς ὀρεγόμενοι, καὶ χρήματα θᾶττον ἂν εἰσφέροιεν, ὁπότε τούτου καιρὸς εἴη, καὶ τὸ πάντων γε χρησιμώτατον, ἥκιστα δὲ εἰθισμένον διὰ φιλονικίας πράττεσθαι, ἡ γεωργία αὐτὴ ἂν πολὺ ἐπιδοίη, εἴ τις ἆθλα προτιθείη κατ' ἀγροὺς ἢ κατὰ κώμας τοῖς κάλλιστα τὴν γῆν ἐξεργαζομένοις, καὶ τοῖς εἰς τοῦτο τῶν πολιτῶν ἐρρωμένως τρεπομένοις πολλὰ ἂν ἀγαθὰ περαίνοιτο· 8. καὶ γὰρ αἱ πρόσοδοι αὔξοιντ' ἄν, καὶ ἡ σωφροσύνη πολὺ μᾶλλον σὺν τῇ ἀσχολίᾳ συμπαρομαρτεῖ. καὶ μὴν κακουργίαι γε ἧττον τοῖς ἐνεργοῖς ἐμφύονται. 9. εἰ δὲ καὶ ἐμπορία ὠφελεῖ τι πόλιν, τιμώμενος ἂν ὁ πλεῖστα τοῦτο ποιῶν καὶ ἐμπόρους ἂν πλείους ἀγείροι. εἰ δὲ φανερὸν γένοιτο ὅτι καὶ ὁ πρόσοδόν τινα ἄλυπον ἐξευρίσκων τῇ πόλει τιμήσεται, οὐδ' αὕτη ἂν ἡ σκέψις ἀργοῖτο. 10. ὡς δὲ συνελόντι εἰπεῖν, εἰ καὶ κατὰ πάντων ἐμφανὲς εἴη ὅτι ὁ ἀγαθόν τι εἰσηγούμενος οὐκ ἀτίμητος ἔσται, πολλοὺς ἂν καὶ τοῦτο ἐξορμήσειεν ἔργον ποιεῖσθαι τὸ σκοπεῖν τι ἀγαθόν. καὶ ὅταν γε πολλοῖς περὶ τῶν ὠφελίμων μέλῃ, ἀνάγκη εὑρίσκεσθαί τε

tun. Hier also wird gerade das Angenehme durch den Herrscher vollzogen, das Unangenehme aber durch andere.

5. Was steht nun im Wege, dass auch die übrigen Staatsgeschäfte so erledigt werden? Alle Städte sind nämlich teils nach Phylen, teils nach Moren oder nach Lochen eingeteilt, und Führer stehen an der Spitze jeder Abteilung. 6. Wenn nun also einer diesen wie auch den Chören Preise aussetzen würde sowohl für gute Bewaffnung als auch soldatische Ordnung, für Tüchtigkeit im Reiten, Tapferkeit im Krieg und für Rechtlichkeit im Umgang, so ließe sich erwarten, dass auch alles im Wettkampf mit Eifer geübt wird. 7. Und, bei Zeus, voll Ehrgeiz würden sie schneller dorthin vorwärts stürmen, wohin es der Befehl verlangte, und sie würden schneller Sondersteuern (*eispherein*) zahlen, sooft der Zeitpunkt dafür käme, und – was das Allernützlichste ist, was jedoch gewöhnlich am wenigsten mit Eifer betrieben wird – die Landwirtschaft selbst würde eine gute Entwicklung nehmen, wenn einer Preise nach Feldern oder Dörfern für die aussetzen würde, die den Boden am besten bebauen, und für die Bürger, die sich dieser Sache mit Energie annehmen, würden große Vorteile daraus erwachsen. 8. Nicht nur die Einkünfte würden sich nämlich vermehren, es würde sich auch mit dem Mangel an freier Zeit in höheren Maß Besonnenheit einstellen. Laster treten jedenfalls weit weniger bei tätigen Menschen auf. 9. Wenn nun auch der Handel einer Stadt Nutzen bringt, dann würde die Ehrung dessen, der dies am besten tut, noch mehr Händler anziehen. Sofern aber offenkundig wäre, dass derjenige geehrt wird, der, ohne anderen zu schaden, Einkünfte für die Stadt ausfindig macht, würden auch auf diesem Feld Überlegungen nicht unterlassen. 10. Um es kurz zu sagen: Wenn es auch allen vor Augen stünde, dass der, der etwas Gutes vorschlägt, nicht ohne Auszeichnung bleibt, so würde diese Sache auch viele veranlassen, sich der Suche nach etwas Gutem zu widmen. Und wenn vielen das Nützliche am Herzen liegt, wird auch notwendigerweise mehr davon gefunden und erreicht.

μᾶλλον καὶ ἐπιτελεῖσθαι. 11. εἰ δὲ φοβῇ, ὦ Ἱέρων, μὴ ἐν πολλοῖς ἄθλων προτιθεμένων πολλαὶ δαπάναι γίγνωνται, ἐννόησον ὅτι οὐκ ἔστιν ἐμπορεύματα λυσιτελέστερα ἢ ὅσα ἄνθρωποι ἄθλων ὠνοῦνται. ὁρᾷς ἐν ἱππικοῖς καὶ γυμνικοῖς καὶ χορηγικοῖς ἀγῶσιν ὡς μικρὰ ἆθλα μεγάλας δαπάνας καὶ πολλοὺς πόνους καὶ πολλὰς ἐπιμελείας ἐξάγεται ἀνθρώπων;

X 1. Καὶ ὁ Ἱέρων εἶπεν· ἀλλὰ ταῦτα μέν, ὦ Σιμωνίδη, καλῶς μοι δοκεῖς λέγειν· περὶ δὲ τῶν μισθοφόρων ἔχεις τι εἰπεῖν ὡς μὴ μισεῖσθαι δι' αὐτούς; ἢ λέγεις ὡς φιλίαν κτησάμενος ἄρχων οὐδὲν ἔτι δεήσεται δορυφόρων;

2. ναὶ μὰ Δία, εἶπεν ὁ Σιμωνίδης, δεήσεται μὲν οὖν. οἶδα γὰρ ὅτι ὥσπερ ἐν ἵπποις οὕτως καὶ ἐν ἀνθρώποις τισὶν ἐγγίγνεται, ὅσῳ ἂν ἔκπλεα τὰ δέοντα ἔχωσι, τοσούτῳ ὑβριστοτέροις εἶναι. 3. τοὺς μὲν οὖν τοιούτους μᾶλλον ἂν σωφρονίζοι ὁ ἀπὸ τῶν δορυφόρων φόβος. τοῖς δὲ καλοῖς κἀγαθοῖς ἀπ' οὐδενὸς ἄν μοι δοκεῖς τοσαῦτα ὠφελήματα παρασχεῖν ὅσα ἀπὸ τῶν μισθοφόρων. 4. τρέφεις μὲν γὰρ δήπου καὶ σὺ αὐτοὺς σαυτῷ φύλακας· ἤδη δὲ πολλοὶ καὶ δεσπόται βίᾳ ὑπὸ τῶν δούλων ἀπέθανον. ἓν οὖν ἂν πρῶτον τοῦτ' εἴη τῶν προστεταγμένων τοῖς μισθοφόροις, ὡς πάντων ὄντας δορυφόρους τῶν πολιτῶν βοηθεῖν πᾶσιν, ἄν τι τοιοῦτον αἰσθάνωνται. γίγνονται δέ που, ὡς πάντες ἐπιστάμεθα, κακοῦργοι ἐν πόλεσιν· εἰ οὖν καὶ τούτους φυλάττειν εἶεν τεταγμένοι, καὶ τοῦτ' ἂν εἰδεῖεν ὑπ' αὐτῶν ὠφελούμενοι. 5. πρὸς δὲ τούτοις καὶ τοῖς ἐν τῇ χώρᾳ ἐργάταις καὶ κτήνεσιν οὗτοι ἂν εἰκότως καὶ θάρρος καὶ ἀσφάλειαν δύναιντο μάλιστα παρέχειν, ὁμοίως μὲν τοῖς σοῖς ἰδίοις, ὁμοίως δὲ τοῖς ἀνὰ τὴν χώραν. ἱκανοί γε μήν εἰσι καὶ σχολὴν παρέχειν τοῖς πολίταις τῶν ἰδίων ἐπιμελεῖσθαι, τὰ ἐπίκαιρα φυλάττοντες.

11. Wenn du aber fürchtest, Hieron, dass angesichts der Menge der ausgelobten Preise große Kosten entstehen, bedenke, dass es keine lohnendere Ware gibt als die, welche die Leute um solche Preise einkaufen. Du siehst doch, wie bei den Pferderennen, bei den sportlichen Kämpfen und dem Wettbewerb der Chöre schon kleine Siegespreise die Menschen zu großen Ausgaben, vielen Mühen und besonderer Sorgfalt veranlassen?«

X 1. Darauf sprach Hieron: »Ja, darin scheinst du mir, Simonides, das Rechte zu sagen: Doch was die Söldner angeht, kannst du etwas vorbringen, dass niemand ihretwegen verhasst wird, oder behauptest du, dass ein Herrscher, der sich Zuneigung verschafft hat, der Leibwache nicht mehr bedarf?«

2. »Sicherlich, bei Zeus«, sprach Simonides, »wird er sie benötigen. Ich weiß nämlich, dass es sich bei Pferden wie bei einigen Menschen so verhält, dass sie, je mehr sie haben, was sie benötigen, desto übermütiger werden. 3. Solche Leute also dürfte eher die Angst vor den Leibwächtern zur Vernunft bringen. Den guten und rechtschaffenen (Bürgern) aber scheinst du mir durch nichts solchen Nutzen erweisen zu können wie durch Söldner. 4. Denn auch du unterhältst sie doch wohl zu deinem Schutz; viele Herren starben aber auch schon durch die Hand der Sklaven eines gewaltsamen Todes. Wenn nun dies zuerst die Aufgabe für die Söldner wäre, als Leibwächter für alle Bürger allen Hilfe zu leisten, falls sie etwas dergleichen bemerken – es gibt ja, wie wir alle wissen, Übeltäter in den Städten –, wenn (den Söldnern) also der Auftrag erteilt würde, auch die (Bürger) zu schützen, wüssten diese, dass sie auch von ihnen einen Nutzen haben. 5. Zudem könnten (die Söldner) den Feldarbeitern und den Herden am meisten Ruhe und Schutz bieten, und zwar sowohl denen, die dir gehören, als auch den anderen ringsum im Land. Indem sie die lebenswichtigen Orte schützen, vermöchten (die Söldner) auch den Bürgern Muße zu geben, damit diese sich um ihre eigenen Belange kümmern können.«

6. πρὸς δὲ τούτοις καὶ πολεμίων ἐφόδους κρυφαίας καὶ ἐξαπιναίας τίνες ἑτοιμότεροι ἢ προαισθέσθαι ἢ κωλῦσαι τῶν ἀεὶ ἐν ὅπλοις τε ὄντων καὶ συντεταγμένων; ἀλλὰ μὴν καὶ ἐν τῇ στρατιᾷ τί ἐστιν ὠφελιμώτερον πολίταις μισθοφόρων; τούτους γὰρ προπονεῖν καὶ προκινδυνεύειν καὶ προφυλάττειν εἰκὸς ἑτοιμοτάτους εἶναι. 7. τὰς δ' ἀγχιτέρμονας πόλεις οὐκ ἀνάγκη διὰ τοὺς ἀεὶ ἐν ὅπλοις ὄντας καὶ εἰρήνης μάλιστα ἐπιθυμεῖν; οἱ γὰρ συντεταγμένοι καὶ σῴζειν τὰ τῶν φίλων μάλιστα καὶ σφάλλειν τὰ τῶν πολεμίων δύναιντ' ἄν.

8. ὅταν γε μὴν γνῶσιν οἱ πολῖται ὅτι οὗτοι κακὸν μὲν οὐδὲν ποιοῦσι τὸν μηδὲν ἀδικοῦντα, τοὺς δὲ κακουργεῖν βουλομένους κωλύουσι, βοηθοῦσι δὲ τοῖς ἀδικουμένοις, προνοοῦσι δὲ καὶ προκινδυνεύουσι τῶν πολιτῶν, πῶς οὐκ ἀνάγκη καὶ δαπανᾶν εἰς τούτους ἥδιστα; τρέφουσι γοῦν καὶ ἰδίᾳ ἐπὶ μείοσι τούτων φύλακας.

XI 1. Χρὴ δέ, ὦ Ἱέρων, οὐδ' ἀπὸ τῶν ἰδίων κτημάτων ὀκνεῖν δαπανᾶν εἰς τὸ κοινὸν ἀγαθόν. καὶ γὰρ ἔμοιγε δοκεῖ τὰ εἰς τὴν πόλιν ἀναλούμενα μᾶλλον εἰς τὸ δέον τελεῖσθαι ἢ τὰ εἰς τὸ ἴδιον ἀνδρὶ τυράννῳ. καθ' ἓν δ' ἕκαστον σκοπῶμεν. 2. οἰκίαν πρῶτον ὑπερβαλλούσῃ δαπάνῃ κεκαλλωπισμένην μᾶλλον ἡγῇ κόσμου ἄν σοι παρέχειν ἢ πᾶσαν τὴν πόλιν τείχεσί τε καὶ ναοῖς καὶ παστάσι καὶ ἀγοραῖς καὶ λιμέσι κατεσκευασμένην; 3. ὅπλοις δὲ πότερον τοῖς ἐκπαγλοτάτοις αὐτὸς κατακεκοσμημένος δεινότερος ἂν φαίνοιο τοῖς πολεμίοις ἢ τῆς πόλεως ὅλης εὐόπλου σοι οὔσης;

4. προσόδους δὲ ποτέρως ἂν δοκεῖς πλείονας γίγνεσθαι, εἰ τὰ σὰ ἴδια μόνον ἐνεργὰ ἔχοις ἢ εἰ τὰ πάντων τῶν πολιτῶν

6. Wer ist außerdem besser dazu in der Lage, verborgene und plötzliche Einfälle der Feinde vorher wahrzunehmen oder zu verhindern als diejenigen, die ständig unter Waffen stehen und militärische Ordnung halten? Was aber ist bei einem Feldzug den Bürgern von größerem Nutzen als Söldner? Denn diese sind doch am ehesten bereit, für Andere Mühen, Gefahren und Wachen zu übernehmen. 7. Müssen aber nicht auch die Städte in der Nachbarschaft, da diese ständig unter Waffen sind, am nachdrücklichsten nach Frieden verlangen? Ein stehendes Heer kann nämlich am besten die Sache der Freunde bewahren und derjenigen der Feinde schaden.

8. Wenn aber die Bürger erkennen, dass (die Söldner) demjenigen, der kein Unrecht begeht, nichts zu Leide tun, diejenigen aber, die Böses im Schild führen, daran hindern, ferner denjenigen, denen Unrecht geschah, helfen, weiterhin sich um die Bürger kümmern und Gefahren für sie auf sich nehmen, warum sollten diese dann nicht auch sehr gerne Geld für sie aufwenden? Sie unterhalten doch zum eigenen Nutzen bei unbedeutenderen Anlässen als diese Wächter.

XI 1. Du darfst, Hieron, aber auch nicht zögern, von deinem eigenen Besitz Aufwendungen für das gemeinsame Wohl zu machen. Denn was für die Stadt ausgegeben wird, scheint mir zweckmäßiger verwendet als das, was für die privaten Belange des Tyrannen aufgebracht wird. Wir wollen das aber im Einzelfall untersuchen. 2. Zunächst: Glaubst du, dass ein mit übertriebenen Kosten ausgeschmücktes Haus dir mehr zur Ehre gereicht als die ganze Stadt, wenn sie mit Mauern, Tempeln, Säulenhallen, Marktplätzen und Häfen versehen ist? 3. Würdest du selbst, wenn du mit angsterregenden Waffen ausgestattet wärst, den Feinden schrecklicher erscheinen, als wenn deine ganze Stadt gut gerüstet wäre?

4. Meinst du, dass mehr Einkünfte zusammenkommen, wenn du nur deinen eigenen Besitz als ergiebige Quelle hättest oder

μεμηχανημένος εἴης ἐνεργὰ εἶναι; 5. τὸ δὲ πάντων κάλλιστον καὶ μεγαλοπρεπέστατον νομιζόμενον εἶναι ἐπιτήδευμα ἁρματοτροφίαν, ποτέρως ἂν δοκεῖς μᾶλλον κοσμεῖν, εἰ αὐτὸς πλεῖστα τῶν Ἑλλήνων ἅρματα τρέφοις τε καὶ πέμποις εἰς τὰς πανηγύρεις, ἢ εἰ ἐκ τῆς σῆς πόλεως πλεῖστοι μὲν ἱπποτρόφοι εἶεν, πλεῖστοι δ' ἀγωνίζοιντο; νικᾶν δὲ πότερα δοκεῖς κάλλιον εἶναι ἅρματος ἀρετῇ ἢ πόλεως ἧς προστατεύεις εὐδαιμονίᾳ; 6. ἐγὼ μὲν γὰρ οὐδὲ προσήκειν φημὶ ἀνδρὶ τυράννῳ πρὸς ἰδιώτας ἀγωνίζεσθαι. νικῶν μὲν γὰρ οὐκ ἂν θαυμάζοιο ἀλλὰ φθονοῖο, ὡς ἀπὸ πολλῶν οἴκων τὰς δαπάνας ποιούμενος, νικώμενος δ' ἂν πάντων μάλιστα καταγελῷο.

7. ἀλλ' ἐγώ σοί φημι, ὦ Ἱέρων, πρὸς ἄλλους προστάτας πόλεων τὸν ἀγῶνα εἶναι, ὧν ἐὰν σὺ εὐδαιμονεστάτην τὴν πόλιν ἧς προστατεύεις παρέχῃς, εὖ ἴσθι νικῶν τῷ καλλίστῳ καὶ μεγαλοπρεπεστάτῳ ἐν ἀνθρώποις ἀγωνίσματι. 8. καὶ πρῶτον μὲν εὐθὺς κατειργασμένος ἂν εἴης τὸ φιλεῖσθαι ὑπὸ τῶν ἀρχομένων, οὗ δὴ σὺ ἐπιθυμῶν τυγχάνεις· ἔπειτα δὲ τὴν σὴν νίκην οὐκ ἂν εἷς εἴη ὁ ἀνακηρύττων, ἀλλὰ πάντες ἄνθρωποι ὑμνοῖεν ἂν τὴν σὴν ἀρετήν. 9. περίβλεπτος δὲ ὢν οὐχ ὑπὸ ἰδιωτῶν μόνον ἀλλὰ καὶ ὑπὸ πολλῶν πόλεων ἀγαπῷο ἄν, καὶ θαυμαστὸς οὐκ ἰδίᾳ μόνον ἀλλὰ καὶ δημοσίᾳ παρὰ πᾶσιν ἂν εἴης, 10. καὶ ἐξείη μὲν ἄν σοι ἕνεκεν ἀσφαλείας, εἴ ποι βούλοιο, θεωρήσοντι πορεύεσθαι, ἐξείη δ' ἂν αὐτοῦ μένοντι τοῦτο πράττειν. ἀεὶ γὰρ ἂν παρὰ σοὶ πανήγυρις εἴη τῶν βουλομένων ἐπιδεικνύναι εἴ τίς τι σοφὸν ἢ καλὸν ἢ ἀγαθὸν ἔχοι, τῶν δὲ καὶ ἐπιθυμούντων ὑπηρετεῖν. 11. πᾶς δὲ ὁ μὲν παρὼν σύμμαχος ἂν

wenn du den Besitz aller Bürger einträglich zu machen wüsstest? 5. Was aber die allerschönste und großartigste Beschäftigung angeht, wie die Leute meinen, nämlich den Unterhalt von Gespannen, glaubst du, dass es dir mehr Ehre einträgt, wenn du selbst die meisten Gespanne bei den Griechen unterhieltest und zu den Festversammlungen entsendest oder wenn aus deiner Stadt eine große Menge Bürger Pferde halten würde und zu den Wettkämpfen käme? Hältst du es für schöner, durch die Vortrefflichkeit eines Gespannes zu siegen oder durch den Wohlstand einer Stadt, die du regierst? 6. Ich nämlich behaupte, dass es einem Tyrannen nicht zukommt, sich mit Privatleuten in einen Wettkampf einzulassen. Im Falle eines Sieges würdest du nämlich nicht bewundert werden, sondern Missgunst erregen, weil du deine Ausgaben aus dem Vermögen vieler Familien bestreitest; wirst du aber besiegt, dürftest du am meisten zum Gespött aller werden.

7. Aber ich sage dir, Hieron, du hast einen Wettkampf mit den Lenkern anderer Staaten zu bestehen. Wenn du unter diesen den Staat, den du leitest, zum glücklichsten machst, sei dir bewusst, dass du dann im schönsten und prächtigsten Wettkampf unter den Menschen siegst. 8. Erstens hättest du es sofort erreicht, dass du von deinen Untertanen geliebt wirst, was du doch wohl gerade erstrebst. Sodann würde deinen Sieg nicht bloß ein einzelner Herold verkünden, sondern alle würden deine Tüchtigkeit rühmen. 9. Hochgeachtet aber würdest du nicht nur von Privatleuten, sondern auch von vielen Städten geliebt, bewundert würdest du nicht nur von Einzelnen, sondern öffentlich von jedem. 10. Es wäre dir möglich, ungefährdet zu reisen, wohin du möchtest, um deiner Freude am Schauen nachzukommen, möglich wäre es dir aber auch, dies zu tun, wenn du hierbleibst. Stets würde sich nämlich um dich ein Kreis von Leuten bilden, von denen dir einige etwas Kluges, Schönes oder Gutes zeigen wollen, während andere danach streben, dir zu dienen. 11. Jeder, der anwesend ist, möchte dir Bundesgenosse sein, jeder, der abwesend ist, wünschte dich zu

εἴη σοι, ὁ δὲ ἀπὼν ἐπιθυμοίη ἂν ἰδεῖν σε. ὥστε οὐ μόνον φιλοῖο ἄν, ἀλλὰ καὶ ἐρῷο ὑπ' ἀνθρώπων, καὶ τοὺς καλοὺς οὐ πειρᾶν, ἀλλὰ πειρώμενον ὑπ' αὐτῶν ἀνέχεσθαι ἄν σε δέοι, φόβον δ' οὐκ ἂν ἔχοις ἀλλ' ἄλλοις παρέχοις μή τι πάθῃς,

12. ἑκόντας δὲ τοὺς πειθομένους ἔχοις ἂν καὶ ἐθελουσίως σου προνοοῦντας θεῷο ἄν, εἰ δέ τις κίνδυνος εἴη, οὐ συμμάχους μόνον ἀλλὰ καὶ προμάχους καὶ προθύμους ὁρῴης ἄν, πολλῶν μὲν δωρεῶν ἀξιούμενος, οὐκ ἀπορῶν δὲ ὅτῳ τούτων εὐμενεῖ μεταδώσεις, πάντας μὲν συγχαίροντας ἔχων ἐπὶ τοῖς σοῖς ἀγαθοῖς, πάντας δὲ πρὸ τῶν σῶν ἰδίων ὥσπερ τῶν ἰδίων μαχομένους. 13. θησαυρούς γε μὴν ἔχοις ἂν πάντας τοὺς παρὰ τοῖς φίλοις πλούτους. ἀλλὰ θαρρῶν, ὦ Ἱέρων, πλούτιζε μὲν τοὺς φίλους· σαυτὸν γὰρ πλουτιεῖς· αὖξε δὲ τὴν πόλιν· σαυτῷ γὰρ δύναμιν περιάψεις· κτῶ δὲ αὐτῇ συμμάχους· …

14. νόμιζε δὲ τὴν μὲν πατρίδα οἶκον, τοὺς δὲ πολίτας ἑταίρους, τοὺς δὲ φίλους τέκνα σεαυτοῦ, τοὺς δὲ παῖδας ὅτιπερ τὴν σὴν ψυχήν, καὶ τούτους πάντας πειρῶ νικᾶν εὖ ποιῶν. 15. ἐὰν γὰρ τοὺς φίλους κρατῇς εὖ ποιῶν, οὐ μή σοι δύνωνται ἀντέχειν οἱ πολέμιοι. κἂν ταῦτα πάντα ποιῇς, εὖ ἴσθι, πάντων τῶν ἐν ἀνθρώποις κάλλιστον καὶ μακαριώτατον κτῆμα κεκτήσει· εὐδαιμονῶν γὰρ οὐ φθονηθήσῃ.

sehen. Daher würdest du nicht nur von den Menschen geliebt, sondern geradezu angebetet werden, du müssest nicht die schönen (Knaben) zu verführen suchen, sondern du müssest dich zurückhalten, wenn sie dich zu verführen suchen, und nicht du hättest Angst, es könnte dir etwas geschehen, sondern andere um dich.

12. Du hättest Untertanen, die freiwillig gehorchen, und du könntest sehen, dass sie willig für dich Sorge tragen. Wenn aber irgendeine Gefahr drohte, fändest du in ihnen nicht nur Bundesgenossen, sondern sogar bereitwillige Kämpfer. Mit vielen Geschenken würdest du bedacht, und niemals wärest du in Verlegenheit, welchem der Wohlgesinnten du daran Anteil geben kannst. Alle würden sich mit dir über dein Glück freuen, alle für deine Sache wie für die eigene eintreten. 13. Als Schätze hättest du allen Reichtum deiner Freunde. Also, Hieron, fasse dir ein Herz und mache deine Freunde reich: Du wirst dich selbst beglücken. Fördere die Stadt: Du wirst dir selbst Macht verschaffen. Erwirb ihr Bundesgenossen: ... (Lücke im Text).

14. Halte dein Vaterland für dein Haus, die Bürger für deine Gefährten, die Freunde für deine Kinder, deine Kinder für dein eigenes Selbst, und suche diese alle im Wohltun zu übertreffen. 15. Wenn du nämlich deine Freunde durch gute Taten besiegst, werden dir deine Feinde nicht widerstehen können. Und wenn du all dies tust, wisse wohl, dann wirst du das schönste und seligste Gut unter den Menschen erwerben: Du wirst nämlich glücklich sein, ohne Neid zu erwecken.

POROI ODER ÜBER EINKÜNFTE

EINLEITUNG

Die »Poroi oder Über Einkünfte« sind eine von nur drei ökonomischen Schriften, die sich aus der griechischen Antike erhalten haben. Auch die zweite, die sich hauswirtschaftlichen Fragen (*Oikonomikos*) widmet, aber zu den sogenannten sokrateischen Werken gehört, stammt von Xenophon. Die dritte wurde in der Antike und im Mittelalter Aristoteles zugeschrieben und umfasst drei Bücher. Das erste und das zweite wurden im *Corpus Aristotelicum* überliefert, das dritte liegt nur als lateinische Übersetzung des Mittelalters vor, seine griechische Vorlage ist unbekannt.

Mit den *Poroi* reagierte Xenophon auf aktuelle politische und wirtschaftliche Probleme und so lässt sich diese Schrift auch relativ genau datieren. Im Jahr 357 begann der sogenannte Bundesgenossenkrieg, den Athen gegen abtrünnige Verbündete führte. Nur ein Jahr später spitzte sich auch der mittelgriechische Konflikt um Delphi zu, das von den benachbarten Phokern besetzt wurde. Die Okkupation löste den dritten Heiligen Krieg (356–346) aus. Es ist diese Zeit allgemeiner Unsicherheit, in der Xenophon an seiner Schrift arbeitete. Im Passus V 9 setzte er sich dafür ein, Delphi die Autonomie zurückzugeben. Das kann nicht vor dem Sommer 356 geschrieben worden sein, so dass dieses Datum einen sicheren *terminus post quem* bildet. Xenophon warnte die Athener davor, sich direkt in den Krieg einzumischen, und riet, stattdessen Gesandte an die griechischen Städte zu senden, um eine gemeinsame Lösung nach dem (eventuell erzwungenen) Rückzug der Phoker aus dem Heiligtum zu finden. Im Jahre 354 weitete jedoch der *Strategos Autokrator* der Phoker, Onomarchos, den Krieg aus, indem er in Boiotien und Thessalien einfiel. Zu diesem Zeitpunkt wären athenische Gesandtschaften bereits sinnlos geworden, so dass, wie vermutet wurde, das Frühjahr 354 als *terminus ante quem* der *Poroi*

zu vermuten ist. Auch deuten einige Anklänge an die Friedensrede des Isokrates, die 356 entstanden sein könnte, darauf hin, dass Xenophon diese bekannt war. Auf jeden Fall dürften die *Poroi* die letzte von ihm verfasste und überlieferte Schrift sein.

Außer der Überschrift *Poroi* hat sich noch der Nebentitel *Peri Prosodon* erhalten. Vermutet wurde daher, dass der ursprüngliche Gesamttitel *Poroi ton Prosodon* lautete. *Poroi* lässt sich am besten mit dem Hendiadyoin »Mittel und Wege« wiedergeben, *Prosodoi* sind staatliche Einkünfte, so dass die Formulierung »Mittel und Wege für staatliche Einkünfte« naheliegt. Für seine deutsche Übersetzung wählte Gert Audring 1984 den Titel »Mittel und Wege, dem Staat Geld zu verschaffen oder Über Einkünfte«, während er sich in der Ausgabe von 2008 mit »Poroi oder Über Einkünfte« begnügte. Eckart Schütrumpf entschied sich für »Vorschläge zur Beschaffung von Geldmitteln oder Über die Staatseinkünfte«, während die älteste (verfügbare) deutsche Übersetzung von Adolph Heinrich Christian den Titel »Über die Staatseinkünfte der Athener« trägt.

Kapitel I legt das Thema fest, begründet die Absicht des Verfassers und umreißt die Voraussetzungen, unter denen die Vorschläge, die folgen werden, sich realisieren lassen. Es folgt das Lob Attikas als das Herz von Griechenland. Drei Vorzüge zeichnen die Halbinsel aus: ihr Klima, ihre Bodenbeschaffenheit und ihre Lage. Das Klima spielt dabei kaum eine Rolle, denn dass in Attika Früchte gedeihen, die anderswo nicht wachsen, ist, abgesehen davon, dass es sich um eine fromme Übertreibung handelt, nur eine Art Zugabe, die mit Xenophons Anliegen nichts zu tun hat. Wichtig, und zwar für die Finanzierung seiner Vorschläge, sind dagegen die Bodenbeschaffenheit, d. h. die Silbervorkommen, und die zentrale Lage. Wie in späterer Zeit alle Wege nach Rom führten, ist für Xenophon Athen das Ziel aller Straßen und Schifffahrtsrouten. Dabei geht es ihm weniger um den Handel als die Einnahmen aus Zöllen oder Hafen- und Marktgebühren.

Der Einleitung folgt in den Kapiteln II 1–IV 33 die Ausarbeitung des zu Beginn mit nur einem Satz umrissenen Themas: Bekämpfung der in Athen grassierenden Armut durch Nutzung der eigenen Ressourcen und Verzicht auf weitere Expansion. Die erste »Ressource«, an die Xenophon denkt – vom Land Attika geht er zu dessen Bewohnern über – sind die Metoiken, meist nicht unbegüterte Fremde, die in Athen ihren neuen Wohnsitz genommen hatten und dort Handel trieben oder anderen Erwerbstätigkeiten nachkamen, ohne dass sie freilich den Bürgern rechtlich gleichgestellt waren. Die Metoiken zahlten Steuern und trugen auch zum wirtschaftlichen Gedeihen der Stadt bei. So überrascht es nicht, dass sich Xenophon von ihrem verstärkten Zuzug neue Einkünfte versprach. Dazu sollten nach seiner Ansicht Bestimmungen aufgehoben werden, die unehrenhaft waren oder welche die Metoiken als solche empfinden konnten. U. a. schlägt der Autor vor, die Metoiken vom Dienst in der Hoplitenphalanx zu befreien (worin er auch einen psychologischen Nutzen für die Athener erkennen will), sie stattdessen zur Reiterei zuzulassen, die vermögenderen Bürgern vorbehalten war. Außerdem hält er es für zweckmäßig, das Verbot von Grundeigentum aufzuheben, damit auch Metoiken Bauplätze erwerben konnten. Schließlich möchte er noch das neue Amt eines Beauftragten für die Metoiken schaffen, um deren Interessen besser zu schützen.

Von der zentralen Lage für die Schifffahrt geht das Kapitel III aus. Xenophon hat – sozusagen als *captatio benevolentiae* – Reformen im Blick, welche die Athener nichts kosteten und deswegen deren Billigung finden würden: Die attischen Häfen böten die schönsten und sichersten Liegeplätze. Händler, die nach Athen führen, benötigten, wiewohl eine solche zur Verfügung stünde, keine Rückfracht, denn die athenischen Silbermünzen würden überall geschätzt. Streitfälle, die häufig den Aufbruch verzögerten, könnten schnell geschlichtet werden, sofern den Beamten, die sich darum zu kümmern hätten, Preise für eine rasche Entscheidung

ausgesetzt würden. Sofern für Reeder und Kaufleute Ehrensitze im Theater bereitgestellt würden, verstärke dies den Wunsch, durch gute Schiffe und Waren der Stadt zu nutzen. Als Folge würden sich immer mehr Menschen in Athen niederlassen, und je mehr Waren gehandelt würden, desto mehr Mieten und Steuern wären zu entrichten. Für all dies, schließt Xenophon, bräuchte es keine monetären Vorleistungen, sondern nur kostenfreie Volksbeschlüsse und fördernde Maßnahmen. Freilich weiß er selbst, dass für die Erhöhung der Einkünfte Investitionen, die in erster Linie durch Sondersteuern finanziert werden mussten, vonnöten waren. Er versüßt diesen weiteren Vorschlag, einen Grundstock von Finanzmitteln zu schaffen, indem er auf die möglichen individuellen Gewinne solcher Steuern zu sprechen kommt. Zudem preist er den Nutzen eines solchen finanziellen Grundstocks: Es ließen sich in der Nähe von Häfen und Märkten Unterkünfte, Wohnungen und Verkaufshallen für Reeder, Händler und überhaupt Besucher von außerhalb bauen – eine Basis für bedeutende Einnahmen. Außerdem könnte die Stadt dann auch Handelsschiffe erwerben und sie an zahlungskräftige Bürger vermieten.

Mit Kapitel IV, dem bei weitem ausführlichsten, kommt Xenophon zu dem, was ihm von besonderem Belang schien, zu den Silbergruben. Das lag nahe. Die Minen im Laureion-Gebirge spielten schon lange eine große Rolle bei der Versorgung der Bevölkerung aus staatlichen Mitteln. Xenophon kannte Herodot gut, und dort (7.144) wird er auch gefunden haben, dass um 483, als die Bedrohung durch die Perser bereits zu ersten Gegenmaßnahmen führte, eine Dividende von 10 Drachmen für jeden Bürger aus dem Ertrag der Bergwerke ausgeschüttet werden sollte. Bei einer geschätzten Zahl von 30.000 Einwohnern wäre das ein Betrag von 50 Talenten gewesen. Die Frage bleibt offen, ob dies eine jährliche Dividende oder nur eine einmalige situationsbedingte gewesen wäre. Plutarch (Themistokles 4) spricht sich für Ersteres, Aristoteles im »Staat der Athener« (22.7) für Letzteres aus.

Xenophon beginnt klugerweise mit einer Bestandsaufnahme. Seit alters her werde Silber gefördert und dennoch lohne sich der weitere Abbau, denn die Gruben seien unerschöpflich, immer neue erzführende Gänge ließen sich erschließen. Im Gegensatz zu Gold verliere Silber auch nicht an Wert, wenn es in größerer Menge in den Umlauf komme (IV 1–12).

Das ist das Präludium. Danach kommen die Vorschläge, den Bergbau neu und besser zu organisieren. Es ist ein ähnliches Modell, wie es Xenophon schon in der Frage der Handelsschiffe vorgeschlagen hat. Der Stadt möge Sklaven für den Bergbau erwerben und sie dann an private Unternehmer verpachten. Den Grundgedanken hat er sich aus der Geschichte entlehnt. Der berühmte Athener Nikias, der 415 zum erfolglosen Feldzug nach Sizilien aufgebrochen war, hatte seine 1.000 Bergwerksklaven verpachtet und damit eine Obole pro Sklave und Tag an Reingewinn erzielt. Xenophon gibt dazu ein Rechenexempel: Wenn in fünf bis sechs Jahren die Zahl der vermieteten Sklaven auf 6.000 gesteigert werde, beliefe sich die Einnahme auf 60 Talente pro Jahr. Würde davon nur ein Drittel für den Ankauf neuer Sklaven verwendet, wüchse deren Zahl bald auf 10.000, die nun einen Gewinn von 100 Talenten erbrächten (IV 23–24). Als Endergebnis stellt sich der Autor vor, die Stadt könne auf diese Weise jedem Athener einen Zuschuss zum Lebensunterhalt von drei Obolen pro Tag zahlen.

Dass gegen solcherlei Vorschläge allerlei Bedenken aufkommen mussten, zumal sie einen großen Eingriff in die Privatwirtschaft darstellten, war Xenophon bewusst. So versucht er diese dann mit weiteren ausführlichen Erläuterungen sowie Ratschlägen zur Reduzierung der Risiken zu zerstreuen. Er schließt seinen Reformvorschlag mit einem Appell zum Frieden als unersetzliche Voraussetzung sowie dem üblichen Anruf der Götter (V und VI).

Moderne Ökonomen bezweifelten die Sinnhaftigkeit der Vorschläge Xenophons – so fasst August Böckh in seiner »Staatshaushaltung der Athener« zusammen: »unklar sei nichts, unbegründet

fast alles« –, doch besagt dies wenig über die heutige Bedeutung der Schrift. Sie ist eines der wenigen Zeugnisse für das wirtschaftliche bzw. finanzielle Denken der Antike, sie beleuchtet die politische Situation nach dem Ende des großen Peloponnesischen Krieges (431–362) und sie bereitete in gewisser Weise auch die Reformen des Eubulos vor, denen Athen eine wirtschaftliche Blüte verdankte, die erst mit dem Tode Alexanders des Großen und dem darauf folgenden Lamischen Krieg zu Ende ging. Schließlich ist das Werk Xenophons letztes Zeugnis für die große Wandlung des Autors, vom Kriegsberichterstatter und -befürworter zum Friedensapologeten. Wenn nicht persönlich – das ist nicht zweifelsfrei zu klären –, so kehrte Xenophon doch gedanklich am Ende seines Lebens in seine Heimatstadt zurück, und die war demokratisch – keine wankende Demokratie wie im letzten Jahrzehnt vor der Jahrhundertwende, sondern eine seit rund vierzig Jahren gefestigte. Seine Sorge um die ärmere Bevölkerung Athens belegt eine veränderte Einstellung. Xenophon akzeptierte inzwischen das demokratische System, das ihn einst veranlasste, seine Stadt zu verlassen, doch impliziert das nicht, dass er zum Demokraten konvertierte. Wie die Forschung längst erkannte, entsprang das finanzielle Programm nicht allein dem Bemühen, die Lage der Ärmeren zu verbessern. Die geplanten Reformen hätten auch politische Folgen gezeitigt, selbst wenn der Autor nicht von ihnen spricht. Seit 403/02 gab es für den Besuch der Volksversammlung Diäten. Zunächst war es eine, dann waren es zwei, schließlich drei Obolen pro Sitzung, in späterer Zeit, wie Aristoteles berichtet (Ath. Pol. 62.2), wurde eine Drachme (sechs Obolen) für eine einfache Versammlung und eineinhalb Drachmen für eine der zehn Hauptversammlungen gezahlt. Ein solcher *misthos*, den der Politiker Demades den »Kitt der Demokratie« nannte, musste entfallen, wenn, wie Xenophon verschlug, jeder Bürger drei Obolen täglich ohne spezifische Leistung erhielt. Ohne diese Diäten aber hätte für ärmere Athener kein Anreiz bestanden, die Volksversammlung zu besuchen, denn für viele bedeutete dies

ja auch Verlust von Arbeitszeit, d. h. in der Konsequenz würde die Ekklesia nicht mehr, wie noch Platon und Aristoteles beklagen, von den Ärmeren beherrscht werden. Für Xenophon war dies vermutlich aber nur ein Nebeneffekt. Seine Schrift gehört, wie die kurz vorher publizierte Rede des Isokrates »Über den Frieden«, in einen außenpolitischen Zusammenhang: die durch die Niederlage Athens im Bundesgenossenkrieg erforderliche Neubesinnung auf eine ohne Expansion zu bewerkstelligende Wiederbelebung der Wirtschaft.

Literatur: S. dazu vor allem Schütrumpf 1–45, Audring 131–136, Breitenbach 1753–1761, Boeckh I 703 f., Brodersen 23–27, Meyer 83–98, Nickel 1979, 62f., ders. 2016, 103–106, Rohde 266 und passim.

Πόροι ἢ περὶ Προσόδων

I 1. Ἐγὼ μὲν τοῦτο ἀεί ποτε νομίζω, ὁποῖοί τινες ἂν οἱ προστάται ὦ?σι, τοιαύτας καὶ τὰς πολιτείας γίγνεσθαι. ἐπεὶ δὲ τῶν Ἀθήνησι προεστηκότων ἔλεγόν τινες ὡς γιγνώσκουσι μὲν τὸ δίκαιον οὐδενὸς ἧττον τῶν ἄλλων ἀνθρώπων, διὰ δὲ τὴν τοῦ πλήθους πενίαν ἀναγκάζεσθαι ἔφασαν ἀδικώτεροι εἶναι περὶ τὰς πόλεις, ἐκ τούτου ἐπεχείρησα σκοπεῖν εἴ πῃ δύναιντ' ἂν οἱ πολῖται διατρέφεσθαι ἐκ τῆς ἑαυτῶν, ὅθενπερ καὶ δικαιότατον, νομίζων, εἰ τοῦτο γένοιτο, ἅμα τῇ τε πενίᾳ αὐτῶν ἐπικεκουρῆσθαι ἂν καὶ τῷ ὑπόπτους τοῖς Ἕλλησιν εἶναι.

2. σκοποῦντι δή μοι ἃ ἐπενόησα τοῦτο μὲν εὐθὺς ἀνεφαίνετο, ὅτι ἡ χώρα πέφυκεν οἵα πλείστας προσόδους παρέχεσθαι. ὅπως δὲ γνωσθῇ ὅτι ἀληθὲς τοῦτο λέγω, πρῶτον διηγήσομαι τὴν φύσιν τῆς Ἀττικῆς. 3. οὐκοῦν τὸ μὲν τὰς ὥρας ἐνθάδε πρᾳοτάτας εἶναι καὶ αὐτὰ τὰ γιγνόμενα μαρτυρεῖ· ἃ γοῦν πολλαχοῦ οὐδὲ βλαστάνειν δύναιτ' ἂν ἐνθάδε καρποφορεῖ. ὥσπερ δὲ ἡ γῆ, οὕτω καὶ ἡ περὶ τὴν χώραν θάλαττα παμφορωτάτη ἐστίν. καὶ μὴν ὅσαπερ οἱ θεοὶ ἐν ταῖς ὥραις ἀγαθὰ παρέχουσι, καὶ ταῦτα πάντα ἐνταῦθα πρῳαίτατα μὲν ἄρχεται, ὀψιαίτατα δὲ λήγει. 4. οὐ μόνον δὲ κρατεῖ τοῖς ἐπ' ἐνιαυτὸν θάλλουσί τε καὶ γηράσκουσιν, ἀλλὰ καὶ ἀίδια ἀγαθὰ ἔχει ἡ χώρα. πέφυκε μὲν γὰρ λίθος ἐν αὐτῇ ἄφθονος, ἐξ οὗ κάλλιστοι μὲν ναοί, κάλλιστοι δὲ βωμοὶ γίγνονται, εὐπρεπέστατα δὲ θεοῖς ἀγάλματα· πολλοὶ δ' αὐτοῦ καὶ Ἕλληνες καὶ βάρβαροι προσδέονται. 5. ἔστι δὲ καὶ γῆ ἣ σπειρομένη μὲν οὐ φέρει καρπόν, ὀρυττομένη δὲ πολλαπλασίους τρέφει ἢ εἰ σῖτον ἔφερε. καὶ μὴν ὑπάργυρός ἐστι σαφῶς θείᾳ μοίρᾳ· πολλῶν γοῦν πόλεων παροι-

Poroi oder Über Einkünfte

I 1. Von jeher bin ich des Glaubens, dass die Staaten sich so entwickeln, wie die leitenden Politiker sind. Da aber einige von denen, die in Athen an der Spitze stehen, erklärten, sie wüssten das Rechte nicht schlechter als andere Menschen, aber behaupteten, sie seien jedoch wegen der Armut der Menge gezwungen, mit den (verbündeten) Staaten ziemlich ungerecht zu verfahren, habe ich deswegen den Versuch gemacht, zu prüfen, ob die Bürger sich nicht etwa aus ihrer eigenen Stadt ernähren könnten, woher (zu nehmen) auch am gerechtesten ist. Wenn das geschähe, würde sie dies, wie ich glaube, zugleich vor ihrer Armut schützen wie auch vor dem Misstrauen der Griechen.

2. Als ich nun prüfte, was ich mir vorgenommen hatte, zeigte sich mir sogleich, dass das Land von Natur aus geeignet ist, die größten Einkünfte zu erbringen. Damit aber einsichtig ist, dass das, was ich sage, der Wahrheit entspricht, will ich zuerst die natürliche Beschaffenheit Attikas darlegen. 3. Dass nun die Jahreszeiten hier besonders mild sind, beweisen allein schon die Erzeugnisse (des Bodens). Was vielerorts nicht einmal sprossen könnte, trägt hier Früchte. Wie die Erde so bringt auch das Meer um das Land herum sehr großen Ertrag. Und wirklich, was die Götter in den Jahreszeiten an Gutem gewähren, auch dies alles beginnt hier sehr früh und endet sehr spät.

4. Das Land aber gebietet nicht nur über das, was jährlich gedeiht und vergeht, es besitzt auch unvergängliche Güter. In ihm nämlich wächst ein Stein im Überfluss, aus dem die schönsten Tempel, die schönsten Altäre und die prächtigsten Götterbilder entstehen. Viele Griechen wie Barbaren wünschen sich ihn. 5. Es gibt aber auch Land, das, selbst wenn ausgesät ist, keine Früchte trägt, das aber, sobald in ihm gegraben wird, ein Vielfaches mehr an Menschen ernährt, als wenn es Getreide trüge. Es ist nämlich – offenkundig dank göttlicher Fügung – silberhaltig. Obwohl doch

κουσῶν καὶ κατὰ γῆν καὶ κατὰ θάλατταν εἰς οὐδεμίαν τούτων οὐδὲ μικρὰ φλὲψ ἀργυρίτιδος διήκει.

6. οὐκ ἂν ἀλόγως δέ τις οἰηθείη τῆς Ἑλλάδος καὶ πάσης δὲ τῆς οἰκουμένης ἀμφὶ τὰ μέσα οἰκεῖσθαι τὴν πόλιν. ὅσῳ γὰρ ἄν τινες πλέον ἀπέχωσιν αὐτῆς, τοσούτῳ χαλεπωτέροις ἢ ψύχεσιν ἢ θάλπεσιν ἐντυγχάνουσιν· ὁπόσοι τ᾽ ἂν αὖ βουληθῶσιν ἀπ᾽ ἐσχάτων τῆς Ἑλλάδος ἐπ᾽ ἔσχατα ἀφικέσθαι, πάντες οὗτοι ὥσπερ κύκλου τόρνον τὰς Ἀθήνας ἢ παραπλέουσιν ἢ παρέρχονται. 7. καὶ μὴν οὐ περίρρυτός γε οὖσα ὅμως ὥσπερ νῆσος πᾶσιν ἀνέμοις προσάγεταί τε ὧν δεῖται καὶ ἀποπέμπεται ἃ βούλεται· ἀμφιθάλαττος γάρ ἐστι. καὶ κατὰ γῆν δὲ πολλὰ δέχεται ἐμπορίᾳ· ἤπειρος γάρ ἐστιν. 8. ἔτι δὲ ταῖς μὲν πλείσταις πόλεσι βάρβαροι προσοικοῦντες πράγματα παρέχουσιν· Ἀθήναις δὲ γειτονεύουσιν αἳ καὶ αὐταὶ πλεῖστον ἀπέχουσι τῶν βαρβάρων.

II 1. Τούτων μὲν οὖν ἁπάντων, ὥσπερ εἶπον, νομίζω αὐτὴν τὴν χώραν αἰτίαν εἶναι. εἰ δὲ πρὸς τοῖς αὐτοφυέσιν ἀγαθοῖς πρῶτον μὲν τῶν μετοίκων ἐπιμέλεια γένοιτο· αὕτη γὰρ ἡ πρόσοδος τῶν καλλίστων ἔμοιγε δοκεῖ εἶναι, ἐπείπερ αὐτοὶ αὑτοὺς τρέφοντες καὶ πολλὰ ὠφελοῦντες τὰς πόλεις οὐ λαμβάνουσι μισθόν, ἀλλὰ μετοίκιον προσφέρουσιν— 2. ἐπιμέλειά γε μὴν ἥδ᾽ ἂν ἀρκεῖν μοι δοκεῖ, εἰ ἀφέλοιμεν μὲν ὅσα μηδὲν ὠφελοῦντα τὴν πόλιν ἀτιμίας δοκεῖ τοῖς μετοίκοις παρέχειν, ἀφέλοιμεν δὲ καὶ τὸ συστρατεύεσθαι ὁπλίτας μετοίκους τοῖς ἀστοῖς. μέγας μὲν γὰρ ὁ κίνδυνος ὁπλιτῶν· μέγα δὲ καὶ τὸ ἀπὸ τῶν τέχνων καὶ τῶν οἰκιῶν ἀπιέναι. 3. ἀλλὰ μὴν καὶ ἡ πόλις γ᾽ ἂν ὠφεληθείη, εἰ οἱ πολῖται μετ᾽ ἀλλήλων στρατεύοιντο μᾶλλον

viele Städte auf dem Land und am Meer in der Nachbarschaft liegen, erstreckt sich doch nicht einmal eine kleine Silberader bis zu einer von diesen.

6. Nicht grundlos könnte einer glauben, dass die Stadt (Athen) in der Mitte Griechenlands, ja sogar der ganzen bewohnten Erde liegt. Je weiter nämlich jemand von ihr entfernt ist, auf desto heftigere Hitze oder Kälte trifft er. Wiederum kommen alle, die von einem Ende Griechenlands zum anderen gelangen wollen, zu Schiff oder zu Fuß an Athen wie dem Mittelpunkt eines Kreises vorbei. 7. Auch wenn (die Stadt) nicht ringsum vom Meer umflossen wird, so kann sie doch – wie eine Insel – mit allen Winden einführen, was sie braucht, und ausführen, was sie will. Von zwei Seiten ist sie nämlich vom Meer umgeben. Auch zu Lande erhält sie viele Waren, denn sie liegt auf dem Festland. 8. Zudem bereiten Barbaren, die in der Nachbarschaft leben, sehr vielen Städten Schwierigkeiten; Athen aber ist Städten benachbart, die auch selbst in sehr weiter Entfernung von den Barbaren liegen.

II 1. Für alles dies ist, wie ich schon sagte, nach meiner Meinung das Land selbst die Ursache. Wenn nun zu diesen Vorzügen von Natur aus zuerst die Fürsorge für die Metoiken käme – denn Einkünfte von ihnen scheinen mir mit die schönsten zu sein, da sich die Metoiken selbst ernähren, und, obgleich sie den Städten vielerlei Nutzen bringen, keinerlei Geld erhalten, sondern sogar noch die Metoikensteuer zahlen –, 2. scheint mir dies als Maßnahme zu genügen, wenn wir all das beseitigten, was der Stadt keinen Nutzen bringt, die Metoiken aber zurückzusetzen scheint, und wenn wir davon absehen würden, die Metoiken als Schwerbewaffnete mit den Bürgern ins Feld ziehen zu lassen. Schwer ist nämlich die Gefahr für den Hopliten, schwer aber auch, sich vom Gewerbe und vom Haus zu entfernen. 3. Auch für die Stadt aber wäre es von größerem Nutzen, wenn die Bürger lieber miteinander in den Krieg zögen, als wenn sie – wie jetzt – zusammen mit

ἢ εἰ συντάττοιντο αὐτοῖς, ὥσπερ νῦν, Λυδοὶ καὶ Φρύγες καὶ Σύροι καὶ ἄλλοι παντοδαποὶ βάρβαροι· πολλοὶ γὰρ τοιοῦτοι τῶν μετοίκων. 4. πρὸς δὲ τῷ ἀγαθῷ τῷ τούτους ἐκ τοῦ συντάττεσθαι ἀφεθῆναι καὶ κόσμος ἂν τῇ πόλει εἴη, εἰ δοκοῖεν Ἀθηναῖοι εἰς τὰς μάχας αὑτοῖς μᾶλλον πιστεύειν ἢ ἀλλοδαποῖς. 5. καὶ μεταδιδόντες δ' ἄν μοι δοκοῦμεν τοῖς μετοίκοις τῶν τ' ἄλλων ὧν καλὸν μεταδιδόναι καὶ τοῦ ἱππικοῦ εὐνουστέρους ἂν ποιεῖσθαι καὶ ἅμα ἰσχυροτέραν ἂν καὶ μείζω τὴν πόλιν ἀποδεικνύναι. 6. εἶτα ἐπειδὴ καὶ πολλὰ οἰκιῶν ἔρημά ἐστιν ἐντὸς τῶν τειχῶν καὶ οἰκόπεδα, εἰ ἡ πόλις διδοίη οἰκοδομησομένοις ἐγκεκτῆσθαι οἳ ἂν αἰτούμενοι ἄξιοι δοκῶσιν εἶναι, πολὺ ἂν οἴομαι καὶ διὰ ταῦτα πλείους τε καὶ βελτίους ὀρέγεσθαι τῆς Ἀθήνησιν οἰκήσεως. 7. καὶ εἰ μετοικοφύλακάς γε ὥσπερ ὀρφανοφύλακας ἀρχὴν καθισταῖμεν, καὶ τούτοις τιμή τις ἐπείη οἵτινες πλείστους μετοίκους ἀποδείξειαν, καὶ τοῦτο εὐνουστέρους ἂν τοὺς μετοίκους ποιοίη καί, ὡς τὸ εἰκός, πάντες ἂν οἱ ἀπόλιδες τῆς Ἀθήνησι μετοικίας ὀρέγοιντο καὶ τὰς προσόδους ἂν αὔξοιεν.

III 1. Ὡς γε μὴν καὶ ἐμπορεύεσθαι ἡδίστη τε καὶ κερδαλεωτάτη ἡ πόλις, νῦν ταῦτα λέξω. πρῶτον μὲν γὰρ δήπου ναυσὶ καλλίστας καὶ ἀσφαλεστάτας ὑποδοχὰς ἔχει, ὅπου γ' ἔστιν εἰσορμισθέντας ἀδεῶς ἕνεκα χειμῶνος ἀναπαύεσθαι. 2. ἀλλὰ μὴν καὶ τοῖς ἐμπόροις ἐν μὲν ταῖς πλείσταις τῶν πόλεων ἀντιφορτίζεσθαί τι ἀνάγκη· νομίσμασι γὰρ οὐ χρησίμοις ἔξω χρῶνται· ἐν δὲ ταῖς Ἀθήναις πλεῖστα μὲν ἔστιν ἀντεξάγειν ὧν

Lydern, Phrygern, Syrern und allerhand anderen Barbaren in einer Schlachtordnung stünden. Viele solcher Leute finden sich ja unter den Metoiken. 4. Zu dem Vorteil, dass diese der Pflicht ledig wären, gemeinsam (mit den Bürgern) im Heer aufgestellt zu werden, stärkte es auch das Ansehen der Stadt, wenn die Athener in den Schlachten mehr auf sich selbst zu vertrauen schienen als auf Fremde. 5. Und wenn wir zudem die Metoiken an anderen Dingen teilnehmen ließen, an denen sich zu beteiligen ehrenvoll ist, so auch an der Reiterei, würden wir sie nach meiner Auffassung uns geneigter machen und der Stadt zugleich zu mehr Stärke und Größe verhelfen. 6. Da es weiterhin innerhalb der Stadtmauern viele leerstehende Grundstücke und zum Bauen geeignete Plätze gibt, würden sich nach meiner Meinung, wenn die Stadt den Bauwilligen, die darum bitten und würdig erscheinen, gestattete, Grundeigentum zu erwerben, deswegen weit mehr und bessere Menschen um eine Niederlassung in Athen bemühen. 7. Falls wir auch das Amt der Metoikenbetreuer nach dem Vorbild der Waisenfürsorger einführten, und die auszeichnen würden, welche die meisten Metoiken aufweisen könnten, würde auch dies die Metoiken (uns) geneigter machen und alle Heimatlosen würden, wie es natürlich ist, danach streben, sich als Metoike in Athen anzusiedeln und die Einkünfte vermehren.

III 1. Dass unsere Stadt auch im Hinblick auf den Handel sehr viele Vorteile hat und Aussicht auf sehr große Gewinne bietet, dies will ich jetzt darlegen. Zuerst besitzt sie nämlich die schönsten und sichersten Liegeplätze für Schiffe, wo diese, wenn sie eingelaufen sind, unbesorgt um stürmisches Wetter vor Anker liegen können. 2. Außerdem besteht für die Seehändler in den meisten Städten die Notwendigkeit, eine Rückfracht aufzunehmen. Sie haben nämlich Münzgeld in Gebrauch, das anderswo keine Gültigkeit hat. In Athen aber ist es möglich, sehr viele Dinge, welche die Menschen benötigen, als Rückfracht auszuführen; wenn sie aber

ἂν δέωνται ἄνθρωποι, ἢν δὲ μὴ βούλωνται ἀντιφορτίζεσθαι, καὶ οἱ ἀργύριον ἐξάγοντες καλὴν ἐμπορίαν ἐξάγουσιν. ὅπου γὰρ ἂν πωλῶσιν αὐτό, πανταχοῦ πλέον τοῦ ἀρχαίου λαμβάνουσιν. 3. εἰ δὲ καὶ τῇ τοῦ ἐμπορίου ἀρχῇ ἆθλα προτιθείη τις ὅστις δικαιότατα καὶ τάχιστα διαιροίη τὰ ἀμφίλογα, ὡς μὴ ἀποκωλύεσθαι ἀποπλεῖν τὸν βουλόμενον, πολὺ ἂν καὶ διὰ ταῦτα πλείους τε καὶ ἥδιον ἐμπορεύοιντο. 4. ἀγαθὸν δὲ καὶ καλὸν καὶ προεδρίαις τιμᾶσθαι ἐμπόρους καὶ ναυκλήρους, καὶ ἐπὶ ξένιά γ' ἔστιν ὅτε καλεῖσθαι, οἳ ἂν δοκῶσιν ἀξιολόγοις καὶ πλοίοις καὶ ἐμπορεύμασιν ὠφελεῖν τὴν πόλιν. ταῦτα γὰρ τιμώμενοι οὐ μόνον τοῦ κέρδους ἀλλὰ καὶ τῆς τιμῆς ἕνεκεν ὡς πρὸς φίλους ἐπισπεύδοιεν ἄν. 5. ὅσῳ γε μὴν πλείους εἰσοικίζοιντό τε καὶ ἀφικνοῖντο, δῆλον ὅτι τοσούτῳ ἂν πλέον καὶ εἰσάγοιτο καὶ ἐξάγοιτο καὶ ἐμπολῷτο καὶ πωλοῖτο καὶ μισθοφοροῖτο καὶ τελεσφοροίη.

6. εἰς μὲν οὖν τὰς τοιαύτας αὐξήσεις τῶν προσόδων οὐδὲ προδαπανῆσαι δεῖ οὐδὲν ἀλλ' ἢ ψηφίσματά τε φιλάνθρωπα καὶ ἐπιμελείας. ὅσαι δ' ἂν ἄλλαι δοκοῦσί μοι πρόσοδοι γίγνεσθαι, γιγνώσκω ὅτι ἀφορμῆς δεήσει εἰς αὐτάς. 7. οὐ μέντοι δύσελπίς εἰμι τὸ μὴ οὐχὶ προθύμως ἂν τοὺς πολίτας εἰς τὰ τοιαῦτα εἰσφέρειν, ἐνθυμούμενος ὡς πολλὰ μὲν εἰσήνεγκεν ἡ πόλις, ὅτε Ἀρκάσιν ἐβοήθει ἐπὶ Λυσιστράτου ἡγουμένου, πολλὰ δὲ ἐπὶ Ἡγησίλεω. 8. ἐπίσταμαι δὲ καὶ τριήρεις πολλάκις ἐκπεμπομένας σὺν πολλῇ δαπάνῃ καὶ ταῦτα γενόμενα, τούτου μὲν ἀδήλου ὄντος εἴτε βέλτιον εἴτε κάκιον ἔσται, ἐκείνου δὲ δήλου ὅτι οὐδέποτε ἀπολήψονται ἃ ἂν εἰσενέγκωσιν οὐδὲ μεθέξουσιν ὧν ἂν †εἰσενέγκωσι†. 9. κτῆσιν δὲ ἀπ' οὐδενὸς ἂν οὕτω καλὴν

keine Rückfracht mitnehmen wollen, so führen auch die, die (attisches) Silbergeld ausführen, eine nützliche Ware aus. Wo immer sie es nämlich verkaufen, überall erhalten sie mehr als den ursprünglichen Einsatz. 3. Wenn nun auch jemand der Behörde für die Handelsaufsicht Preise für denjenigen aussetzte, der die Streitfälle am gerechtesten und schnellsten entscheidet, damit der, der absegeln will, nicht (an seinem Vorhaben) gehindert wird, dann würden auch aus diesem Grund viel mehr – und auch lieber – Handel treiben. 4. Gut und erwünscht wäre es auch, Händler und Schiffsbesitzer mit Ehrensitzen im Theater zu ehren und manchmal die zu Gast zu bitten, die durch ansehnliche Schiffe und Güter der Stadt offenbar Nutzen bringen. Diejenigen nämlich, die auf diese Weise geehrt werden, dürften nicht nur des Gewinnes, sondern auch der Ehre wegen wie zu Freunden herbeieilen. 5. Je mehr Menschen sich aber ansiedeln und (zu Besuch) hierherkommen, umso mehr wird offenkundig ein- und ausgeführt, eingekauft und verkauft, Lohn empfangen und Steuer bezahlt.

6. Für eine solche Steigerung der Einkünfte sind keinerlei Vorauszahlungen erforderlich, nötig sind nur menschenfreundliche Volksbeschlüsse und sorgfältige Aufmerksamkeit. Um andere Einkunftsquellen zu erschließen, wie ich sie für möglich halte, bedarf es nach meiner festen Überzeugung eines finanziellen Grundstocks. 7. Ich bin jedoch nicht ohne Hoffnung, dass die Bürger bereitwillig dazu beisteuern (*eisphorein*) würden, wenn ich in Erwägung ziehe, dass die Stadt viel Geld aufgewandt hat, als sie unter der Führung des Lysistratos den Arkadern zu Hilfe kam, viel aber auch (für das Unternehmen) unter Hegesileos. 8. Ebenso weiß ich, dass häufig Trieren unter großem Geldaufwand ausgesandt wurden, und dass dies geschah, ohne dass klar war, ob es mehr Nutzen oder Schaden bringe, während hingegen klar war, dass (die Bürger) niemals zurückerhalten würden, was sie beigesteuert hatten, und nicht einmal einen Anteil von dem erlangen würden, was sie entrichtet hatten. 9. Durch nichts aber könnten

κτήσαιντο ὥσπερ ἀφ' οὗ ἂν προτελέσωσιν εἰς τὴν ἀφορμήν· ᾧ μὲν γὰρ ἂν δέκα μναῖ εἰσφορὰ γένηται, ὥσπερ ναυτικόν, σχεδὸν ἐπίπεμπτον αὐτῷ γίγνεται, τριώβολον τῆς ἡμέρας λαμβάνοντι· ᾧ δέ γ' ἂν πέντε μναῖ, πλέον ἢ ἐπίτριτον. 10. οἱ δέ γε πλεῖστοι Ἀθηναίων πλείονα λήψονται κατ' ἐνιαυτὸν ἢ ὅσα ἂν εἰσενέγκωσιν. οἱ γὰρ μνᾶν προτελέσαντες ἐγγὺς δυοῖν μναῖν πρόσοδον ἕξουσι, καὶ ταῦτα ἐν πόλει, ὃ δοκεῖ τῶν ἀνθρωπίνων ἀσφαλέστατόν τε καὶ πολυχρονιώτατον εἶναι. 11. οἶμαι δὲ ἔγωγε, εἰ μέλλοιεν ἀναγραφήσεσθαι εὐεργέται εἰς τὸν ἅπαντα χρόνον, καὶ ξένους ἂν πολλοὺς εἰσενεγκεῖν, ἔστι δ' ἃς ἂν καὶ πόλεις τῆς ἀναγραφῆς ὀρεγομένας. ἐλπίζω δὲ καὶ βασιλέας ἄν τινας καὶ τυράννους καὶ σατράπας ἐπιθυμῆσαι μετασχεῖν ταύτης τῆς χάριτος.

12. ὁπότε γε μὴν ἀφορμὴ ὑπάρχοι, καλὸν μὲν καὶ ἀγαθὸν ναυκλήροις οἰκοδομεῖν καταγώγια περὶ λιμένας πρὸς τοῖς ὑπάρχουσι, καλὸν δὲ καὶ ἐμπόροις ἐπὶ προσήκοντας τόπους ἐπ' ὠνῇ τε καὶ πράσει, καὶ τοῖς εἰσαφικνουμένοις δὲ δημόσια καταγώγια. 13. εἰ δὲ καὶ τοῖς ἀγοραίοις οἰκήσεις τε καὶ πωλητήρια κατασκευασθείη καὶ ἐν Πειραιεῖ καὶ ἐν τῷ ἄστει, ἅμα τ' ἂν κόσμος εἴη τῇ πόλει καὶ πολλαὶ ἂν ἀπὸ τούτων πρόσοδοι γίγνοιντο. 14. ἀγαθὸν δέ μοι δοκεῖ εἶναι πειραθῆναι, εἰ καὶ ὥσπερ τριήρεις δημοσίας ἡ πόλις κέκτηται, οὕτω καὶ ὁλκάδας δημοσίας δυνατὸν ἂν γένοιτο κτήσασθαι καὶ ταύτας ἐκμισθοῦν ἐπ' ἐγγυητῶν ὥσπερ καὶ τἆλλα δημόσια. εἰ γὰρ καὶ τοῦτο οἷόν τε ὂν φανείη, πολλὴ ἂν καὶ ἀπὸ τούτων πρόσοδος γίγνοιτο.

sich die Bürger einen so schönen Erwerb verschaffen wie durch das, was sie zum finanziellen Grundstock dazu zahlen. Wer nämlich eine Steuer von zehn Minen zahlt, der erhält, wie beim Seedarlehen, fast ein Fünftel an Zins, indem er drei Obolen pro Tag erhält. Wer aber fünf Minen zahlt, bekommt mehr als ein Drittel. 10. Die meisten Athener aber werden im Jahr mehr bekommen, als sie beigesteuert haben. Die nämlich, die eine Mine vorausbezahlten, die werden Einkünfte von nahezu zwei Minen erhalten, und dies in *der* Stadt, die von allen menschlichen Einrichtungen die sicherste und dauerhafteste zu sein scheint. 11. Ich meine aber, wenn die Wohltäter auf alle Zeit (auf Inschriften) öffentlich bekannt gemacht würden, dann würden auch viele Fremde Beiträge leisten, möglicherweise ja auch einige Städte, die nach einer solchen (inschriftlichen) Aufzeichnung streben. Ich hoffe sogar, dass einige Könige, Tyrannen und Satrapen an einer solchen Ehrung Anteil zu nehmen wünschen.

12. Wenn der finanzielle Grundstock vorhanden ist, wäre es gut und nützlich, für die Schiffseigner Herbergen in der Nähe der Häfen zusätzlich zu den schon vorhandenen zu bauen, nützlich, auch für die Kaufleute (Herbergen) bei den Plätzen (zu errichten), die für Kauf und Verkauf taugen, zudem staatliche Unterkünfte für Besucher (zu bauen). 13. Wenn auch noch für die Marktleute Wohnungen und Läden im Piräus und in der (Ober-)Stadt errichtet würden, wäre dies ein Schmuck für die Stadt und zugleich würden daraus große Einkünfte entstehen. 14. Gut scheint es mir auch, zu versuchen, ob es möglich ist, dass die Stadt, wie sie ja Trieren in staatlichem Besitz hat, so auch eigene Handelsschiffe erwirbt und gegen Bürgschaft vermietet, wie sie dies auch bei anderem städtischen Besitz (tut). Falls nämlich auch dies sich als möglich erwiese, könnte daraus ebenso eine große Einnahme erzielt werden.

IV 1. Τά γε μὴν ἀργύρεια εἰ κατασκευασθείη ὡς δεῖ, πάμπολλα ἂν νομίζω χρήματα ἐξ αὐτῶν καὶ ἄνευ τῶν ἄλλων προσόδων προσιέναι. βούλομαι δὲ καὶ τοῖς μὴ εἰδόσι τὴν τούτων δύναμιν δηλῶσαι. ταύτην γὰρ γνόντες καὶ ὅπως χρῆσθαι δεῖ αὐτοῖς ἄμεινον ἂν βουλεύοισθε. 2. οὐκοῦν ὅτι μὲν πάνυ πάλαι ἐνεργά ἐστι, πᾶσι σαφές· οὐδεὶς γοῦν οὐδὲ πειρᾶται λέγειν ἀπὸ ποίου χρόνου ἐπεχειρήθη· οὕτω δὲ πάλαι ὀρυττομένης τε καὶ ἐκφορουμένης τῆς ἀργυρίτιδος κατανοήσατε τί μέρος οἱ ἐκβεβλημένοι σωροὶ τῶν αὐτοφυῶν τε καὶ ὑπαργύρων λόφων. 3. οὐδὲ μὴν ὁ ἀργυρώδης τόπος εἰς μεῖόν τι συστελλόμενος, ἀλλ' ἀεὶ ἐπὶ πλέον ἐκτεινόμενος φανερός ἐστιν. ἐν ᾧ γε μὴν χρόνῳ οἱ πλεῖστοι ἄνθρωποι ἐγένοντο ἐν αὐτοῖς, οὐδεὶς πώποτε ἔργου ἠπόρησεν, ἀλλ' ἀεὶ τὰ ἔργα τῶν ἐργαζομένων περιῆν. 4. καὶ νῦν δὲ οἱ κεκτημένοι ἐν τοῖς μετάλλοις ἀνδράποδα οὐδεὶς τοῦ πλήθους ἀφαιρεῖ, ἀλλ' ἀεὶ προσκτᾶται ὁπόσα ἂν πλεῖστα δύνηται. καὶ γὰρ δὴ ὅταν μὲν ὀλίγοι ὀρύττωσι καὶ ζητῶσιν, ὀλίγα οἶμαι καὶ τὰ χρήματα εὑρίσκεται· ὅταν δὲ πολλοί, πολλαπλασία ἡ ἀργυρῖτις ἀναφαίνεται. 5. ὥστε ἐν μόνῳ τούτῳ ὧν ἐγὼ οἶδα ἔργων οὐδὲ φθονεῖ οὐδεὶς τοῖς ἐπικατασκευαζομένοις. ἔτι δὲ οἱ μὲν ἀγροὺς κεκτημένοι πάντες ἔχοιεν ἂν εἰπεῖν ὁπόσα ζεύγη ἀρκεῖ εἰς τὸ χωρίον καὶ ὁπόσοι ἐργάται· ἢν δ' ἐπὶ πλέον τῶν ἱκανῶν ἐμβάλλῃ τις, ζημίαν λογίζονται· ἐν δὲ τοῖς ἀργυρείοις ἔργοις πάντες δή φασιν ἐνδεῖσθαι ἐργατῶν. 6. καὶ γὰρ οὐδ' ὥσπερ ὅταν πολλοὶ χαλκοτύποι γένωνται, ἀξίων γενομένων τῶν χαλκευτικῶν ἔργων, καταλύονται οἱ χαλκοτύποι, καὶ οἱ σιδηρεῖς γε ὡσαύτως· καὶ ὅταν γε πολὺς σῖτος καὶ οἶνος γένηται, ἀξίων ὄντων τῶν καρπῶν, ἀλυσιτελεῖς αἱ γεωργίαι γίγνονται, ὥστε πολλοὶ ἀφέμενοι τοῦ τὴν γῆν ἐργάζεσθαι ἐπ'

IV 1. Wenn ferner die Silbergruben, wie erforderlich, ausgerüstet werden würden, dann, so meine ich, käme – ohne die anderen Einkünfte mitzuzählen – sehr viel Geld aus ihnen. Ich will auch denen, die das nicht wissen, deren Möglichkeiten dartun. Denn wenn ihr diese kennt, dann könnt ihr auch besser beschließen, wie (die Bergwerke) zu nutzen sind. 2. Dass sie schon seit sehr langer Zeit ausgebeutet werden, ist allen bekannt. Niemand unternimmt auch nur den Versuch festzulegen, ab welchem Zeitpunkt dies in Angriff genommen wurde. Und obwohl schon so lange Silbererz gegraben und gefördert wird, bedenkt, welch (kleinen) Teil der in der Natur vorkommenden, silberhaltigen Hügel die ausgeworfenen Halden darstellen. 3. Es erweist sich auch, dass die silberhaltige Abbaufläche nicht schrumpft, sondern sich immer mehr ausdehnt. Selbst zu der Zeit, in der es die meisten Menschen in den Silberminen gab, hatte niemand Mangel an Arbeit, sondern immer gab es mehr Arbeit als Arbeiter. 4. Auch jetzt verringert keiner von denen, die Sklaven in den Bergwerken besitzen, deren Menge, sondern er besorgt so viele hinzu, wie er kann. Wenn nämlich nur wenige graben und suchen, wird, glaube ich, auch nur wenig Silber gefunden. Wenn aber viele (es tun), kommt das Silbererz in vielfacher Menge zum Vorschein. 5. Daher empfindet bei den Arbeiten, die ich kenne, nur bei dieser niemand Neid gegenüber denjenigen, die ihre Tätigkeit darum erweitern. Außerdem wüssten alle, die Äcker besitzen, zu sagen, wie viele Ochsengespanne für (die Bearbeitung) des Landes genügen und wie viele Landarbeiter; wenn aber einer mehr einsetzt als nötig, sehen sie es für einen Schaden an. In den Silberminen aber sagen alle, sie bräuchten mehr Arbeiter. 6. Auch ist es nämlich nicht so wie (z. B.) bei den Kupferschmieden: Wenn es viele von ihnen gibt, geben sie ihr Gewerbe auf, weil die Kupfererzeugnisse (zu) billig geworden sind; ebenso verhält es sich mit den Eisenschmieden. Auch wenn viel Getreide und Wein erzeugt wird und die Landwirtschaftsbetriebe, da die Früchte billig sind, keinen Gewinn abwerfen, hören daher

ἐμπορίας καὶ καπηλείας καὶ τοκισμοὺς τρέπονται· ἀργυρῖτις δὲ ὅσῳ ἂν πλείων φαίνηται καὶ ἀργύριον πλέον γίγνηται, τοσούτῳ πλείονες ἐπὶ τὸ ἔργον τοῦτο ἔρχονται. 7. καὶ γὰρ δὴ ἔπιπλα μέν, ἐπειδὰν ἱκανά τις κτήσηται τῇ οἰκίᾳ, οὐ μάλα ἔτι προσωνοῦνται· ἀργύριον δὲ οὐδείς πω οὕτω πολὺ ἐκτήσατο ὥστε μηκέτι προσδεῖσθαι· ἀλλ' ἤν τισι γένηται παμπληθές, τὸ περιττεῦον κατορύττοντες οὐδὲν ἧττον ἥδονται ἢ χρώμενοι αὐτῷ. 8. καὶ μὴν ὅταν γε εὖ πράττωσιν αἱ πόλεις, ἰσχυρῶς οἱ ἄνθρωποι ἀργυρίου δέονται. οἱ μὲν γὰρ ἄνδρες ἀμφὶ ὅπλα τε καλὰ καὶ ἵππους ἀγαθοὺς τε καὶ οἰκίας καὶ κατασκευὰς μεγαλοπρεπεῖς βούλονται δαπανᾶν, αἱ δὲ γυναῖκες εἰς ἐσθῆτα πολυτελῆ καὶ χρυσοῦν κόσμον τρέπονται. 9. ὅταν τε αὖ νοσήσωσιν αἱ πόλεις ἢ ἀφορίαις καρπῶν ἢ πολέμῳ, ἔτι καὶ πολὺ μᾶλλον, ἀργοῦ τῆς γῆς γιγνομένης, καὶ εἰς ἐπιτήδεια καὶ εἰς ἐπικούρους νομίσματος δέονται. 10. εἰ δέ τις φήσειε καὶ χρυσίον μηδὲν ἧττον χρήσιμον εἶναι ἢ ἀργύριον, τούτῳ μὲν οὐκ ἀντιλέγω, ἐκεῖνο μέντοι οἶδα, ὅτι καὶ χρυσίον ὅταν πολὺ παραφανῇ, αὐτὸ μὲν ἀτιμότερον γίγνεται, τὸ δὲ ἀργύριον τιμιώτερον ποιεῖ.

11. ταῦτα μὲν οὖν ἐδήλωσα τούτου ἕνεκα, ὅπως θαρροῦντες μὲν ὅτι πλείστους ἀνθρώπους ἐπὶ τὰ ἀργύρεια ἄγωμεν, θαρροῦντες δὲ κατασκευαζώμεθα ἐν αὐτοῖς, ὡς οὔτε ἐπιλειψούσης ποτὲ τῆς ἀργυρίτιδος οὔτε τοῦ ἀργυρίου ἀτίμου ποτὲ ἐσομένου. 12. δοκεῖ δέ μοι καὶ ἡ πόλις προτέρα ἐμοῦ ταῦτ' ἐγνωκέναι· παρέχει γοῦν ἐπὶ ἰσοτελείᾳ καὶ τῶν ξένων τῷ βουλομένῳ ἐργάζεσθαι ἐν τοῖς μετάλλοις.

13. ἵνα δὲ καὶ σαφέστερον περὶ τῆς τροφῆς εἴπω, νῦν διηγήσομαι ὡς κατασκευασθέντα τὰ ἀργύρεια ὠφελιμώτατ' ἂν εἴη τῇ πόλει. ἀπ' αὐτῶν μὲν οὖν ἔγωγε ἀφ' ὧν μέλλω λέγειν οὐδέν τι ἀξιῶ θαυμάζεσθαι ὡς δυσεύρετόν τι ἐξηυρηκώς· τὰ

viele auf, ihr Land zu bearbeiten und wenden sich dem Fernhandel, dem Kleinhandel oder dem Geldverleih zu. Aber je mehr Silbererz zutage kommt und je mehr Silber erzeugt wird, desto mehr kehren sich dieser Tätigkeit zu. 7. Wenn nämlich jemand genug Hausgerät für sein Haus erworben hat, kauft er sich sicherlich nicht noch welches dazu. Keiner aber erwarb je so viel Silber, dass er nicht noch welches dazu benötigte. Wenn aber einige eine große Menge davon haben, freuen sie sich nicht weniger, wenn sie das, was im Überfluss da ist, vergraben, als wenn sie es benutzen. 8. Auch wenn die Städte eine Blütezeit haben, benötigen die Menschen vermehrt Silber. Die Männer wollen es nämlich für schöne Waffen, tüchtige Pferde, für Häuser und kostspielige Ausstattung ausgeben, die Frauen aber wünschen sich prächtige Kleidung und goldenen Schmuck. 9. Wenn wiederum Städte an Missernten oder Krieg kranken, brauchen sie, da das Land unbearbeitet bleibt, das Geld noch viel mehr für Lebensmittel und Hilfstruppen. 10. Falls aber jemand behaupten wollte, dass Gold nicht weniger nützlich sei als Silber, widerspreche ich dem zwar nicht, weiß aber, dass Gold, wenn es in erheblichen Mengen auftaucht, im Wert sinkt, dies das Silber aber im Wert steigen lässt.

11. Dies habe ich deswegen dargelegt, dass wir guten Mutes möglichst viele Leute in die Silberbergwerke schicken und dass wir guten Mutes deren Einrichtungen ausbauen, weil weder das Silbererz eines Tages ausgeht noch das Silber jemals an Wert verlieren wird. 12. Dies scheint auch die Stadt schon vor mir erkannt zu haben; sie gestattet nämlich dem Fremden, der will, zu gleichen Bedingungen (wie sie der Bürger hat) in den Bergwerken tätig zu sein.

13. Um aber auch noch klarer über die Versorgung zu sprechen, will ich jetzt auseinandersetzen, dank welcher Maßnahmen die Silbergruben den größten Nutzen für die Stadt bringen könnten. Für das, was ich sagen will, beanspruche ich keinerlei Bewunderung, als hätte ich eine schwierige Frage gelöst. Manches nämlich, wo-

μὲν γὰρ ὧν λέξω καὶ νῦν ἔτι πάντες ὁρῶμεν, τὰ δὲ παροιχόμενα πάντες κατὰ ταὐτὰ αὖ ἀκούομεν. 14. τῆς μέντοι πόλεως πάνυ ἄξιον θαυμάσαι τὸ αἰσθανομένην πολλοὺς πλουτιζομένους ἐξ αὐτῆς ἰδιώτας μὴ μιμεῖσθαι τούτους. πάλαι μὲν γὰρ δήπου οἷς μεμέληκεν ἀκηκόαμεν ὅτι Νικίας ποτὲ ὁ Νικηράτου ἐκτήσατο ἐν τοῖς ἀργυρείοις χιλίους ἀνθρώπους, οὓς ἐκεῖνος Σωσίᾳ τῷ Θρᾳκὶ ἐξεμίσθωσεν, ἐφ' ᾧ ὀβολὸν μὲν ἀτελῆ ἑκάστου τῆς ἡμέρας ἀποδιδόναι, τὸν δ' ἀριθμὸν ἴσους ἀεὶ παρέχειν. 15. ἐγένετο δὲ καὶ Ἱππονίκῳ ἑξακόσια ἀνδράποδα κατὰ τὸν αὐτὸν τρόπον τοῦτον ἐκδεδομένα, ἃ προσέφερε μνᾶν ἀτελῆ τῆς ἡμέρας, Φιλημονίδῃ δὲ τριακόσια ἃ ἡμιμναῖον, ἄλλοις δέ γε ὡς, οἴομαι, δύναμις ἑκάστοις ὑπῆρχεν. 16. ἀτὰρ τί τὰ παλαιὰ δεῖ λέγειν; καὶ γὰρ νῦν πολλοί εἰσιν ἐν τοῖς ἀργυρείοις ἄνθρωποι οὕτως ἐκδεδομένοι.

17. περαινομένων γε μὴν ὧν λέγω τοῦτ' ἂν μόνον καινὸν γένοιτο, εἰ ὥσπερ οἱ ἰδιῶται κτησάμενοι ἀνδράποδα πρόσοδον ἀέναον κατεσκευασμένοι εἰσίν, οὕτω καὶ ἡ πόλις κτῷτο δημόσια ἀνδράποδα, ἕως γίγνοιτο τρία ἑκάστῳ Ἀθηναίων. 18. εἰ δὲ δυνατὰ λέγομεν καθ' ἓν ἕκαστον αὐτῶν σκοπῶν ὁ βουλόμενος κρινέτω. οὐκοῦν τιμὴν μὲν ἀνθρώπων εὔδηλον ὅτι μᾶλλον ἂν τὸ δημόσιον δύναιτο ἢ οἱ ἰδιῶται παρασκευάσασθαι. τῇ γε μὴν βουλῇ ῥᾴδιον καὶ κηρύξαι ἄγειν τὸν βουλόμενον ἀνδράποδα καὶ τὰ προσαχθέντα πρίασθαι. 19. ἐπειδὰν δὲ ὠνηθῇ, τί ἂν ἧττον μισθοῖτό τις παρὰ τοῦ δημοσίου ἢ παρὰ τῶν ἰδιωτῶν, ἐπὶ τοῖς αὐτοῖς μέλλων ἕξειν; μισθοῦνται γοῦν καὶ τεμένη καὶ ἱερὰ καὶ οἰκίας καὶ τέλη ὠνοῦνται παρὰ τῆς πόλεως. 20. ὅπως γε μὴν τὰ ὠνηθέντα σῴζηται, τῷ δημοσίῳ ἔστι λαμβάνειν ἐγγύους

von ich sprechen will, sehen wir alle jetzt noch, von anderem, das in der Vergangenheit liegt, hören wir alle Gleichlautendes. 14. Große Verwunderung freilich erregt es, dass die Stadt, obwohl sie sieht, dass viele Privatleute (aus dem Bergwerk) Reichtümer schöpfen, diese nicht nachahmt. Schon längst nämlich haben doch wir, denen die Sache am Herzen liegt, gehört, dass Nikias, der Sohn des Nikeratos, einst in den Silberbergwerken 1.000 Sklaven besaß, die er an den Thraker Sosias unter der Bedingung vermietete, dass er für jeden eine Obole am Tag ohne Abzug zahle, ihre Zahl aber ständig unverändert lasse. 15. Auch Hipponikos besaß 600 Sklaven, die auf dieselbe Weise vermietet wurden und eine Mine pro Tag Reingewinn einbrachten, während Philemonides 300 besaß, die eine halbe Mine einbrachten. Andere besaßen, glaube ich, (so viele), wie es das Vermögen jedem einzelnen gestattete. 16. Aber was soll ich von der Vergangenheit reden? Es gibt nämlich auch heute viele Sklaven in den Silbergruben, die auf solche Weise vermietet werden.

17. Wenn nun dies ausgeführt wird, wovon ich rede, wäre nur dies neu, dass auf die Weise, wie sich die Privatleute dank des Besitzes an Sklaven eine immer sprudelnde Einnahmequelle verschafft haben, auch die Stadt (so viele) eigene Sklaven erwürbe, bis auf jeden Athener drei von ihnen kämen. 18. Ob das möglich ist, was ich behaupte, mag jeder, der will, beurteilen, indem er dies in jedem einzelnen Punkt prüft. Offenkundig ist es doch, dass das Gemeinwesen den Kaufpreis für Sklaven leichter aufbringt, als es die Privatleute können. Für den Rat (der 500) ist es auch leicht, öffentlich zu verkünden, jeder der wolle, solle Sklaven bringen, und (dann) die, die herbeigebracht wurden, zu kaufen. 19. Wenn sie aber gekauft wurden, warum sollte einer weniger vom Staat als von Privatleuten mieten, sofern er sie zu denselben Bedingungen erhalten kann? Die Leute mieten doch auch Haine, Heiligtümer und Häuser und pachten Steuern von der Stadt. 20. Um aber Sicherheiten für die gekauften (Sklaven) zu bekommen, steht es

παρὰ τῶν μισθουμένων, ὥσπερ καὶ παρὰ τῶν ὠνουμένων τὰ τέλη. ἀλλὰ μὴν καὶ ἀδικῆσαί γε ῥᾷον τῷ τέλος πριαμένῳ ἢ τῷ ἀνδράποδα μισθουμένῳ. 21. ἀργύριον μὲν γὰρ πῶς καὶ φωράσειεν ἄν τις τὸ δημόσιον ἐξαγόμενον, ὁμοίου τοῦ ἰδίου ὄντος αὐτῷ; ἀνδράποδα δὲ σεσημασμένα τῷ δημοσίῳ σημάντρῳ καὶ προκειμένης ζημίας τῷ τε πωλοῦντι καὶ τῷ ἐξάγοντι, πῶς ἄν τις ταῦτα κλέψειεν; οὐκοῦν μέχρι μὲν τούτου δυνατὸν φαίνεται τῇ πόλει εἶναι τὸ ἀνθρώπους καὶ κτήσασθαι καὶ φυλάξαι.

22. εἰ δ' αὖ τις τοῦτ' ἐνθυμεῖται, πῶς ἐπειδὰν πολλοὶ ἐργάται γένωνται, πολλοὶ φανοῦνται καὶ οἱ μισθωσόμενοι, ἐκεῖνο κατανοήσας θαρρείτω, ὅτι πολλοὶ μὲν τῶν κατεσκευασμένων προσμισθώσονται τοὺς δημοσίους (πολλὰ γάρ ἐστι τὰ ὑπάρχοντα), πολλοὶ δ' εἰσὶ καὶ αὐτῶν τῶν ἐν τοῖς ἔργοις γηράσκοντες, πολλοὶ δὲ καὶ ἄλλοι καὶ Ἀθηναῖοι καὶ ξένοι οἳ τῷ σώματι μὲν οὔτε βούλοιντ' ἂν οὔτε δύναιντ' ἂν ἐργάζεσθαι, τῇ δὲ γνώμῃ ἐπιμελόμενοι ἡδέως ἂν τὰ ἐπιτήδεια πορίζοιντο.

23. ἤν γε μέντοι τὸ πρῶτον συστῇ διακόσια καὶ χίλια ἀνδράποδα, εἰκὸς ἤδη ἀπ' αὐτῆς τῆς προσόδου ἐν ἔτεσι πέντε ἢ ἓξ μὴ μεῖον ἂν τῶν ἑξακισχιλίων γενέσθαι. ἀπό γε μὴν τούτου τοῦ ἀριθμοῦ ἢν ὀβολὸν ἕκαστος ἀτελῆ τῆς ἡμέρας προσφέρῃ, ἡ μὲν πρόσοδος ἑξήκοντα τάλαντα τοῦ ἐνιαυτοῦ. 24. ἀπὸ δὲ τούτων ἢν εἰς ἄλλα ἀνδράποδα τιθῆται εἴκοσι, τοῖς τετταράκοντα ἤδη ἐξέσται τῇ πόλει χρῆσθαι εἰς ἄλλο ὅ τι ἂν δέῃ. ὅταν δέ γε μύρια ἀναπληρωθῇ, ἑκατὸν τάλαντα ἡ πρόσοδος ἔσται. 25. ὅτι δὲ δέξεται πολλαπλάσια τούτων μαρτυρήσαιεν ἄν μοι εἴ τινες ἔτι εἰσὶ τῶν μεμνημένων ὅσον τὸ τέλος ηὕρισκε τῶν ἀνδραπόδων πρὸ τῶν ἐν Δεκελείᾳ. μαρτυρεῖ δὲ κἀκεῖνο, ὅτι εἰργασμένων ἀνθρώπων ἐν τοῖς ἀργυρείοις ἐν τῷ παντὶ χρόνῳ ἀναριθμήτων

dem Staat frei, von denen, die (Sklaven) mieten, Bürgen zu nehmen, wie er dies ja auch im Falle der Steuerpächter tut. Zu betrügen ist ja für den Steuerpächter sogar leichter als für den, der Sklaven mietet. 21. Da das Silber, das der Stadt gehört, dem in Privathand gleicht, wie sollte jemand aufspüren, welches ausgeführt wird. Da Sklaven aber durch ein staatliches Siegel gekennzeichnet sind und dem Strafe droht, der sie kauft oder ausführt, wie könnte da einer diese beiseiteschaffen? Soweit scheint es also wohl der Stadt möglich, Sklaven zu erwerben und zu bewahren.

22. Wenn nun wiederum einer bedenkt, wie denn, wenn es viele Arbeiter gibt, auch viele, die sie mieten wollen, in Erscheinung treten werden, so soll er guten Mutes sein und überlegen, dass viele, die schon Geld in den Bergwerken angelegt haben, Staatssklaven dazu mieten werden – es ist nämlich noch viel (an auszubeutendem Silber) vorhanden. Es gibt auch viele von denen, die in den Bergwerken alt werden, viele andere auch, Athener und Fremde, die körperlich wohl weder arbeiten wollen noch können, sich aber mit ihrem Wissen, indem sie Aufsicht führen, gerne ihren Lebensunterhalt verdienen würden.

23. Wenn zunächst 1.200 Sklaven zusammenkämen, würden wahrscheinlich allein aus dem Ertrag, den sie erbringen, in fünf oder sechs Jahren nicht weniger als 6.000 werden. Würde aus dieser Zahl jeder eine Obole Reingewinn pro Tag erbringen, würde die Einnahme 60 Talente pro Jahr betragen.

24. Wenn von diesen 20 Talente für weitere Sklaven aufgewendet werden würden, ist es der Stadt bereits möglich, 40 Talente für andere Erfordernisse zu verwenden. Wenn die Zahl von 10.000 (Sklaven) voll ist, gibt es eine Einnahme von 100 Talenten. 25. Dass (die Stadt) ein Vielfaches davon einnehmen kann, könnten mir die bezeugen, sofern noch einige am Leben sind, die sich erinnern, wie viel an Sklavensteuer (die Stadt) vor den Ereignissen in Dekeleia einnahm. Davon gibt auch Zeugnis, dass sich die heutigen Silbergruben, obwohl in der ganzen Zeit unzählige Men-

νῦν οὐδὲν διαφέρει τὰ ἀργύρεια ἢ οἷα οἱ πρόγονοι ἡμῶν ὄντα ἐμνημόνευον αὐτά. 26. καὶ τὰ νῦν δὲ γιγνόμενα πάντα μαρτυρεῖ ὅτι οὐκ ἄν ποτε πλείω ἀνδράποδα ἐκεῖ γένοιτο ἢ ὅσων ἂν τὰ ἔργα δεῖται. οὔτε γὰρ βάθους πέρας οὔτε ὑπονόμων οἱ ὀρύττοντες εὑρίσκουσι.

27. καὶ μὴν καινοτομεῖν γε οὐδὲν ἧττον ἔξεστι νῦν ἢ πρότερον. οὐ τοίνυν οὐδ' εἰπεῖν ἂν ἔχοι εἰδὼς οὐδεὶς πότερον ἐν τοῖς κατατετμημένοις πλείων ἀργυρῖτις ἢ ἐν τοῖς ἀτμήτοις ἐστί. 28. τί δῆτα, φαίη ἄν τις, οὐ καὶ νῦν, ὥσπερ ἔμπροσθεν, πολλοὶ καινοτομοῦσιν; ὅτι πενέστεροι μὲν νῦν εἰσιν οἱ περὶ τὰ μέταλλα· νεωστὶ γὰρ πάλιν κατασκευάζονται· κίνδυνος δὲ μέγας τῷ καινοτομοῦντι· 29. ὁ μὲν γὰρ εὑρὼν ἀγαθὴν ἐργασίαν πλούσιος γίγνεται, ὁ δὲ μὴ εὑρὼν πάντα ἀπόλλυσιν ὅσα ἂν δαπανήσῃ. εἰς τοῦτον οὖν τὸν κίνδυνον οὐ μάλα πως ἐθέλουσιν οἱ νῦν ἰέναι. 30. ἐγὼ μέντοι ἔχειν μοι δοκῶ καὶ περὶ τούτου συμβουλεῦσαι ὡς ἂν ἀσφαλέστατα καινοτομοῖτο. εἰσὶ μὲν γὰρ δήπου Ἀθηναίων δέκα φυλαί· εἰ δ' ἡ πόλις δοίη ἑκάστῃ αὐτῶν ἴσα ἀνδράποδα, αἱ δὲ κοινωσάμεναι τὴν τύχην καινοτομοῖεν, οὕτως ἄν, εἰ μία εὕροι, 31. πάσαις ἂν λυσιτελὲς ἀποδείξειεν, εἰ δὲ δύο ἢ τρεῖς ἢ τέτταρες ἢ αἱ ἡμίσειαι εὕροιεν, δῆλον ὅτι ἔτι λυσιτελέστερα ἂν τὰ ἔργα ταῦτα γίγνοιτο. τό γε μὴν πάσας ἀποτυχεῖν οὐδενὶ τῶν παρεληλυθότων ἐοικός. 32. οἷόν τε δὴ οὕτως καὶ ἰδιώτας συνισταμένους καὶ κοινουμένους τὴν τύχην ἀσφαλέστερον κινδυνεύειν. μηδὲ μέντοι τοῦτο φοβεῖσθε, ὡς ἢ τὸ δημόσιον οὕτω κατασκευαζόμενον παραλυπήσει τοὺς ἰδιώτας ἢ οἱ ἰδιῶται τὸ δημόσιον· ἀλλ' ὥσπερ σύμμαχοι, ὅσῳ ἂν πλείους συνιῶσιν, ἰσχυροτέρους ἀλλήλους ποιοῦσιν, οὕτω καὶ ἐν τοῖς ἀργυρείοις

schen in ihnen arbeiteten, in nichts von dem Zustand unterscheiden, an den sich unsere Vorfahren erinnern. 26. Auch die gesamten jetzigen Bedingungen lassen den Schluss zu, dass dort niemals mehr Sklaven arbeiten werden, als es die Bergwerke erfordern. Die Grabenden stoßen nämlich weder in der Tiefe noch in den Stollen auf ein Ende.

27. Ein neuer Gang lässt sich heute nicht weniger als früher erschließen. Selbst von denen, die sich auskennen, wüsste keiner zu sagen, ob in den Gruben, in denen schon gegraben ist, mehr Silbererz liegt, als in denen, in denen noch keines gebrochen wurde. 28. Warum denn nun, könnte einer sagen, erschließen nicht auch jetzt, wie früher, viele Leute neue Gruben? Weil heute die Bergwerksbetreiber ärmer sind – erst in jüngster Zeit rüsten sie wieder Bergwerke aus –, außerdem das Risiko für den, der eine neue Grube erschließt, groß ist. 29. Wer nämlich einen lohnenden Abbau findet, wird reich. Wer aber nichts findet, verliert alles, was er aufgewendet hat. Die Leute heute scheuen sich aber sehr, dieses Risiko einzugehen. 30. Ich meine freilich, in der Lage zu sein, einen Ratschlag zu erteilen, wie eine neue Grube am sichersten zu erschließen ist. Bekanntermaßen gibt es in Athen doch zehn Phylen. Wenn die Stadt nun einer jeden von ihnen dieselbe Anzahl von Sklaven gäbe und wenn jene, indem sie das Risiko teilen, neue Gruben erschlössen, so würde, wenn allein eine (Phyle) etwas fände, sie allen Nutzen erweisen, 31. wenn aber zwei, drei, vier oder die Hälfte fündig würden, würden diese Bergwerke offenkundig noch gewinnbringender. Dass aber alle nicht fündig werden, ist angesichts der Erfahrungen unwahrscheinlich. 32. Möglich ist auch, dass sich Privatleute auf diese Weise zusammenschließen, das Risiko teilen und das Wagnis berechenbarer machen. Dabei braucht ihr freilich nicht zu fürchten, dass der Staat, wenn er diesen Plan verfolgt, die Privatleute schädigt oder die Privatleute den Staat. Im Gegenteil, wie Verbündete einander desto mehr stärken, je zahlreicher sie sind, so werden auch in den Silberberg-

ὅσῳπερ ἂν πλείους ἐργάζωνται, τόσῳ πλείω τἀγαθὰ εὑρήσουσί τε καὶ ἐκφορήσουσι.

33. καὶ ἐμοὶ μὲν δὴ εἴρηται ὡς ἂν ἡγοῦμαι κατασκευασθείσης τῆς πόλεως ἱκανὴν ἂν πᾶσιν Ἀθηναίοις τροφὴν ἀπὸ κοινοῦ γενέσθαι. 34. εἰ δέ τινες λογιζόμενοι παμπόλλης ἂν δεῖν ἀφορμῆς εἰς ταῦτα πάντα οὐχ ἡγοῦνται ἱκανὰ ἄν ποτε χρήματα εἰσενεχθῆναι, μηδὲ οὕτως ἀθυμούντων. 35. οὐ γὰρ οὕτως ἔχει, ὡς ἀνάγκη ἅμα ταῦτα πάντα γίγνεσθαι ἢ μηδὲν ὄφελος αὐτῶν εἶναι· ἀλλ᾽ ὁπόσα ἂν ἢ οἰκοδομηθῇ ἢ ναυπηγηθῇ ἢ ἀνδράποδα ὠνηθῇ, εὐθὺς ταῦτα ἐν ὠφελείᾳ ἔσται. 36. ἀλλὰ μὴν καὶ τῇδέ γε συμφορώτερον τὸ κατὰ μέρος ἢ τὸ ἅμα πάντα πράττεσθαι. οἰκοδομοῦντές τε γὰρ ἁθρόοι πολυτελέστερον ἂν καὶ κάκιον ἢ κατὰ μέρος ἀποτελοῖμεν, ἀνδράποδα δὲ παμπληθῆ ζητοῦντες ἀναγκαζοίμεθ᾽ ἂν καὶ χείρω καὶ τιμιώτερα ὠνεῖσθαι. 37. κατά γε μὴν τὸ δυνατὸν περαίνοντες τὰ μὲν καλῶς γνωσθέντα καὶ αὖθις ἂν ψηφιζοίμεθα· 38. εἰ δέ τι ἁμαρτηθείη, ἀπεχοίμεθα ἂν αὐτοῦ. ἔτι δὲ πάντων ἅμα γιγνομένων ἡμᾶς ἂν ἅπαντα δέοι ἐκπορίζεσθαι· εἰ δὲ τὰ μὲν περαίνοιτο, τὰ δὲ μέλλοι, ἡ ὑπάρξασα πρόσοδος τὸ ἐπιτήδειον συγκατασκευάζοι ἄν. 39. ὃ δὲ ἴσως φοβερώτατον δοκεῖ πᾶσιν εἶναι, μή, εἰ ἄγαν πολλὰ κτήσαιτο ἡ πόλις ἀνδράποδα, ὑπεργεμισθείη ἂν τὰ ἔργα, καὶ τούτου τοῦ φόβου ἀπηλλαγμένοι ἂν εἴημεν, εἰ μὴ πλείονας ἀνθρώπους ἢ ὅσους αὐτὰ τὰ ἔργα προσαιτοίη κατ᾽ ἐνιαυτὸν ἐμβάλοιμεν.

40. οὕτως ἔμοιγε δοκεῖ, ᾗπερ ῥᾷστον, ταύτῃ καὶ ἄριστον εἶναι ταῦτα πράττειν. εἰ δ᾽ αὖ διὰ τὰς ἐν τῷ νῦν πολέμῳ γεγενημένας εἰσφορὰς νομίζετ᾽ ἂν μηδ᾽ ὁτιοῦν δύνασθαι εἰσενεγκεῖν,

werken (die Menschen) desto mehr Reichtümer finden und fördern, je mehr dort arbeiten.

33. Ich habe nun ausgeführt, welche Einrichtungen der Staat nach meiner Meinung treffen muss, damit ein ausreichender Unterhalt für alle Athener aus gemeinsamen Mitteln erzeugt werden kann.

34. Wenn nun einige berechnen, dass ein sehr großer finanzieller Grundstock für das alles erforderlich ist und nicht glauben, dass jemals genügend Gelder dafür aufgebracht werden können, sollen sie deswegen nicht mutlos werden. 35. Es verhält sich nämlich nicht so, dass dies alles entweder zusammen geschehen muss oder keinen Nutzen bringt. Vielmehr, wie viele Häuser auch gebaut, Schiffe auf Kiel gelegt und Sklaven gekauft werden, es wird sofort von Nutzen sein. 36. Aus diesem Grund ist es hier vorteilhafter, in Etappen vorzugehen, als alles auf einmal zu tun. Wenn wir nämlich alles auf einmal bauten, würde es teurer und schlechter, als wenn wir es etappenweise vollenden. Wenn wir sehr viele Sklaven suchten, wären wir gezwungen, schlechtere und teurere zu kaufen. 37. Führten wir aber nach Möglichkeit das durch, was wir als richtig erkannt haben, könnten wir dies auch in Zukunft wieder beschließen. 38. Sollte aber etwas schiefgegangen sein, könnten wir davon Abstand nehmen. Dazu müssten wir uns, wenn alles auf einmal geschehen soll, alles (dafür Erforderliche) verschaffen; wenn aber das eine fertiggestellt, das andere verschoben werden würde, könnten die vorhandenen Mittel den Bedarf decken. 39. Was aber vielleicht allen am abschreckendsten zu sein scheint, dass, sofern die Stadt zu viele Sklaven erwerben würde, die Bergwerke überfüllt wären, auch von dieser Sorge wären wir befreit, wenn wir jährlich nicht mehr Menschen in die Bergwerke schickten, als es diese erforderten.

40. Mir scheint, wie die Sache am leichtesten ist, so ist sie auch am besten auszuführen. Wenn ihr aber wiederum glaubt, dass ihr wegen der im jetzigen Krieg erhobenen Sondersteuern (*eisphorai*)

ὑμεῖς δὴ ὅσα μὲν πρὸ τῆς εἰρήνης χρήματα ηὕρισκε τὰ τέλη, ἀπὸ τοσούτων καὶ τὸ ἐπιὸν ἔτος διοικεῖτε τὴν πόλιν, ὅσα δ' ἂν ἐφευρίσκῃ διὰ τὸ εἰρήνην τε εἶναι καὶ διὰ τὸ θεραπεύεσθαι μετοίκους καὶ ἐμπόρους καὶ διὰ τὸ πλειόνων ἀνθρώπων πλείω εἰσάγεσθαι καὶ ἐξάγεσθαι καὶ διὰ τὸ τὰ ἐλλιμένια καὶ τὰς ἀγορὰς αὐξάνεσθαι, ταῦτα λαμβάνοντες κατασκευάζεσθε ὡς ἂν πλεῖσται αἱ πρόσοδοι γίγνοιντο. 41. εἰ δέ τινες αὖ φοβοῦνται μὴ ματαία ἂν γένοιτο αὕτη ἡ κατασκευή, εἰ πόλεμος ἐγερθείη, ἐννοησάτωσαν ὅτι τούτων γιγνομένων πολὺ φοβερώτερος ὁ πόλεμος τοῖς ἐπιφέρουσιν ἢ τῇ πόλει. 42. τί γὰρ δὴ εἰς πόλεμον κτῆμα χρησιμώτερον ἀνθρώπων; πολλὰς μὲν γὰρ ναῦς πληροῦν ἱκανοὶ ἂν εἶεν δημοσίᾳ· πολλοὶ δ' ἂν καὶ πεζοὶ δημοσίᾳ δύναιντ' ἂν βαρεῖς εἶναι τοῖς πολεμίοις, εἴ τις αὐτοὺς θεραπεύοι.

43. λογίζομαι δ' ἔγωγε καὶ πολέμου γιγνομένου οἷόν τ' εἶναι μὴ ἐκλείπεσθαι τὰ ἀργύρεια. ἔστι μὲν γὰρ δήπου περὶ τὰ μέταλλα ἐν τῇ πρὸς μεσημβρίαν θαλάττῃ τεῖχος ἐν Ἀναφλύστῳ, ἔστι δ' ἐν τῇ πρὸς ἄρκτον τεῖχος ἐν Θορικῷ· ἀπέχει δὲ ταῦτα ἀπ' ἀλλήλων ἀμφὶ τὰ ἑξήκοντα στάδια. 44. εἰ οὖν καὶ ἐν μέσῳ τούτων γένοιτο ἐπὶ τῷ ὑψηλοτάτῳ Βήσης τρίτον ἔρυμα, συνήκοι τ' ἂν τὰ ἔργα εἰς ἓν ἐξ ἁπάντων τῶν τειχῶν, καὶ εἴ τι αἰσθάνοιτο πολεμικόν, βραχὺ ἂν εἴη ἑκάστῳ εἰς τὸ ἀσφαλὲς ἀποχωρῆσαι. 45. εἰ δὲ καὶ ἔλθοιεν πλείους οἱ πολέμιοι, δῆλον ὅτι εἰ μὲν σῖτον ἢ οἶνον ἢ πρόβατα ἔξω εὕροιεν, ἀφέλοιντ' ἂν ταῦτα· ἀργυρίτιδος δὲ κρατήσαντες τί ἂν μᾶλλον ἢ λίθοις ἔχοιεν χρῆσθαι;

46. πῶς δὲ καὶ ὁρμήσειαν ἄν ποτε πολέμιοι πρὸς τὰ μέταλ-

auch nicht das Geringste an Steuern zahlen könnt, so verwaltet doch die Stadt auch im folgenden Jahr mit dem an Geldern, was die Steuern vor dem Frieden erbrachten. Was sie aber noch zusätzlich einbringen, weil Frieden ist, für Metoiken wie auch Fernhändler Sorge getragen wird, durch den gesteigerten Zustrom an Menschen Ein- und Ausfuhr wächst, die Gewinne aus den Hafen- und Marktzöllen steigen, dies nehmt und arbeitet darauf hin, dass möglichst viele Einnahmen entstehen. 41. Wenn aber wiederum einige die Sorge plagt, dieser Ausbau (der Minen) könne sich als vergebens erweisen, wenn ein Krieg ausbräche, so sollen sie überlegen, dass der Krieg, sofern diese Maßnahmen in die Wege geleitet wären, viel furchtbarer für die Angreifer wäre als für die Stadt. 42. Was nämlich ist für einen Krieg nutzbringender als der Besitz an Sklaven? Es wären ihrer nämlich genug, um viele Staatsschiffe zu bemannen. Viele könnten auch im Interesse des Staates als Fußsoldaten den Feinden schwer zusetzen, wenn sie mit Rücksicht behandelt werden.

43. Ich denke, dass, auch wenn ein Krieg ausbricht, es nicht dahin kommt, dass die Silberbergwerke aufgegeben werden müssen. Bekanntermaßen gibt es nämlich im Bereich der Bergwerke am südlichen Meer eine Mauer in Anaphlystos und eine am nördlichen in Thorikos. Diese sind ungefähr 60 Stadien voneinander entfernt. 44. Wenn nun noch in der Mitte zwischen beiden auf dem höchsten Punkt von Besa eine dritte Befestigungsanlage gebaut werden würde, würden die Bergwerke von allen diesen Mauern in Eins vereinigt und für jeden wäre es, wenn er irgendeine feindliche Bewegung wahrnähme, ein kurzer Weg, sich in Sicherheit zu bringen. 45. Wenn aber auch mehr Feinde kämen, würden sie sicherlich, sofern sie Getreide, Wein oder Vieh außerhalb (der Befestigungen) vorfänden, dies rauben; wenn sie aber das Silbererz in ihre Hände brächten, wie könnten sie es anders verwenden als (nutzlose) Steine?

46. Wie könnten auch die Feinde jemals bis zu den Bergwer-

λα; ἀπέχει μὲν γὰρ δήπου τῶν ἀργυρείων ἡ ἐγγύτατα πόλις Μέγαρα πολὺ πλέον τῶν πεντακοσίων σταδίων· ἀπέχει δὲ ἡ μετὰ ταῦτα πλησιαίτατα Θῆβαι πολὺ πλέον τῶν ἑξακοσίων. 47. ἢν οὖν πορεύωνται ἐντεῦθέν ποθεν ἐπὶ τὰ ἀργύρεια, παριέναι αὐτοὺς δεήσει τὴν πόλιν· κἂν μὲν ὦσιν ὀλίγοι, εἰκὸς αὐτοὺς ἀπόλλυσθαι καὶ ὑπὸ ἱππέων καὶ ὑπὸ περιπόλων. πολλῇ γε μὴν δυνάμει πορεύεσθαι ἐξερημοῦντας τὰ ἑαυτῶν χαλεπόν· πολὺ γὰρ ἐγγύτερον ἂν εἴη ταῖς πόλεσιν αὐτῶν τὸ τῶν Ἀθηναίων ἄστυ ἢ αὐτοὶ οἱ πρὸς τοῖς μετάλλοις ὄντες. 48. εἰ δὲ καὶ ἔλθοιεν, πῶς ἂν καὶ δύναιντο μένειν μὴ ἔχοντες τὰ ἐπιτήδεια; ἐπισιτίζεσθαί γε μὴν μέρει μὲν κίνδυνος καὶ περὶ τῶν μετιόντων καὶ περὶ ὧν ἀγωνίζονται· πάντες δὲ ἀεὶ μετιόντες πολιορκοῖντ' ἂν μᾶλλον ἢ πολιορκοῖεν.

49. οὐ τοίνυν μόνον ἡ ἀπὸ τῶν ἀνδραπόδων ἀποφορὰ τὴν διατροφὴν τῇ πόλει αὔξοι ἄν, ἀλλὰ πολυανθρωπίας περὶ τὰ μέταλλα ἁθροιζομένης καὶ ἀπ' ἀγορᾶς τῆς ἐκεῖ καὶ ἀπ' οἰκιῶν περὶ τἀργύρεια δημοσίων καὶ ἀπὸ καμίνων καὶ ἀπὸ τῶν ἄλλων ἁπάντων πρόσοδοι ἂν πολλαὶ γίγνοιντο. 50. ἰσχυρῶς γὰρ καὶ αὐτὴ πολυάνθρωπος ἂν γένοιτο πόλις, εἰ οὕτως κατασκευασθείη· καὶ οἵ γε χῶροι οὐδὲν ἂν εἶεν μείονος ἄξιοι τοῖς κεκτημένοις ἐνταῦθα ἢ τοῖς περὶ τὸ ἄστυ.

51. πραχθέντων γε μὴν ὧν εἴρηκα ξύμφημὶ ἐγὼ οὐ μόνον ἂν χρήμασιν εὐπορωτέραν τὴν πόλιν εἶναι, ἀλλὰ καὶ εὐπειθεστέραν καὶ εὐτακτοτέραν καὶ εὐπολεμωτέραν γενέσθαι. 52. οἵ τε γὰρ ταχθέντες γυμνάζεσθαι πολὺ ἂν ἐπιμελέστερον τοῦτο πράττοιεν ἐν τοῖς γυμνασίοις τὴν τροφὴν ἀπολαμβάνοντες

ken vorstoßen? Die nächstgelegene Stadt, Megara, ist nämlich von den Silbergruben weit mehr als 500 Stadien entfernt. Die nach dieser am nächsten gelegene, Theben, ist weit mehr als 600 Stadien entfernt. 47. Wenn sie nun von dorther zu den Bergwerken marschieren, werden sie an Athen vorbeiziehen müssen. Sofern ihrer aber nur wenige sind, werden sie wohl durch unsere Reiter und Grenztruppen getötet werden. Aber mit einer starken Streitmacht auszuziehen und das eigene Gebiet ungeschützt zu lassen, das ist gefährlich. Die Stadt der Athener wäre nämlich viel näher ihren Städten als sie selbst, wenn sie sich bei den Bergwerken befinden. 48. Aber sogar wenn sie hinkämen, wie könnten sie, ohne dass sie Lebensmittel haben, bleiben? Sofern sie mit einem Teil (ihres Heeres) auf Lebensmittelsuche gehen, birgt das Gefahr sowohl für die, die sich daran beteiligen, als auch für das, wofür sie kämpfen. Wenn aber immer alle (gleichzeitig) Proviant suchten, so wären sie eher Belagerte als Belagerer.

49. Nicht nur der aus der Vermietung der Sklaven erzielte Ertrag würde den Unterhalt für die Stadt vermehren, sondern es ließen sich auch, da bei den Bergwerken eine große Zahl von Menschen versammelt ist, hohe Einkünfte vom dortigen Markt, von den staatlichen Gebäuden bei den Silberbergwerken, von den Schmelzöfen und allen anderen Quellen erzielen. 50. Sicherlich könnte dort nämlich auf diesem Weg eine dicht besiedelte Stadt entstehen. Auch die Grundstücke dort würden für die Besitzer nicht weniger wert sein als für die, die nahe der (Ober-)Stadt Besitzungen haben.

51. Wenn nun ausgeführt würde, was ich vorgeschlagen habe, dann würde – behaupte ich – die Stadt nicht nur an Geld reicher, sondern (die Bürger) würden auch gehorsamer, besäßen mehr Disziplin und wären besser in der Lage, Krieg zu führen. 52. Die nämlich, denen körperliche Übungen aufgetragen sind, würden sich dessen viel mehr befleißigen, wenn sie in den Gymnasien mehr Unterhalt bekämen als beim Fackellauf von den Gymnasiarchen.

πλείω ἢ ἐν ταῖς λαμπάσι γυμνασιαρχούμενοι· οἵ τε φρουρεῖν ἐν τοῖς φρουρίοις οἵ τε πελτάζειν καὶ περιπολεῖν τὴν χώραν πάντα ταῦτα μᾶλλον ἂν πράττοιεν, ἐφ' ἑκάστοις τῶν ἔργων τῆς τροφῆς ἀποδιδομένης.

V 1. Εἰ δὲ σαφὲς δοκεῖ εἶναι ὡς, εἰ μέλλουσι πᾶσαι αἱ πρόσοδοι ἔκπλεῳ προσιέναι, ὅτι εἰρήνην δεῖ ὑπάρχειν, ἆρ' οὐκ ἄξιον καὶ εἰρηνοφύλακας καθιστάναι; πολὺ γὰρ ἂν καὶ αὕτη αἱρεθεῖσα ἡ ἀρχὴ προσφιλεστέραν καὶ οἰκειοτέραν εἰσαφικνεῖσθαι πᾶσιν ἀνθρώποις ποιήσειε τὴν πόλιν. 2. εἰ δέ τινες οὕτω γιγνώσκουσιν, ὡς ἐὰν ἡ πόλις εἰρήνην ἄγουσα διατελῇ, ἀδυνατωτέρα τε καὶ ἀδοξοτέρα καὶ ἧττον ὀνομαστὴ ἐν τῇ Ἑλλάδι ἔσται, καὶ οὗτοί γε, ὡς ἐμῇ δόξῃ, παραγιγνώσκουσιν. εὐδαιμονέσταται μὲν γὰρ δήπου πόλεις λέγονται, αἳ ἂν πλεῖστον χρόνον ἐν εἰρήνῃ διατελῶσι· πασῶν δὲ πόλεων Ἀθῆναι μάλιστα πεφύκασιν ἐν εἰρήνῃ αὔξεσθαι. 3. τίνες γὰρ ἡσυχίαν ἀγούσης τῆς πόλεως οὐ προσδέοιντ' ἂν αὐτῆς ἀρξάμενοι ἀπὸ ναυκλήρων καὶ ἐμπόρων; οὐχ οἱ πολύσιτοι, οὐχ οἱ πολύοινοι οὐχ οἱ ἡδύοινοι; τί δὲ οἱ πολυέλαιοι, τί δὲ οἱ πολυπρόβατοι, οἱ δὲ γνώμῃ καὶ ἀργυρίῳ δυνάμενοι χρηματίζεσθαι; 4. καὶ μὴν χειροτέχναι τε καὶ σοφισταὶ καὶ φιλόσοφοι, οἱ δὲ ποιηταί, οἱ δὲ τὰ τούτων μεταχειριζόμενοι, οἱ δὲ ἀξιοθεάτων ἢ ἀξιακούστων ἱερῶν ἢ ὁσίων ἐπιθυμοῦντες; ἀλλὰ μὴν καὶ οἱ δεόμενοι πολλὰ ταχὺ ἀποδίδοσθαι ἢ πρίασθαι ποῦ τούτων μᾶλλον ἂν τύχοιεν ἢ Ἀθήνησιν;

5. εἰ δὲ πρὸς ταῦτα μὲν οὐδεὶς ἀντιλέγει, τὴν δὲ ἡγεμονίαν βουλόμενοί τινες ἀναλαβεῖν τὴν πόλιν, ταύτην διὰ πολέμου μᾶλλον ἢ δι' εἰρήνης ἡγοῦνται ἂν καταπραχθῆναι, ἐννοησάτωσαν πρῶτον μὲν τὰ Μηδικά, πότερον βιαζόμενοι ἢ εὐεργετοῦν-

Auch diejenigen, (die den Auftrag haben,) in den Grenzfestungen Wachdienst zu leisten, als Leichtbewaffnete zu dienen oder an den Landesgrenzen auf Patrouille zu gehen, würden dies alles viel lieber tun, wenn für jede dieser Leistungen Unterhalt gezahlt würde.

V 1. Wenn aber als sicher zu gelten hat, dass Frieden herrschen muss, falls alle diese Einkünfte vollständig eingehen sollen, ist es da nicht sinnvoll, auch Friedenswächter aufzustellen? Die Einrichtung eines solchen Amtes würde nämlich die Stadt bei allen Menschen viel beliebter und attraktiver machen, um hierher zu kommen. 2. Wenn aber einige meinen, dass die Stadt, wenn sie ständig Frieden hält, weniger mächtig, weniger berühmt und in Griechenland weniger angesehen wäre, dann urteilen diese nach meiner Ansicht falsch. Denn für die glücklichsten Staaten werden bekanntlich die gehalten, die am längsten in Frieden leben. Von allen Städten aber ist Athen am besten in der Lage, im Frieden sich zu entwickeln. 3. Wer nämlich bedürfte der Stadt nicht, wenn sie Frieden hält, angefangen bei den Schiffseignern und Fernhändlern? Etwa die nicht, die viel an Getreide haben, nicht die, die reich an Wein sind, oder die, die mit süßem Wein handeln? Wie ist es mit denen, die viel Olivenöl haben, die viel Vieh besitzen oder mit denen, die mit Verstand und Geld Geschäfte zu machen in der Lage sind? 4. Wie ist es ferner mit den Handwerkern, mit den Sophisten und Philosophen, wie mit den Dichtern und denen, die sich mit deren Werken abgeben, wie mit denen, die sich sehens- und hörenswerte heilige und profane Darbietungen wünschen? Aber auch die, die schnell vieles verkaufen oder kaufen müssen, wo könnten sie dies mit größerem Erfolg tun als in Athen?

5. Wenn nun dagegen keiner Widerspruch einlegt, einige aber, welche unserer Stadt die Vorherrschaft zurückgewinnen wollen, meinen, dass dies eher durch Krieg als durch Frieden verwirklicht werden kann, so sollen sie zuerst an die Perserkriege denken, ob wir, indem wir durch Zwang oder Wohltaten an den Griechen die

τες τοὺς Ἕλληνας ἡγεμονίας τε τοῦ ναυτικοῦ καὶ ἑλληνοταμιείας ἐτύχομεν. 6. ἔτι δὲ ἐπεὶ ὠμῶς ἄγαν δόξασα προστατεύειν ἡ πόλις ἐστερήθη τῆς ἀρχῆς, οὐ καὶ τότε, ἐπεὶ τοῦ ἀδικεῖν ἀπεσχόμεθα, πάλιν ὑπὸ τῶν νησιωτῶν ἑκόντων προστάται τοῦ ναυτικοῦ ἐγενόμεθα; 7. οὔκουν καὶ Θηβαῖοι εὐεργετούμενοι ἡγεμονεύειν αὐτῶν ἔδωκαν Ἀθηναίοις; ἀλλὰ μὴν καὶ Λακεδαιμόνιοι οὐ βιασθέντες ὑφ' ἡμῶν ἀλλ' εὖ πάσχοντες ἐπέτρεψαν Ἀθηναίοις περὶ τῆς ἡγεμονίας θέσθαι ὅπως βούλοιντο.

8. νῦν δέ γε διὰ τὴν ἐν τῇ Ἑλλάδι ταραχὴν παραπεπτωκέναι μοι δοκεῖ τῇ πόλει ὥστε καὶ ἄνευ πόνων καὶ ἄνευ κινδύνων καὶ ἄνευ δαπάνης ἀνακτᾶσθαι τοὺς Ἕλληνας. ἔστι μὲν γὰρ πειρᾶσθαι διαλλάττειν τὰς πολεμούσας πρὸς ἀλλήλας πόλεις, ἔστι δὲ συναλλάττειν, εἴ τινες ἐν αὐταῖς στασιάζουσιν. 9. εἰ δὲ καὶ ὅπως τὸ ἐν Δελφοῖς ἱερὸν αὐτόνομον ὥσπερ πρόσθεν γένοιτο φανεροὶ εἴητ' ἐπιμελούμενοι, μὴ συμπολεμοῦντες ἀλλὰ πρεσβεύοντες ἀνὰ τὴν Ἑλλάδα, ἐγὼ μὲν οὐδὲν ἂν οἶμαι θαυμαστὸν εἶναι, εἰ καὶ πάντας τοὺς Ἕλληνας ὁμογνώμονάς τε καὶ συνόρκους καὶ συμμάχους λάβοιτε ἐπ' ἐκείνους, οἵτινες ἐκλιπόντων Φωκέων τὸ ἱερὸν καταλαμβάνειν πειρῷντο. 10. εἰ δὲ καὶ ὅπως ἀνὰ πᾶσαν γῆν καὶ θάλατταν εἰρήνη ἔσται φανεροὶ εἴητε ἐπιμελόμενοι, ἐγὼ μὲν οἶμαι πάντας ἂν εὔχεσθαι μετὰ τὰς ἑαυτῶν πατρίδας Ἀθήνας μάλιστα σῴζεσθαι.

11. εἰ δέ τις αὖ εἰς χρήματα κερδαλεώτερον νομίζει εἶναι τῇ πόλει πόλεμον ἢ εἰρήνην, ἐγὼ μὲν οὐκ οἶδα πῶς ἂν ἄμεινον ταῦτα κριθείη ἢ εἴ τις τὰ προγεγενημένα ἐπανασκοποίη τῇ πόλει πῶς ἀποβέβηκεν. 12. εὑρήσει γὰρ τό τε παλαιὸν ἐν εἰρήνῃ

Vorherrschaft zur See und die Verwaltung der Bundeskasse erlangten? 6. Ferner, sind wir, nachdem die Stadt der Herrschaft beraubt worden war, da sie im Ruf stand, allzu hart ihre Führungsrolle auszuüben, nicht auch damals mit freiwilligem Einverständnis der Inselbewohner wieder die Führer zur See geworden, als wir uns des Unrechts enthielten? 7. Haben nicht auch die Thebaner, weil wir ihnen gute Dienste erwiesen, den Athenern den Oberbefehl über sie übertragen? Sogar die Lakedaimonier haben ohne Zwang von unserer Seite, sondern aufgrund guter Erfahrungen den Athenern gestattet, mit der Vorherrschaft zu verfahren, wie sie wollten.

8. Jetzt aber hat sich, wie mir scheint, wegen der Wirren in Griechenland herausgestellt, dass unsere Stadt ohne Mühen, ohne Gefahren und ohne Aufwand sich die Griechen wieder zu Freunden machen kann. Sie kann nämlich versuchen, die Städte, die miteinander Krieg führen, auszusöhnen, und sie kann versuchen, wenn welche miteinander in einen Bürgerkrieg verstrickt sind, ⟨Frieden zu stiften⟩. 9. Wenn es ersichtlich würde, dass ihr euch darum bemüht, dass das Heiligtum in Delphi wie früher unabhängig wird, ohne dass ihr euch am Krieg beteiligt, sondern indem ihr Gesandte quer durch Griechenland sendet, bräuchte sich meiner Meinung nach niemand wundern, wenn ihr auch alle Griechen gewännet, eure Meinung zu teilen und eure Eid- wie Bundesgenossen gegen jene zu werden, die versuchen sollten, im Falle, dass es die Phoker verließen, das Heiligtum in Besitz zu nehmen. 10. Wenn aber auch ersichtlich wäre, dass ihr euch darum kümmert, dass überall zu Wasser und zu Land Frieden herrscht, dann, glaube ich, würden alle nächst ihrer eigenen Vaterstadt am meisten für das Wohl Athens beten.

11. Wenn aber wiederum einer der Meinung ist, für die Finanzen der Stadt sei Krieg einträglicher als Frieden, dann weiß ich nicht, wie einer das besser beurteilen kann, als wenn er genauer untersuchte, welchen Ausgang die früheren Ereignisse für die Stadt nahmen. 12. Er wird nämlich herausfinden, dass früher im Frieden

μὲν πάνυ πολλὰ χρήματα εἰς τὴν πόλιν ἀνενεχθέντα, ἐν πολέμῳ δὲ πάντα ταῦτα καταδαπανηθέντα· γνώσεται δ', ἢν σκοπῇ, καὶ ἐν τῷ νῦν χρόνῳ διὰ μὲν τὸν πόλεμον καὶ τῶν προσόδων πολλὰς ἐκλιπούσας καὶ τὰς εἰσελθούσας εἰς παντοδαπὰ πολλὰ καταδαπανηθείσας, ἐπεὶ δὲ εἰρήνη κατὰ θάλατταν γεγένηται, ηὐξημένας τε τὰς προσόδους, καὶ ταύταις ἐξὸν τοῖς πολίταις χρῆσθαι ὅ τι βούλονται. 13. εἰ δέ τίς με ἐπερωτῴη· ἦ καί, ἄν τις ἀδικῇ τὴν πόλιν, λέγεις ὡς χρὴ καὶ πρὸς τοῦτον εἰρήνην ἄγειν; οὐκ ἂν φαίην· ἀλλὰ μᾶλλον λέγω ὅτι πολὺ θᾶττον ἂν τιμωροίμεθα αὐτούς, εἰ μηδένα ὑπάρχοιμεν ἀδικοῦντες· οὐδένα γὰρ ἂν ἔχοιεν σύμμαχον.

VI 1. Ἀλλ' εἴ γε μὴν τῶν εἰρημένων ἀδύνατον μὲν μηδέν ἐστι μηδὲ χαλεπόν, πραττομένων δὲ αὐτῶν προσφιλέστεροι μὲν τοῖς Ἕλλησι γενησόμεθα, ἀσφαλέστερον δὲ οἰκήσομεν, εὐκλεέστεροι δὲ ἐσόμεθα, καὶ ὁ μὲν δῆμος τροφῆς εὐπορήσει, οἱ δὲ πλούσιοι τῆς εἰς τὸν πόλεμον δαπάνης ἀπαλλαγήσονται, περιουσίας δὲ πολλῆς γενομένης μεγαλοπρεπέστερον μὲν ἔτι ἢ νῦν ἑορτὰς ἄξομεν, ἱερὰ δ' ἐπισκευάσομεν, τείχη δὲ καὶ νεώρια ἀνορθώσομεν, ἱερεῦσι δὲ καὶ βουλῇ καὶ ἀρχαῖς καὶ ἱππεῦσι τὰ πάτρια ἀποδώσομεν, πῶς οὐκ ἄξιον ὡς τάχιστα τούτοις ἐγχειρεῖν, ἵνα ἔτι ἐφ' ἡμῶν ἐπίδωμεν τὴν πόλιν μετ' ἀσφαλείας εὐδαιμονοῦσαν; 2. εἴ γε μὴν ταῦτα δόξειεν ὑμῖν πράττειν, συμβουλεύσαιμ' ἂν ἔγωγε πέμψαντας καὶ εἰς Δωδώνην καὶ εἰς Δελφοὺς ἐπερέσθαι τοὺς θεοὺς εἰ λῷον καὶ ἄμεινον εἴη ἂν τῇ πόλει οὕτω κατασκευαζομένῃ καὶ αὐτίκα καὶ εἰς τὸν ἔπειτα χρόνον.

3. εἰ δὲ ταῦτα συναινοῖεν, τότ' ἂν αὖ φαίην χρῆναι ἐπερωτᾶν τίνας θεῶν προσποιούμενοι ταῦτα κάλλιστα καὶ ἄριστα πράττοιμεν ἄν· οὓς δ' ἀνέλοιεν θεούς, τούτοις εἰκὸς καλλιερή-

sehr viel Geld in die Stadt hereinkam, im Krieg aber dies alles ausgegeben wurde; bei genauer Beobachtung lässt sich erkennen, dass auch in der heutigen Zeit wegen des Krieges viele Einkünfte ausblieben und die, die eingingen, für viele und mannigfaltige Zwecke verbraucht wurden, aber sich die Einkünfte, seit Frieden auf dem Meer herrscht, vermehrt haben und es den Bürgern möglich ist, sie nach Wunsch zu verwenden. 13. Wenn mich aber weiterhin einer fragen sollte: »Bist du auch der Meinung, wir müssen mit jemandem Frieden halten, selbst wenn er der Stadt Unrecht tut?«, würde ich das verneinen. Ich sage vielmehr, wir könnten sie viel schneller strafen, wenn wir nicht (selbst) damit begännen, jemandem Unrecht zuzufügen; sie hätten dann nämlich niemanden als Bundesgenossen.

VI 1. Wenn aber von Vorschlägen keiner unmöglich und keiner (auch nur) schwierig ist und wir bei deren Umsetzung bei den Griechen beliebter werden, sicherer leben, berühmter werden, wenn das Volk reichlich Unterhalt hat, die Reichen von den Aufwendungen für den Krieg befreit sein werden, wir aufgrund des großen Überschusses die Feste noch prächtiger feiern können als heute, wenn wir unsere Tempel wieder herrichten, Mauern und Werften wieder aufbauen, den Priestern, dem Rat (der 500), den Behörden und den Reitern die angestammten Rechte zurückgeben werden, wie wäre es nicht der Mühe wert, dies möglichst schnell anzugehen, damit wir noch zu unseren Lebzeiten die Stadt in Sicherheit erblühen sehen? 2. Wenn ihr aber dies auszuführen beschließt, würde ich raten, nach Dodona und Delphi Gesandte zu schicken und die Götter zu fragen, ob es jetzt und in Zukunft für die Stadt wünschenswerter und besser wäre, auf diese Weise eingerichtet zu sein. 3. Falls sie dem aber zustimmen sollten, würde ich wiederum vorschlagen, wir sollten fragen, welche Götter wir für uns gewinnen müssen, um die Sache am schönsten und besten durchzuführen. Wenn wir dann den Göttern, die sie uns nennen, mit günstigen Vorzeichen geopfert haben, sollten wir mit dem

σαντας ἄρχεσθαι τοῦ ἔργου. σὺν γὰρ θεῷ πραττομένων εἰκὸς καὶ τὰς πράξεις προϊέναι ἐπὶ τὸ λῷον καὶ ἄμεινον ἀεὶ τῇ πόλει.

Werk beginnen. Denn wenn wir dies mit Gottes Beistand tun, gelingen unsere Unternehmungen sicherlich stets zum Nutzen und Vorteil für die Stadt.

ANHANG

ZUR TEXTGESTALTUNG

	Marchant	Tusculum
Lakedaimonion Politeia		
2.5	τοσοῦτον ἔχοντα συμβολεύειν	τοσοῦτον συμβολεύειν
5.8	μήποτε αὐτοὶ …	μὴ πόνους αὐτοῖς
8.3	τοὺς πολίτας [τοῦ ὑπακούειν].	τοὺς πολίτας.
10.4	ὅπου	ἰδίᾳ
Agesilaos		
5.1	λαιμαργίας	μανίας
5.1	ἁμαρτίας	ἀργίας
5.4	δαιμόνιον	λίαν γεννικόν
Hieron		
8.10	ἰσοτιμίας	σωτηρίας
11.7	κηρυχθήσῃ	εὖ ἴσθι
Poroi		
2.2	ἀπόντι	ὁπλιτῶν
2.2	τέκνων	τέχνων
3.5	ἐκπέμποιτο	ἐμπολῷτο
3.8	ταύτας γενομένας	ταῦτα γενόμενα
4.37	ἡμῖν οἰόμεθα	ψηφιζοίμεθα
5.2	παραγγέλλω σκοποῦσιν	παραγιγνώσκουσιν

Zugrunde gelegt ist der Übersetzung der Text der Oxford-Ausgabe von E. C. Marchant, Vol. V, Opuscula, Oxford 1920, der auch im digitalen *Thesaurus Linguae Graecae* gespeichert ist. Abweichungen werden angegeben. Dankbar benutzt wurden alle im Anhang zitierten Übersetzungen, Kommentare und sprachlichen Erläuterungen, unter denen besonders die von Gert Audring, Klaus Meyer, Stefan Rebenich, Eckart Schütrumpf, Leo Strauss und Otto Veh hervorzuheben sind.

ERLÄUTERUNGEN

Die Verfassung der Lakedaimonier

I 1. Mit dem Genitiv τῶν ὀλιγανθρωποτάτων πόλεων will Xenophon nicht sagen, dass Sparta zu den am dünnsten besiedelten oder menschenärmsten Städten gehört. Gemeint sind hier Vollbürger. S. auch Rebenich 88 f., Gray 146.

Nach Aristoteles, Politik 1270a 37 soll Sparta unter »den früheren Königen« 10.000 Vollbürger besessen haben. Nach Herodot 7.234.2 waren es im Jahre 480 noch 8.000. Dies behauptet jedenfalls der geflohene Spartanerkönig Demeratos gegenüber Xerxes. Ein Jahr später kamen in der Schlacht von Plataiai 5.000 Spartaner (sowie 5.000 Perioiken und 35.000 Heloten) zum Einsatz. S. Herodot 9.10.1; 9.11.3. Für die Schlacht von Mantineia errechnet Thukydides 5.68 ein Spartaner-Heer von knapp unter 5.000. Xenophon selbst schreibt in seinen *Hellenika*, dass in der Schlacht von Leuktra um die 700 kämpften, von denen etwa 400 fielen. S. Hell. 6.4.15.

Als Gründe für den Mangel an Vollbürgern werden Verluste durch Krieg und Naturkatastrophen, Geburtenrückgang und ökonomischer Abstieg angegeben.

3–4. Zur Frage der Zeugung gesunden Nachwuchses s. Aristoteles, Politik 1334b29–1336a2 und Kritias, Diels/Kranz F 32: »Ich beginne natürlich mit der Entstehung des Menschen (s. Xenophons einleitender Satz). Wie kann einer körperlich am tüchtigsten werden und am stärksten? Wenn der Erzeuger Gymnastik treibt, kräftig isst und sich körperlich abhärtet und die Mutter des zukünftigen Kindes körperlich stark ist und Gymnastik treibt.« Ausführlich zu Lykurgs Gesetz zur Kinderzeugung Schmitz 2018, 110–115.

Zur Erziehung der spartanischen Frauen s. Plutarch, Lykurg 14.

6. Zur Frage des idealen Heiratsalters s. Xen. Mem. 4.4.23.

7–8. Lykurg gab demnach ein Gesetz über nicht rechtmäßige Verbindungen. Nach Schmitz 2018, 112 f. löst sich das Paradoxon auf, wenn das Gesetz auf Verbindungen zwischen freigelassenen Heloten und Witwen gefallener Spartaner bezogen wird. Zu diesen Regelungen s. auch Plutarch, Lykurg 15.

II 1. Zur Agogé, der Erziehung der jungen Spartaner, über die Xenophon in den Kapiteln II–III berichtet, s. Clauss 142–150, Link 28–32, Marrou 51–71, Thommen 126–129. Eine Zusammenfassung bei Rebenich 91–93. Vgl. auch Plutarch, Lykurg 16–21. Demnach vollzog sich die Erziehung in zwei Altersphasen, unterteilt in die Gruppen der 7–12-Jährigen und der 13–17-Jährigen. In der ersten Phase wurden, wie Xenophon hier berichtet, Lesen, Schreiben, Musik und Leibesübungen unterrichtet.

2. Zum Paidonomos s. Link 30–32, 112 f., Kennell 120 f., Schmitz 2018, 119 f.; Plutarch, Lykurg 17.

5. Zu den Aufgaben des Eiren s. Plutarch, Lykurg 17 f. Die Altersangaben schwanken. So könnte der Eiren, von dem Xenophon hier spricht, ein junger Erwachsener im Alter von 20–29 Jahren sein. Nach anderer Meinung war er unter 20. S. dazu Rebenich 94 f. Clauss 144 spricht von 20 Jahren.

11. Es ist umstritten, ob die Íle (hier: Riege) als größere Gruppe von Knaben in Agelai unterteilt war. Zur Diskussion Rebenich 97 f.

III 3. Demnach war das Absolvieren des spartanischen Erziehungssystems der Agogé Voraussetzung für den Status eines Vollbürgers. Vgl. X 7 und Plutarch, Moralia 238e.

4–5. Schmitz 2018, 122 bezieht die Vorschriften auf Kinder von freigelassenen Heloten, die spartanische Bürger werden sollten.

IV 1. Gemeint sind wohl junge Männer im Alter von 20–29 Jahren.

3. Die Hippagreten waren die Führer der berittenen Leibwache der spartanischen Könige im Krieg. Diese wählten die 300 aus, die als Leibwache dienten. S. Plutarch, Lykurg 25; Hesych. s. Ἱππαγρέτας.

7. Nach Xenophon erreichten die Spartaner also erst mit 30 Jahren den Status eines Vollbürgers.

V 1–7. Hier behandelt Xenophon die Einrichtung der Syssitien (auch Syskenien oder Phiditien), des Gemeinschaftsmahls. Die Teilnahme war für alle Spartaner obligatorisch. Zur Finanzierung wurde ein monatlicher Beitrag erhoben. S. Clauss 150–152, Link 48 f., Baltrusch 68–70, Thommen 130–132.

7. Nach Plutarch, Lykurg 12 wurde das Verbot erlassen, um sich daran zu gewöhnen, »nachts und im Finstern guten Mutes und ohne Furcht zu wandern«.

8. Gegenüber Marchant (μήποτε αὐτοὶ) wurde hier die Lesart πόνους αὐτοῖς vorgezogen.

VII 2. Handwerkliche und gewerbliche Tätigkeit war Sache der Perioiken. Sie konnte aber auch von minderberechtigten Spartaner ausgeübt werden. Vgl. MacDowell 116 f.

3. Die hier postulierte Gleichheit hat Xenophon selbst bereits im vorherigen Kapitel (VI 9) konterkariert. Plutarch listet in seiner Lykurg-Vita (12) die einzelnen Leistungen auf: »Jeder Tischgenosse lieferte monatlich einen Scheffel Gerstenmehl, acht Maß Wein, fünf Minen Käse, zweieinhalb Minen Feigen und dazu für die Zukost eine geringe Summe Geldes.« (Übers. K. Ziegler)

5–6 Der angesprochene Gebrauch von Münzen ist für die Zeit um 600 ein Anachronismus. S. Schmitz 2018, 129. Quellen zur Einführung des Eisengeldes bei Rebenich 115. Demnach ist mit dem Verbot von Gold und Silber erst am Ende des Peloponnesischen Krieges zu rechnen, als der Sieg über Athen offenbar große Mengen Geldes nach Sparta spülte. Noch 479 wurden nach der Schlacht von Plataiai hohe Summen aus der persischen Beute auch an die Spartaner verteilt, wie Herodot 9.81 berichtet.

VIII 3. In der Übersetzung wurde τοῦ ὑπακούειν getilgt. Zur entsprechenden Konjektur s. Rebenich 117.

Die Zahl der vom Volk gewählten Ephoren belief sich auf fünf, von denen der erste Eponymität besaß, d. h. er gab dem Jahr seiner Amtszeit den Namen. Aus anfänglicher Bedeutungslosigkeit – in der Großen Rhetra werden noch keine Ephoren erwähnt – entwickelte sich das Ephorat zur wichtigsten politischen Institution in Sparta. Wie die Gerousia fassten die Ephoren Vorbeschlüsse, die der Apella, der Volksversammlung, die sie leiteten, zur Abstimmung vorgelegt wurden. Die Ephoren verwalteten die öffentlichen Gelder, sie besaßen iurisdiktionelle und polizeiliche Befugnisse und überwachten die Beamten. Selbst unterstanden sie gegenseitiger Kontrolle durch Kollegialität, Annuität und Rechenschaftspflicht gegenüber den Amtsnachfolgern. Sie bestimmten schließlich die Außenpolitik und besaßen auch das Recht, den Heerbann aufzubieten. Zudem verpflichteten sie die Könige, um einer Tyrannis vorzubeugen, monatlich auf das Gesetz. S. Clauss 132–138, Link 64–71, Thommen 101–107.

4. Zur Polizeigewalt der Ephoren s. Link 68.

5. Zur sogenannten Großen Rhetra, dem Orakel das Lykurg aus Delphi einholte, s. Plutarch, Lykurg 6.

X 4. Hier wurde die Lesung ἰδίᾳ statt des überlieferten ὅπου vorgezogen. S. Lipka 84.

7. Zu den entehrende Strafen für die ›Zitterer‹ (τρέσαντες) s. Plutarch, Agesilaos 30.

Zu den sogenannten Gleichen konnte nur gehören, wer die Agogé absolviert hatte und die für die Syssitien geforderten Beiträge bezahlen konnte. S. Aristoteles, Politik 1271a 26–37. Nach Schmitz 2018, 128 handelt es sich bei den »Gleichen« um die unter die Bürger neu aufgenommenen Söhne der freigelassenen Heloten, »die bei der Geburt ein gleich großes Landgut erhalten hatten und als Besatzungstruppe nach Messenien gezogen waren, um dort die spartanische Herrschaft zu sichern.«

8. Nicht nur die Zeitstellung Lykurgs ist umstritten, sondern seine Historizität überhaupt. S. Rebenich 121 f. Schon Plutarch beginnt seine Biographie (1.1) mit der Feststellung, man könne über den Gesetzgeber schlechthin nichts sagen, dass nicht umstritten sei.

XI 4. Vor ἐνωμοτίας ist offenkundig eine Zahl ausgefallen. Ein Emendationsvorschlag lautet ἕνα, ein anderer δύο. S. mit Lit. Rebenich 75.

Die Aufstellung der spartanischen Infanterie ist umstritten. Abweichende Zahlen zu den hier genannten haben Thukydides (5.68.2) und Xenophon selbst (Hell. 7.4.20, 7.5.10). Möglicherweise liegen auch verschiedene Entwicklungsstadien vor. S. Kromayer/Veith 33–36. Am Ende des 5. Jahrhunderts bestand das Heer aus sechs Morai, wobei 1 Mora in 4 Lochen (später 2), 8 Pentekostyen und 16 Enomotien unterteilt war. Eine Enomotie mochte 36–38 Mann umfassen, so dass die Gesamtstärke einer Mora idealerweise bei etwa 600 Mann lag. S. auch Thommen 148–151.

5. Der Text ist korrupt. Entsprechend wurden verschiedene Übersetzungen vorgeschlagen, so u. a. »nimmt alles wahr, was sie ausführen muss«, »führt das Notwendige vollständig aus«, »hört jeden Befehl, den sie weitergeben muss«, »jede Reihe hat alles, was sie braucht, um ihre Aufgabe auszuführen«. S. Rebenich 75, 127 f.

6. Die hier genannte Paragogé ist eine Seitenbewegung der Phalanx.

7. Ein Schlüssel zum Verständnis dieser Passage könnte Plutarch, Pelopidas 23 sein: »Dabei pflegten die Spartaner … sich für nichts so sehr auszubilden und zu üben wie dafür, dass sie nicht in Unordnung und Verwirrung gerieten, wenn die Schlachtreihe sich löste, sondern dass jeder jeden zum Hinter- und Nebenmann nahm, wo immer und mit wem die Gefahr ihn überraschte, an ihn Anschluss nahm und weiter focht wie bisher.«

9. Der Übersetzung von ἄγημα ist ebenso wie die Vorgang unklar. Zu einer Erklärung des Begriffs s. Rebenich 128, zu einer der Taktik s. Lipka 200.

XII 2. Unklar bleibt, ob τὰ ὅπλα hier das ganze Lager meint oder nur einen Platz für die Waffen.

Die »Freunde« – Xenophon wird hier ironisch – sind die Heloten, die bewaffnet für die Spartaner zur Gefahr werden konnten. S. unten XII 4. Die dort genannten Sklaven sind die Heloten.

4. Die Skiriten, benannt nach der gebirgigen Landschaft im Norden Lakoniens, kämpften – 600 Mann stark – auf dem linken Flügel der Spartaner. Ihr Status ähnelte dem der Perioiken.

Mit ἀναγκαῖα umschreibt Xenophon, wie ein entsprechender Passus in der »Kyropädie« (8.8.11) zeigt, die Verrichtung der Notdurft.

XIII 6. Die Spitze des Zuges, Xenophon spricht wiederum von ἄγημα, wurde möglicherweise von den 300 Reitern gebildet, die als Leibwache des Königs fungierten.

7. Unklar ist hier, ob sich das οὗτοι auf οὓς δὲ bezieht oder den Begriff der sogenannten οἱ περὶ δαμοσίαν erklärt. Letzteres bei Rebenich 81: »Der Stab besteht aus …«.

10. Rebenich 135 f. weist die vielfach akzeptierte Konjektur des überlieferten αὖ zur Verneinung οὐ zurück.

11. Die sogenannten Hellanodiken sollten offenbar im Feld Streitigkeiten zwischen den Lakedaimoniern und deren griechischen Verbündeten schlichten. S. mit Lit. Rebenich 136.

XIV 2. Die Harmosten waren die Befehlshaber spartanischer Garnisonen. Berüchtigt waren insbesondere diejenigen, die Lysander nach dem Sieg im Peloponnesischen Krieg in den von Sparta kontrollierten Städten einsetzte. Die Korrumpierung allein durch Schmeichelei ist ein Euphemismus Xenophons.

XV 5. Der Name Pythier rührt daher, dass diese zu den spartanischen Abgeordneten zählten, die nach Delphi zum pythischen Apollon geschickt wurden, um ihn zu befragen.

Agesilaos

I 1. Eine Unterscheidung zwischen dem hier verwendeten Begriff Lob (ἔπαινος) und Lobschrift (ἐγκώμιον) findet sich bei Aristoteles in der Nikomachischen Ethik 1101b: »Das Lob (ἔπαινος) gilt nämlich der sittlichen Trefflichkeit, nicht dem Glück, denn von ihr her wird man befähigt, sittlich zu handeln, und die Lobschrift (ἐγκώμιον) gilt den Leistungen des Leibes wie des Geistes.« (Übersetzung: nach F. Dirlmeier).

2. Agesilaos galt als der fünfundzwanzigste in der Reihe der Nachkommen des Herakles.

3. Eine Beschönigung Xenophons, die dem Genos geschuldet ist. Mit der Schlacht von Leuktra im Jahre 371 hatten die Spartaner die Hegemonie verloren und auch 362 mit der Schlacht von Mantineia nicht wiedergewonnen. Damals hatten lediglich die Thebaner ihre kurze Vorherrschaft verloren. S. dazu das 7. Buch von Xenophons *Hellenika*.

4. Zu den Ursprüngen des Königtums in Sparta s. Xenophon, »Verfassung der Lakedaimonier«, Kapitel XV.

5. Leotychidas, der Sohn des Agis, galt in Sparta als illegitimes Kind des Alkibiades, der sich zu Beginn des sizilischen Feldzuges nach Sparta geflüchtet hatte. Ihm wurde daher – unmöglich zu sagen, ob es sich hierbei um bloßes Gerede handelt – die Nachfolge verwehrt. Agesilaos war der Bruder des Agis. Zum Thronstreit s. Xenophon Hell. 3.3.1–4, Plutarch, Agesilaos 3, Lysander 22, Alkibiades 23, Pausanias 3.8.1–10, Nepos, Agesilaus 1. In den *Hellenika* (3.3.3) deutet Xenophon an, dass der Einfluss des Lysander den Streit entschied.

6. Zum Unterschied von ἔργα und πράξεις s. Herodot 1.1.

Nach Xenophon (II 28) war Agesilaos, als er in den Dienst des Pharao Tachos trat, ungefähr 80 Jahre alt. Plutarch, Agesilaos 40 präzisiert, nach Abschluss der Mission sei Agesilaos im Winter 360/359 im Alter von 84 Jahren gestorben. Davon habe er 41 Jahre in Sparta regiert. Warum Xenophon Agesilaos »jung« nennt, ist unklar. In Rom lag die die Grenze zwischen *iuniores* und *seniores* bei 45 Jahren. Ob dies auch für νέοι bzw. νεανίσκοι und πρεσβύτεροι Spartas galt, wird diskutiert. Vielleicht waren es in Sparta diejenigen, die noch keinen eigenen Hausstand gegründet hatten.

Der Großkönig war Artaxerxes II. Mnemon (404–359/358). S. dazu Xenophon Hell. 3.4.1.

7. Die Neodamoden sind freigelassene Heloten, die für den Kriegsdienst verwendet wurden.

8. Gemeint sind die Invasion einer persischen Flotte im Jahre 490, die bei Marathon landete, sowie der Angriffskrieg des Xerxes im Jahre 480/479.

9. Vgl. Xenophon Hell. 3.4.4.

10–11. Vgl. Xenophon Hell. 3.4.5 f.

13–16. Nahezu wörtlich aus Hell. 3.4.11–12.

18. An der Küste lagen die großen Handelsstädte, in denen die Beute zu einem höheren Preis verkauft werden konnte.

22. Xenophon will zum Ausdruck bringen, dass Agesilaos die griechischen Städte von den Abgaben befreite, die sie an den Großkönig (oder seine Satrapen) entrichteten, da der Großkönig den Griechen als *Despotes* galt, also als Herr über Sklaven. Die Abgaben, die sie nun als Freie an die Behörden, namentlich die Spartaner, zu leisten hatten, werden nicht viel niedriger gewesen sein.

24. S. Xenophon Hell. 3.4.15.

25–32. Vgl. Xenophon Hell. 3.4.16–24.

28. Mit den besten Teilen des Landes ist Lydien gemeint. S. Plutarch, Agesilaos 10.

34. Die Proskynese, eine Art Kusshand, verbunden mit einem Kniefall, war die Begrüßungsformel für den Großkönig. Bei den Griechen war sie den Göttern vorbehalten. Als Alexander der Große das persische Hofzeremoniell einführen wollte, kam es zur Meuterei.

35. S. Xenophon Hell. 3.4.25.

37. Die fünf jährlich gewählten Ephoren waren in Sparta zum wichtigsten Gremium aufgestiegen, das auch die Außenpolitik der Stadt bestimmte. S. »Staat der Lakedaimonier« VIII 3.

38. Zur Abberufung des Agesilaos im Jahre 394 s. Xenophon Hell. 4.2.1–8.

II 1. Mit dem Perser ist Xerxes gemeint, der 480 mittels zweier Brücken über den Hellespont nach Griechenland marschierte. Beide Zeitangaben sind übertrieben. Sie fehlen in der entsprechenden Passage der *Hellenika* (4.2.8).

2–5. S. Xenophon Hell. 4.3.3–9.

4. Der Berg (und die Stadt) Narthakion liegen in der thessalischen Landschaft der Achaia Phthiotis.

6–16. S. Xenophon Hell. 4.3.15–21. Xenophon übergeht hier (vgl. Hell. 4.3.10–13) Agesilaos' Reaktion auf die Nachricht von der Seeschlacht bei Knidos, in der die spartanische Flotte einer von dem Athener Konon geführten unterlag. Agesilaos verschweigt gegenüber dem Heer die Niederlage, bringt stattdessen Dankopfer dar und verkündet einen Sieg Spartas. Xenophon

lobt in den *Hellenika* diese Art psychologischer Kriegsführung, im »Agesilaos« scheint sie ihm aber mit der von ihm behaupteten Wahrheitsliebe und Frömmigkeit des Königs nicht ganz vereinbar.

11. Die Kyreer waren die Reste derjenigen, die 401 den Feldzug des Kyros gegen den Großkönig mitgemacht hatten und u. a. von Xenophon nach dessen Scheitern zurückgeführt worden waren. Der Spartaner Herippidas befehligte diese als Nachfolger des Xenophon. Vermutet wurde, dass dieser selbst an der Schlacht teilnahm und deswegen aus Athen verbannt wurde.

12. Xenophon behandelt die Begriffsstutzigkeit des Agesilaos mit aller Vorsicht. Wie es richtig gemacht wird, schildert er in den *Hellenika* (4.2.22).

17. Xenophon springt nun in das Jahr 392 (s. Hell. 4.4.19), in dem der Krieg um Korinth (393–386) entbrannt war, nachdem sich dort der argivisch-korinthische Doppelstaat gebildet hatte.

Die Engpässe sind nicht genau lokalisierbar; das Lechaion, 3 km nördlich von Korinth gelegen, ist einer der Häfen der Stadt.

Mit den »Toren zur Peloponnes« sind wohl die Pässe des südlich gelegenen Oneion-Gebirges gemeint.

Die Hyakinthien waren ein dreitägiges Fest zu Ehren Apollons.

18. Das Peiraion war ein Gebiet auf der Halbinsel nördlich Korinths, Kreusis eine Hafenstadt der Thespier in Boiotien.

18–19. Ausführlich s. Xenophon Hell. 4.5.1–6. Der Feldzug gehört in das Jahr 392.

20. Xenophon überspringt hier vier Jahre und spricht vom Frieden des Antalkidas, der 387 mit dem Großkönig geschlossen wurde und Sparta die Vorherrschaft in Griechenland sicherte. S. dazu Xenophon Hell. 5.1.32.

21. Der Feldzug des Agesilaos fällt in das Jahr 381. S. Xenophon Hell. 5.3.13–18.

Die Beschwerden richteten sich gegen die Eigenmächtigkeiten der Spartaner, die entgegen den Friedensbedingungen des Antalkidas-Friedens in die inneren Belange anderer Städte eingriffen.

22. Nachdem die Spartaner im Jahre 382 im Zusammenspiel mit ihren thebanischen Anhängern die Kadmeia, die Burg von Theben, besetzt hatten, gelang den nach Athen geflohenen oppositionellen Thebanern 379 die erfolgreiche Rückeroberung ihrer Stadt. Die spartanische Besatzung wurde belagert und musste abziehen.

Agesilaos unternahm den ersten Feldzug 378, den zweiten im nächsten Jahr. Vgl. Xenophon Hell. 5.5.34–54.

Kynoskephalai ist eine Anhöhe zwischen Theben und der Stadt Thespiai, Skolos eine Ortschaft in Boiotien am Asopos.

23. In der Schlacht von Leukta verloren die Spartaner 371 ihre Hegemonie in Griechenland. Kurze Zeit übernahm Theben die Vorherrschaft.

Im Jahre 370 kam es zu einem Bürgerkrieg in dem früher mit Sparta verbündeten Tegea, in dem die spartafeindliche Opposition siegte und viele Gegner hinrichten ließ. Etwa 800 Tegeaten konnten nach Sparta fliehen. Dort boten die Ephoren den Heerbann auf und übertrugen Agesilaos den Oberbefehl. Vgl. Xenophon Hell. 6.4.6–21.

24. Im Winter 370/369 unternahmen die Thebaner Epameinondas und Pelopidas einen ersten Angriff auf Sparta. Agesilaos wird in der Darstellung in Xenophons *Hellenika* (6.5.23–32) nicht erwähnt.

26. Autophradates war Satrap von Lydien und bekämpfte im Auftrag des Artaxerxes Mnemon Aufständische, die gegen die persische Herrschaft rebellierten. Zu ihnen gehörte Ariobarzanes als Nachfolger des Pharnabazos in Phrygien. Der Aufstand datiert wahrscheinlich ins Jahr 362.

Assos war eine Stadt im kleinasiatischen Mysien, Sestos lag am Hellespont. Kotys (Hell. 4.1.12: Otys) war persischer Vasall in Paphlagonien, Mausolos Satrap von Karien.

27. Tachos war ca. 362–360 König in Ägypten.

28. Gemeint ist der eben genannte Tachos.

29. Messeniens Unabhängigkeit war Teil des Antalkidas-Friedens, von dem Sparta ansonsten profitiert hatte.

31. Agesilaos wechselte auf die Seite des Nektanebos II. über, eines Vetter des Tachos, den er gegen seinen Thronkonkurrenten verteidigte.

Auf der Rückreise im Winter 360/359 starb Agesilaos im Alter von 84 Jahren im sogenannten Hafen des Menelaos an der Küste von Kyrene.

III 3. S. Xenophon Hell. 3.4.10. Der Vorgang fällt ins Jahr 396. Als Heiratsvermittler für die Tochter des Spithridates betätigt sich Agesilaos (Hell. 4.1.1–15).

4. Zu Kotys s. o. II 26.

5. S. Xenophon Hell. 4.1.29–41.

IV 2. Belege finden sich im »Agesilaos« I 18 f. und vor allem II 25–27. Vgl. Hell. 3.4.25 f.

V 3. Das Ertragen von Kälte und Hitze ist ein Feldherrntopos. So auch Xenophon in der »Kyropädie« 1.6.25.

4–5. Zur Liebesgeschichte zwischen Agesilaos und dem Sohn des Spithridates s. Plutarch, Agesilaos 11–13.

5. Anspielung auf den phrygischen König Midas, dem sich alles, was er berührte, in Gold verwandelte.

VII 2. Die Könige unterstanden in vielen Dingen den fünf Ephoren.

5. Es handelt sich um die Schlacht am Nemeabach im Jahre 394. Vgl. Xenophon Hell. 4.2.9–4.3.2. Agesilaos selbst nahm an der Schlacht nicht teil, da er sich noch auf dem Weg von Asien nach Europa befand. Als er die Nachricht bei Amphipolis erhielt, äußerte er nichts von dem hier Erzählten. Stattdessen berichtet Xenophon von großen Verlusten unter den lakedaimonischen Verbündeten, was er hier verschweigt. Offenkundig wandelte er sich in der Zwischenzeit zum Panhellenisten.

6. S. o. II 17–19.

7. Xenophon kommt hier auf Ereignisse zu sprechen, die er schon im historischen Teil erwähnt. Vgl. o. I 38 und II 21.

VIII 7. Aristodemos, der Sohn des Herakles, soll die Amtswohnung der beiden Könige erbaut haben.

Zum Quartier, in dem die beiden Könige gemeinsam speisten, s. Xenophon Hell. 5.3.20.

Plutarch beschreibt in seiner Biographie des Agesilaos (19) den Korbwagen: » Kannathra nennen sie nämlich die hölzernen Wagen in Gestalt von Greifen und Bockhirschen, in welchen bei den Prozessionen die Mädchen gefahren werden.« (Übersetzung: K. Ziegler)

IX 6. Kyniska siegte zweimal mit dem Viergespann. Nach Pausanias 6.1.6 stand in Olympia eine Statue der Kyniska neben einem Wagenlenker mit Pferdewagen. Die dazugehörige Inschrift findet sich in der Anthologia Graeca 13.16: »Spartas Könige waren mir Väter und Brüder; ich siegte, / ich, die Kyniska, im Wagen mit stürmenden Rossen und habe / drauf dieses Bildnis erstellt. Ich rühme mich, dass ich als einzge / sämtlicher griechischer Fraun solch einen Kranz mir erkämpfte.« (Übersetzung: H. Beckby)

Hieron oder Über die Tyrannis

I 1. Simonides: Der Dichter, gebürtig auf Keos (Platon, Hipparchos 228c, Aelian var. hist. 9.41, 12.25), lebte wahrscheinlich von 556/553 (56. Olympiade) – die Suda (s. v. Simonides) überliefert zwei Geburtsdaten – bis 468/465 (78. Olympiade). Er starb um 468 (Marmor Parium FgrHist 239 F A 57) wahrscheinlich auf Sizilien (Kallimachos F 64.4). Seine Nähe zu den Tyrannen bezeugt die Verbindung zu Hipparchos, einem Sohn des Peisistratos (Ath. Pol. 18.1, Platon, Hipparchos 228b–c, Aelian var. hist. 8.2). Einem Scholion zu Pindars Olympischen Oden (Timaios FgrHist 566 F 93) zufolge soll er Hieron mit Theron von Akragas versöhnt haben. In mehreren Quellen ist der Aufenthalt bei Hieron bezeugt (s. Ps-Platon ep. 2, 311a, Athenaios 656cd, Aelian var. hist. 9.1, 12.25).

Hieron (I.), geboren um 540/530, Schwiegersohn eines Bruders des Theron von Akragas, wurde 483 als Nachfolger seines Bruders Gelon zunächst Tyrann von Gela und 478 nach des Bruders Tod Tyrann von Syrakus. Er starb 466/465 (Diodor 11.66.4). An seinem Hof verkehrten neben Simonides u. a. Pindar, Bakchylides und Aischylos (Aelian var. hist. 4.15; Vita des Aischylos 16. S. Svarlien 1–140).

2. »Mann ohne Amt«. Xenophon gebraucht den Begriff ἰδιώτης (Idiotes) für denjenigen Bürger, der kein politisches Amt innehat, also den Privatmann.

Der Tyrann bezeichnete ursprünglich nur einen Alleinherrscher (μόναρχος) wie den König. Im demokratischen Athen wurde dieser Terminus mit »Gewaltherrscher« assoziiert. Bei Xenophon schimmert noch gelegentlich die ursprüngliche Bedeutung durch.

9. Das »ἱκανωτάτων« kann hier nicht nur »wohlhabend«, sondern auch »einsichtig« bedeuten. Die Mehrzahl der Übersetzungen zieht das Erstere vor.

12. Ein Beispiel für das gefährliche Leben der Tyrannen auf Reisen gibt Xenophon in seinen *Hellenika* mit der Ermordung des Iason von Pherai im Jahr 370 (6.4.31 f.).

30. Der Sizilianer Dailochos galt als Favorit Hierons. Einzige Quelle ist jedoch Xenophon.

III 1. Xenophon verwendet hier und im Folgenden das Wort φίλια, das außer »Liebe« auch »Freundschaft« bedeuten kann.

9. Auch hierfür gibt Xenophon in seinen *Hellenika* Beispiele. So wurde nach dem Tode des Tyrannen Iason von Pherai dessen Bruder Polydoros von einem anderen Bruder getötet (Hell. 6.4.33). Der Tagos Alexander, der bald im Amt folgte, wurde von den Brüdern seiner Frau ermordet (Hell.6.4.35–

37). Die Satrapin Mania wurde von ihrem Schwiegersohn erdrosselt (Hell. 3.1.14).

IV 5. Xenophon hat hier möglicherweise Drakons Gesetz über Tötungsdelikte vor Augen, das 409/408 erneut aufgezeichnet wurde. S. Inscriptiones Graecae I^2 115, I^3 104, HGIÜ I 145.

Die Athener errichteten für Harmodios und Aristogeiton, die 510 den Tyrannen Hipparchos getötet hatten, eine Statuengruppe. Als das Bildwerk 480 von Xerxes nach Asien verschleppt wurde, wurde ein zweites in Auftrag gegeben. S. Pausanias 1.8.5, Marmor Parium FgrHist 54, 70, Arrian 3.16.7, 7.19.2 (Rückgabe des geraubten Denkmals durch Alexander den Großen), Valerius Maximus 2.10.

VI 5. In seinen *Hellenika* sieht Xenophon es ebenfalls als untrügliches Zeichen des Gewaltherrschers an, dass er Sklaven zu Bürgern macht und Bürger – das waren für ihn in erster Linie Aristokraten – mit Tod, Verbannung und Vermögenskonfiskation bestraft. S. Hell. 7.8.3.

VII 3. Bei Thukydides (s. die Pathologie), den Xenophon genau kannte, gehört die *philotimia* zu den Grundeigenheiten jedes Menschen.

7. Das Ausweichen auf den Straßen und Aufstehen von den Theatersitzen gehörte auch zu den Verhaltensregeln auf der Straße, wie Xenophon weiß. S. »Staat der Lakedaimonier« IX 5.

VIII 10. Die Parallele zur Machtergreifung des Peisistratos drängt sich auf (s. Herodot I 59) und unterstützt die Konjektur σωτηρίας (statt des zweifelhaften ἰσοτιμίας). S. Strauss 24 Anm. 1.

IX 5. Zum spartanischen Fußheer s. o. »Staat der Lakedaimonier« XI 4. Jede attische Phyle – insgesamt waren es zehn – stellte eine Taxis für das Fußheer, rund 1.000 Schwerbewaffnete.

7. Die Eisphorá war eine Vermögenssteuer in Athen, die ursprünglich als außerordentlicher Kriegsbeitrag erhoben wurde. Erst nach Xenophons Zeit wurde sie eine reguläre Steuer.

Poroi oder Über Einkünfte

I 2. Über die Stellung des πρῶτον wird diskutiert. Schütrumpf 79, 121 verteidigt den überlieferten Text: »... dass zunächst diese meine Behauptung der Wahrheit entspricht, ...«.

3. Neben dem Fischfang diente das Meer auch der Salzgewinnung.

4. Weißer Marmor aus dem Pentelikon-Gebirge (h. Pendeli).

8. Mit Barbaren sind hier – wie meist bei Herodot – ohne pejorativen Aspekt lediglich Nichtgriechen gemeint.

II 1–7. Metoiken waren freie Ausländer, die über eine gewisse Zeit in Athen lebten und arbeiteten. Sie waren von der politischen Partizipation, von der Volksversammlung, vom Rat der 500 und von den Gerichten ausgeschlossen, jedoch hatten sie Anteil an Handwerk und Handel. Anders als den Bürgern war ihnen Eigentum (Land bzw. Haus) verwehrt. Die Metoiken leisteten Wehrdienst und zahlten Steuern, insbesondere das Metoikion, der Mann 12, die Frau 6 Drachmen. Besaßen sie ein entsprechend hohes Vermögen, wurden sie auch für die Eisphorá, eine Kriegs- bzw. Vermögenssteuer, die in Notzeiten erhoben wurde, veranlagt. Zu den Metoiken zählten nicht nur freigeborene Ausländer, die aus wirtschaftlichen Gründen oder als politische Flüchtlinge nach Athen kamen, sondern auch freigelassene Sklaven, bei denen der frühere Herr dann den Rang eines Prostates, eines »Beschützers« einnahm, der ihnen weiterhin bestimmte Pflichten auferlegen konnte. An solche Freigelassene scheint Xenophon hier gedacht zu haben, wenn er Lyder, Phryger und Syrer erwähnt, da Angehörige dieser Völker einen Großteil der Sklaven in Athen ausmachten. S. dazu und zum Status der Metoiken allgemein Hansen 121 f. und passim.

2. Marchant folgt mit ἀπόντι einer jüngeren Handschrift. Näher liegt Pierleonis Verbesserung ὁπλιτῶν. S. auch Schütrumpf 122. Gegenüber dem überlieferten τέκνων (Kinder) erscheint hier τέχνων (Gewerbe) als passender (s. Schütrumpf 7 Anm. 23). In seinen Reden beklagt z. B. Demosthenes die Angst der ins Feld gezogenen Bürger, in ihrer Abwesenheit geschäftliche Verluste gegenüber der in Athen präsenten Konkurrenz zu erleiden.

III 4. Es handelt sich um die Ehrenspeisung im Prytaneion, dem Amtsgebäude.

5. Das ἐκπέμποιτο der Handschriften wäre tautologisch. Nahe liegt die Verbesserung ἐμπολῷτο.

7. Xenophon spricht von der Eisphorá (s. oben). Der Feldzug des Lysistratos fand entweder im Jahr 366 (Xenophon Hell. 7.4.6) oder 364 (Xenophon Hell. 7.4.29) statt. Hegesileos war im Jahre 362/361 Stratege und führte das Kommando über die nach Mantineia entsandten Truppen. In seinen *Hellenika* erwähnt Xenophon beide Feldherrn nicht.

14. Die Trieren waren die Kriegsschiffe, die sich in Staatsbesitz befanden und deren Betrieb auf privaten Dienstleistungen für die Stadt, den Trierarchien, beruhte.

IV 14. In den »Erinnerungen an Sokrates« (2.5.2) erwähnt Xenophon, dass Nikias einen Aufseher für die Silbergruben für ein Talent (6.000 Drachmen) kaufte. Vom Besitz großer Silberminen im Gebiet von Laureion spricht Plutarch, Nikias 4. Hipponikos (geb. um 480), der Sohn des Kallias, galt als reichster Mann seiner Zeit. S. u. a. Plutarch, Alkibiades 8.

22. πολλὰ … τὰ ὑπάρχοντα lässt offen, wovon es viel gibt: Arbeit, Kapital, Silber?

25. Audring bevorzugt die Ergänzung ἀργύρεια (Silberbergwerke) als Subjekt des δέξεται. Folglich muss er τούτων als Sklaven interpretieren.

Im Jahre 413 besetzten die Spartaner das im Norden Attikas an der Grenze zu Boiotien gelegene Fort Dekeleia und trugen damit den nun wieder erneuerten Peloponnesischen Krieg in das attische Hinterland. Der wichtige Warenaustausch mit Euboia war dadurch auf dem Landweg unterbrochen. Ständige Ausfälle der Besatzung gefährdeten selbst das befestigte Athen. Nach Thukydides 7.27.5 liefen 20.000 Sklaven, wohl vornehmlich aus dem Bergwerksgebiet von Laureion, zu den Spartanern über. Thukydides behauptet jedoch, bei einem Großteil von ihnen habe es sich um Handwerker gehandelt.

30. Seit der Reform des Kleisthenes 508/507 als Antwort auf den Sturz der Tyrannis der Peisistratiden war die attische Bürgerschaft in zehn Phylen (vorher vier) eingeteilt. Die in einer Phyle zusammengefassten attischen Bürger entstammten drei unterschiedlichen Regionen Attikas (Trittyen), dem Binnenland (Mesogeios), dem Küstengebiet (Paralia) und der Stadt Athen (Asty) selbst. Jede Phyle stellte 50 Ratsherren für den Rat der 500.

40. Möglich erscheint auch mit Audring, an die Vermehrung von Hafen- und Marktzöllen (διὰ τὸ τὰ ἐλλιμένια καὶ τὰς ἀγορὰς αὐξάνεσθαι) zu denken.

Mit der Formulierung »jetziger Krieg« bezieht sich Xenophon auf den sogenannten Bundesgenossenkrieg, den Athen von 357–355 gegen abtrün-

nige Verbündete wie Chios, Rhodos und Byzanz führte. Der Krieg endete mit einer Niederlage Athens.

46. Die Entfernungen betragen etwa 90 bzw. 108 Kilometer.

52. Xenophon spricht hier von den sogenannten Epheben, jungen Männern von 18 oder 19 Jahren, die sich einer zweijährigen, vorwiegend militärischen Ausbildung unterzogen, wobei sie u. a. Patrouillendienste in Attika leisteten. Nach der Niederlage von Chaironeia (338) wurde die Ephebie grundlegend reformiert.

Die Gymnasiarchen übernahmen für ein Jahr die Kosten, die für das Training und die Versorgung der Fackelläufer an den Großen Panathenaien und anderen Festen anfielen.

V 5. Als sich Sparta nach der persischen Invasion von 480/479, die in den Schlachten von Salamis und Plataiai gipfelte, aus den überseeischen Operationen zurückzog, übernahm Athen mit der Gründung des sogenannten Delisch-Attischen Seebundes im Jahre 478/477 hauptsächlich die Verteidigung der griechischen Städte an der kleinasiatischen Küste und der vorgelagerten Ägäis-Inseln. Die Verbündeten (*symmachoi*) stellten Kriegsschiffe oder zahlten Beiträge (*phoroi*) in die gemeinsame Bundeskasse auf der Insel Delos. Sie waren formal gleichberechtigt, Athen hatte jedoch die Führungsrolle (Hegemonie) inne. Im Laufe der folgenden Jahre suchte Athen die Symmachie in eine Herrschaft (*archê*) der Stadt umzuwandeln. Austrittswillige Symmachoi wurden gewaltsam im Bündnis gehalten.

6. Xenophon spielt auf die Gründung eines zweiten Seebundes im Jahre 377 an, in dem die Mitglieder frei und autonom waren und anstatt von Phoroi freiwillige Beiträge (*syntaxeis*) zahlten.

7. Möglicherweise bezieht sich Xenophon auf die Unterstützung der Athener bei der Vertreibung der spartanischen Besatzung aus der Kadmeia, der Burg von Theben, im Jahre 479. Xenophon berichtet davon in seinen *Hellenika* (5.4.12). Wenig später (5.4.34) notiert er, dass die Athener die Boioter mit höchstem Eifer unterstützten. In dasselbe Jahr 378 gehört der förmliche Abschluss eines Bündnisses mit Theben. S. Staatsverträge des Altertums III 203–205.

Der Abschluss eines Bündnisses zwischen Athen und Sparta fällt in das Frühjahr 369. Die Athener plädierten dabei dafür, ihnen die Führung zur See zu überlassen und den Spartanern die Führung zu Land zu geben. Schließlich einigten sich beide Seiten darauf, den Oberbefehl alle fünf Tage zu wechseln. S. Xenophon Hell. 7.1.14.

9. Im Jahre 356 hatten die Phoker im Streit mit den Boiotern Delphi besetzt. Die reichen Tempelschätze ermöglichten ihnen in der Folgezeit, eine Söldnerarmee aufzustellen.

VI 1. Die Rückgabe von Rechten bezieht sich wohl auf Zahlungen und andere Zuwendungen an die erwähnten Gruppen, die offenbar vorher eingeschränkt worden waren.

GLOSSAR

Agora	Marktplatz
Apella	Volksversammlung in Sparta
Archon	Oberbeamter; in Athen gab es neun. Nach dem Archon *eponymos* (namengebend) wurde das Jahr benannt
Boiotarchen	7 bis 11 Beamte, die den Boiotischen Bund leiteten
Boulé	Rat der 500 in Athen: vorberatende Behörde für die Volksversammlung
Demos	Volk; Gesamtheit der Bürger; Volk als Gegensatz zur Aristokratie; beschlussfassende Mehrheit in der Athener Volksversammlung; Verwaltungseinheit in Attika. Als Demotikon war der Demos, aus dem ein Athener stammte, Bestandteil des Namens
Drachme	Währungseinheit Athens; 1 Drachme = 6 Obolen, 6.000 Drachmen = 1 Talent
Enkomion	Lobschrift
Enomotia	Kleinste Heereseinheit der Spartaner; eine Mora umfasste im 4. Jahrhundert 16 Enomotien. Eine Enomotia zählte zwischen 32 und 36 Mann
Ephoren	Im 4. Jahrhundert die fünf höchsten Jahresbeamten in Sparta
Epistoleus	Unteradmiral in Sparta
Epitaphios	Grabrede
Eudaimonia	Glück, Wohlstand, glückliches Leben
Geronten	Mitglieder des spartanischen Ältestenrates
Gerousia	Ältestenrat in Sparta
Harmosten	Von Sparta eingesetzte Statthalter einer eroberten oder von Sparta abhängigen Polis
Hegemonie	Vorherrschaft
Heloten	Staatssklaven in Sparta; unterworfene Bevölkerung Lakoniens und Messeniens
Hetairie	Gesellschaft; Verein; Klub mit politischen Zielen, in Athen meist Verfechter einer Oligarchie
Hippargreten	In Sparta befehligten 3 Hippargreten je 100 Mann aus den jüngsten Jahrgängen. Sie bildeten die Leibgarde der Könige
Hippeis	Ritter; seit Solons Reformen Angehörige der zweithöchsten Klasse in Athen
Hopliten	Schwerbewaffnete Fußsoldaten
Lakedaimonier	Offizielle Bezeichnung für Spartaner und Perioiken

Lochagos	Hauptmann; Führer eines Lochos
Lochos	Heeresabteilung in Sparta. Eine Mora umfasste im 4. Jahrhundert zwei Lochoi.
Logos, -oi	Rede(n)
Metoike	»Mitbewohner«; Fremder mit dem Status eines Freien, der in Athen arbeitete, Steuern bezahlte, aber kein Bürgerrecht besaß
Mine	Währungseinheit Athens; eine Mine entspricht 100 Drachmen
Mora	Spartanisches Regiment; im 4. Jahrhundert besaß Sparta 6 Morai (More); die Mora umfasste zu dieser Zeit 2 Lochoi oder 8 Pentekostyen oder 16 Enomotien
Nauarch	Kommandeur der spartanischen Flotte
Neodamoden	Freigelassene Heloten, die zum Kriegsdienst herangezogen wurden
Paian	Schlachtgesang
Peltasten	Leichtbewaffnete
Pentekonteren	Befehlshaber von Pentekostyen
Pentekostyen	Spartanische Heeresabteilung; eine Mora umfasste im 4. Jahrhundert 8 Pentekostyen
Perioiken	Umwohner Spartas in den Berg- und Küstenregionen Lakoniens. Sie hatten eingeschränkte politische Rechte, leisteten aber Heeresfolge. Zusammen mit den Spartanern werden sie unter dem Namen »Lakedaimonier« geführt
Phyle	»Stamm«; in Athen seit 508/507 eine von 10 Unterabteilungen der Bürgerschaft, die eine militärische Einheit stellte und 50 Ratsherrn in die Boulé entsandte
Plethron	Längenmaß: ca. 30 m
Polemarch	Im Sparta des 4. Jahrhunderts Anführer einer Mora; in Athen bis in die Anfänge des 5. Jahrhunderts der oberste Heerführer
Polis, -eis	Stadt; Staat
Proxenie	Siehe Proxenos
Proxenos	Gastfreund; er diente in seiner Stadt befreundeten Bürgern anderer Städte
Psilos, -oi	Leichtbewaffnete(r) mit Speer
Rat	Siehe Boulé
Stadion	Längenmaß: 178,6 m
Talent	Zahlungsmittel: 6.000 Drachmen
Taxis	In Athen das Hoplitenkontingent einer Phyle
Trierarch	Kapitän einer Triere; Athener, der ein Kriegsschiff für ein Jahr ausrüstet. Im 4. Jahrhundert gab es zwei Trierarchen pro Schiff.
Triere	Dreiruderer, Kriegsschiff mit 200 Mann Besatzung

CHRONOLOGIE

480–479	Invasion des Xerxes in Griechenland
479–431	Pentekontaetie: 50-jährige Friedensperiode
431–404	Peloponnesischer Krieg (des Thukydides)
405–367	Dionysios I., Tyrann von Syrakus
404–358	Artaxerxes II. (Mnemon)
404	Kapitulation Athens
404–403	Herrschaft der »Dreißig« in Athen
403	Rückkehr zur Demokratie. Amnestie in Athen
401	Der Zug der Zehntausend. Schlacht bei Kunaxa
400–394	Spartanisch-persischer Krieg in Kleinasien
399–359	Agesilaos II., König in Sparta
396	Agesilaos in Kleinasien
395	Agesilaos in Ephesus. Die Schlacht am Paktolos
395	Sieg der Thebaner bei Haliartos. Tod des Lysander
395–386	Korinthischer Krieg
394	Schlacht am Nemeabach und bei Korinth
	Niederlage der Spartaner in der Seeschlacht bei Knidos
	Sieg des Agesilaos bei Koroneia
394–380	Agesipolis I., König in Sparta
393	Konon baut die Mauern von Athen wieder auf
393–388	Bürgerkrieg in Korinth
392–386	Korinthisch-argivischer Doppelstaat
392	Entsendung des Antalkidas nach Sardes
389	Siege des Thrasybulos zur See
	Feldzug des Agesilaos in Akarnanien
389–387	Kämpfe auf und um Aigina
388	Tod des Thrasybulos
387	Friedensverhandlungen in Susa
386	Friede des Antalkidas (Königsfriede)
385/384	Feldzug der Spartaner gegen Mantineia
382	Spartanisch-olynthischer Krieg. Besetzung der Kadmeia
381–379	Feldzug der Spartaner gegen Phleius
380–371	Kleombrotos I., König in Sparta
379	Kapitulation von Olynth

	Abzug der spartanischen Besatzung aus der Kadmeia
378–371	Feldzüge der Spartaner gegen Boiotien
378/377	Gründung des zweiten Attischen Seebunds
377/376	Angriffe Spartas auf Boiotien
375/374	Friedenskongress in Sparta
374	Seesieg der Athener bei Naxos
374–372	Kämpfe um Kerkyra
372	Einigung Thessaliens unter Iason von Pherai
371	Friede zwischen Athen und Sparta
	Schlacht bei Leuktra
	Gründung von Megalopolis
371–362	Vorherrschaft Thebens
370	Gründung des Arkadischen Bundes
	Tod des Iason
	1. Feldzug des Epameinondas in die Peloponnes
	Wiederaufbau von Mantineia
369	2. Feldzug des Epameinondas
	Gründung eines unabhängigen messenischen Staates
367	3. Feldzug des Epameinondas
	Vertrag zwischen Boiotien und Persien in Susa
367–357	Dionysios II., Tyrann in Syrakus
366	Frieden zwischen Boiotien und den nordpeloponnesischen Staaten
365–363	Krieg zwischen Arkadern und Eleiern
362	4. Feldzug des Epameinondas in die Peloponnes
	Schlacht bei Mantineia
	Tod des Epameinondas
361	Allgemeiner Friede in Griechenland
361–360	Ägyptische Mission des Agesilaos
360/359	Tod des Agesilaos
361–338	Archidamos III., König in Sparta
359–336	Philipp II. von Makedonien
357–355	Athenischer Bundesgenossenkrieg
338	Philipp besiegt die Griechen bei Chaironeia
334–323	Zug Alexanders des Großen nach Asien
322	Sturz der Demokratie in Athen

LITERATURHINWEISE

Editionen

Xenophontis opuscula politica, ed. L. Dindorf, Leipzig ^{2}1873

Xenophon, Scripta minora, ed. E.C. Marchant, Oxford 1920

Xenophontis opuscula, rec. G. Pierleoni, Berlin 1905, Rom ^{2}1937

Xenophon, Scripta minora II, ed. Fr. Ruehl, Leipzig 1912

Xenophontis opuscula politica, equestria, venatica, rec. G. A. Sauppe, Leipzig 1838

Übersetzungen

Audring, G., Xenophon, Ökonomische Schriften, Griechisch und Deutsch, Berlin 1992

Audring, G., Brodersen, K., OIKONOMIKA. Quellen zur Wirtschaftstheorie der griechischen Antike, Darmstadt 2008 (Texte zur Forschung 92)

Christian, A. H., Xenophon's von Athen Werke. Neuntes Bändchen: Von der Haushaltungskunst und Hieron oder Herrscherleben, Stuttgart 1818

Christian, A. H., Xenophon's von Athen Werke. Zehntes Bändchen: Lobrede auf Agesilaos, Staatsverfassung der Lakedämonier und Staatsverfassung der Athener, Stuttgart 1830

Christian, A. H., Xenophon's von Athen Werke. Elftes Bändchen: Von den Staatseinkünften der Athener, Von der Reitkunst und Der Reitereibefehlshaber, Stuttgart 1830

Dörner, Ch. H., Xenophons Werke. Hiero oder Von der Zwingsherrschaft und Lobschrift auf Agesilaus, ^{3}Berlin o. J., 1–148

Marchant, E. C., Xenophon in seven volumes, VII: Scripta minora, London/Cambridge, Mass. 1925 (Loeb Classical Library 183)

McBrayer, G. A., Xenophon, The Shorter Writings, Ithaka/London 2018

Meyer, K., Xenophon, Die Staatseinnahmen der Athener, Möhnesee 2016

Rebenich, St., Xenophon, Die Verfassung der Spartaner, Darmstadt 1998 (Texte zur Forschung 70)

Schütrumpf, E., Xenophon, Vorschläge zur Beschaffung von Geldmitteln oder Über die Staatseinkünfte, Darmstadt 1982 (Texte zur Forschung 38)

Strauss, L., Über Tyrannis, Neuwied 1963 (Politica 10)

Veh, O., Xenophons Hieron oder Gespräch über die Tyrannis, Wiss. Beilage zum Jahresbericht 1959/60 des Human. Gymnasiums Fürth/Bay., Fürth 1960

Kommentare

Gray, V. J., Xenophon, On Government, Cambridge 2007

Güthling, O., Xenophons Agesilaos. Für den Schulgebrauch erklärt, Leipzig 1888

Holden, H. A., The Hieron of Xenophon, London [3]1904

Lipka, M., Xenophon's Spartan Constitution. Introduction. Text. Commentary, Berlin/New York 2002 (Texte und Kommentare 24)

Wörterbücher

Sturz, F. W., Lexicon Xenophonteum, 4 Bde., Leipzig 1801–1804 (ND Hildesheim 1964)

Thiemann, K., Wörterbuch zu Xenophons Hellenika, [3]Leipzig 1893

Sekundärliteratur

Aalders, G. J. D., Date and Intension of Xenophon's Hiero, in: Mnemosyne 6, 1953, 208–215

Andreades, A., Geschichte der griechischen Staatswirtschaft, Nachdruck Hildesheim 1965

Andrewes, A., The Government of Classical Sparta, in: Ancient Society and Institutions. Studies Presented to V. Ehrenberg on his 75th Birthday, Oxford 1967, 1–20

Baden, H., Untersuchungen zur Einheit der Hellenika Xenophons, Diss. Hamburg 1966

Badian, E., Xenophon the Athenian, in: Tuplin, 2004, 33–53

Baltrusch, E., Sparta. Geschichte, Gesellschaft, Kultur, München 2016

Banderet, A., Untersuchungen zu Xenophons Hellenika, Diss. Berlin 1919

Bleckmann, B., Athens Weg in die Niederlage. Die letzten Jahre des Peloponnesischen Krieges, Stuttgart/Leipzig 1998

Bleckmann, B., Fiktion als Geschichte. Neue Studien zum Autor der Hellenika Oxyrhynchia und zur Historiographie des vierten vorchristlichen Jahrhunderts, Göttingen 2006

Boeckh, A., Die Staatshaushaltung der Athener, [3]Berlin 1886

Breitenbach, H. R., Historiographische Anschauungsformen Xenophons, Diss. Basel 1950

Breitenbach, H. R., s.v. Xenophon von Athen, in: RE IX A.2, 1967, 1569–2052

Bringmann, K., Xenophons Hellenika und Agesilaos. Zu ihrer Entstehungsweise und Datierung, Gymnasium 78, 1971, 224–241

Bringmann, K., Die soziale und politische Verfassung Spartas – ein Sonderfall der griechischen Verfassungsgeschichte?, in: Gymnasium 87, 1980, 465–484

Bruns, I., Das literarische Porträt der Griechen, Berlin 1896, ND Darmstadt 1961

Busolt, G., Swoboda, H., Griechische Staatskunde, 2 Bde., HAW 4,1,1–2, München ³1920–26

Buxton, R. F. (Hrsg.), Aspects of Leadership in Xenophon, Newcastle upon Tyne 2016

Cartledge, P., Hoplites and Heroes: Sparta's Contribution to the Technique of Ancient Warfare, in: JHS 97, 1977, 11–27

Christ, K., C. (Hrsg.), Sparta, WdF 622, Darmstadt 1986

Clauss, M., Sparta. Eine Einführung in seine Geschichte und Zivilisation, München 1983

Dettenhofer, M. H., Die Frauen in Sparta: Gesellschaftliche Position und politische Relevanz, in: Klio 75, 1993, 61–75

Delebecque, E., Essai sur la Vie de Xénophon, Paris 1957

Dillery, J., Xenophon and the History of His Times, London/New York 1995

Flower, M. A. (Hrsg.), The Cambridge Companion to Xenophon, Cambridge 2016

Funke, P., Homónoia und Arché. Athen und die griechische Staatenwelt vom Ende des Peloponnesischen Krieges bis zum Königsfrieden (404/3–387/6 v. Chr.), Wiesbaden 1980

Gray, V., The Character of Xenophon's Hellenica, London 1989

Hansen, M. H., Die athenische Demokratie im Zeitalter des Demosthenes. Struktur, Prinzipien und Selbstverständnis, Berlin 1995

Haßkamp, D., Oligarchische Willkür – demokratische Ordnung. Zur athenischen Verfassung im 4. Jh. v. Chr., Darmstadt 2005

Hatzfeld, J., Le debut des Helléniques, Mélanges Desrousseaux, Paris 1937

Henry, W. P., Greek Historical Writing. A Historiographical Essay based on Xenophon's Hellenica, Chicago 1967

Higgins, W. E., Xenophon the Athenian: The Problem of the Individual and the Society of the Polis, Albany (N. Y.) 1977

Hirsch, S. W., The Friendship of the Barbarians. Xenophon and the Persian Empire, Hannover/London 1985

Kennell, N. M., The Gymnasium of Virtue. Education and Culture in Ancient Sparta, London 1955

Kiechle, F., Lakonien und Sparta: Untersuchungen zur ethnischen Struktur und zur

politischen Entwicklung Lakoniens und Spartas bis zum Ende der archaischen Zeit, München u. Berlin 1963

Krafft, P., Vier Beispiele des Xenophontischen in Xenophons Hellenica, Rhein. Mus. Neue Folge 110, 1967, 103–150

Krömer, D., Xenophons Agesilaos. Untersuchungen zur Komposition, Diss. Augsburg 1971

Kromayer, I., Veith, G., Heerwesen und Kriegführung der Griechen und Römer, HAW 4,3,2, München 1928

Lazenby, F., The Spartan Army, Chicago 1985

Lendle, O., Einführung in die griechische Geschichtsschreibung, Darmstadt 1992

Lesky, A., Geschichte der griechischen Literatur, Bern/München 1971

Link, St., Der Kosmos Sparta. Recht und Sitte in klassischer Zeit, Darmstadt 1994

Lotze, D., Die chronologischen Interpolationen in Xenophons Hellenika, Philologus 106, 1962, 1–13

Lotze, D., War Xenophon selbst der Interpolator seiner Hellenika I–II?, Philologus 118, 1974, 215–217

MacDowell, D. M., Spartan Law, Edinburgh 1986

MacLaren jr., M., On the Composition of Xenophon's Hellenica, American Journal of Philology 55, 1934, 121–139 und 249–262

Marrou, H. I., Geschichte der Erziehung im klassischen Altertum, München 1977

Marschall, M. Th., Untersuchungen zur Chronologie der Werke Xenophons, Diss. München 1928

Meister, K., Die griechische Geschichtsschreibung. Von den Anfängen bis zum Ende des Hellenismus, Stuttgart 1990

Mueller-Goldingen, Ch., Xenophon. Philosophie und Geschichte, Darmstadt 2007

Münscher, K., Xenophon in der griechisch-römischen Literatur, Philologus Suppl. Bd. XIII Heft 2, 1920

Nickel, R., Xenophon, Darmstadt 1979

Nickel, R., Xenophon. Leben und Werk, Marburg 2016

Niebuhr, B. G., Ueber Xenophons Hellenika, Kl. hist. u. philolog. Schriften I 1828, 464–482

Oliva, P., Sparta and her Social Problems, Prag 1971

Opp, L. A., Gespräch über die Tyrannis? Zu Adressaten und Intention von Xenophons *Hieron*, Bonn 2018

Pomeroy, S. B., Xenophon Oeconomicus. A Social and Historical Commentary, Oxford 1994

Powell, A. (Hrsg.), A Companion to Sparta, Hoboken 2018

Proietti, G., Xenophon's Sparta. An Introduction, Leiden 1987

Rawson, E., The Spartan Tradition in European Thought, Oxford 1969

Redfield, J., The Women of Sparta, in: CJ 73, 1975, 146–161
Riedinger, J.-C., Étude sur les Helléniques: Xénophon et l'histoire, Paris 1991
Rhodes, P. J., The Selection of Ephors in Sparta, in: Historia 30, 1981, 498–502
Rohde, D., Von der Deliberationsdemokratie zur Zustimmungsdemokratie. Die öffentlichen Finanzen Athens und die Ausbildung einer Kompetenzelite im 4. Jahrhundert v. Chr., Stuttgart 2019
Rood, T., Xenophon and Diodorus: Continuing Thucydides, in: Tuplin, 2004, 341–395
Römisch, E., Xenophon, in: ders. (Hg.), Griechisch in der Schule, Frankfurt/M. 1972, 65–84
Scardino, C., Xenophon, in: Handbuch der griechischen Literatur der Antike II, München 2014, 623–630
Schmitt, H. H., (Hg.), Die Staatsverträge des Altertums III, München 1969
Schmitz, W., Die Opfer des Krieges. Xenophon und die Wahrnehmung des Krieges, in: M. Rathmann (Hrsg.), Studien zur antiken Geschichtsschreibung, Bonn 2009, 55–84
Schmitz, W., Die Gründung der Stadt Tarent und die Gesetze des Lykurg. Eine neue Sicht auf Spartas Geschichte in archaischer Zeit, Klio 99, 2017, 420–463
Schmitz, W., Lykurgs Gesetz über die Kinderzeugung und seine zweite und dritte Rhetra, Chiron 48, 2018, 107–141
Schmitz, W., Die Rhetren des Lykurg und die Entstehung des spartanischen Kosmos, in: Harter-Uibopuu, K., Rieß, W. (Hrsg.), Symposion 2019. Vorträge zur griechischen und hellenistischen Rechtsgeschichte, Wien 2020
Sonnabend, H., Geschichte der antiken Biographie, Stuttgart 2002
Strauss, L. The Spirit of Sparta or the Taste of Xenophon, in: Social Research 6, 1939, 502–536
Strauss, L., Über Tyrannis, Neuwied 1963 (Politica 10)
Svarlien, D. A., Hieron and the Poets, Diss. Univ. of Texas at Austin 1991
Thommen, L., Sparta. Verfassungs- und Sozialgeschichte einer griechischen Polis, Stuttgart 2003
Tuplin, C. (Hg.), Xenophon and His World. Papers from a Conference Held in Liverpool in July 1999, Stuttgart 2004
v. Stern, E., Xenophons Hellenika und die boeotische Geschichtsüberlieferung, Dorpat 1887
Westlake, H. D., Individuals in Xenophon, Hellenica, in: Bulletin of the John Rylands Library 49, 1966, 246–269
Will, W., Die griechische Geschichtsschreibung des 4. Jahrhunderts, in: J. M. Alonso-Nunez (Hg.), Geschichtsbild und Geschichtsdenken im Altertum, Darmstadt 1991, 113–135

VERZEICHNIS DER EIGENNAMEN

Mein Dank gilt Torben Behm, Anne Hiller, Katharina Legutke und Florian Ruppenstein vom Verlag De Gruyter sowie, wie immer, Thomas Frigo, Stefan Meurer und Jan Timmer.